"十三五"江苏省高等学校重点教材

本书编号：2021-2-161

电子政务概论十讲

主　编　王　芹
副主编　毕建新　丁家友
编　者　李晓梅　岳　靓　梅　艳
　　　　张彬彬　余　雪　杨　婷
　　　　李　倩

图书在版编目(CIP)数据

电子政务概论十讲 / 王芹主编. —苏州：苏州大学出版社，2022.10
普通高等学校公共管理类专业规划教材
ISBN 978-7-5672-4089-6

Ⅰ.①电… Ⅱ.①王… Ⅲ.①电子政务-高等学校-教材 Ⅳ.①D035-39

中国版本图书馆 CIP 数据核字(2022)第 196480 号

电子政务概论十讲

王 芹 主编

责任编辑 曹晓晴

苏州大学出版社出版发行
(地址：苏州市十梓街1号 邮编：215006)
镇江文苑制版印刷有限责任公司印装
(地址：镇江市黄山南路18号润州花园6-1号 邮编：212000)

开本 787 mm×1 092 mm 1/16 印张 16.5 字数 352 千
2022 年 10 月第 1 版 2022 年 10 月第 1 次印刷
ISBN 978-7-5672-4089-6 定价：48.00 元

若有印装错误，本社负责调换
苏州大学出版社营销部 电话：0512-67481020
苏州大学出版社网址 http://www.sudapress.com
苏州大学出版社邮箱 sdcbs@suda.edu.cn

前言

20世纪后半叶，一场前所未有的信息技术革命悄然兴起，开始改变人类的生活方式。进入21世纪，在信息技术革命大潮中，电子政务方兴未艾。作为高等教育教学和理论研究前沿阵地，高校敏锐地捕捉到了这一时代发展的新事物、新趋向，并迅速做出反应，在本科专业教学中开设了电子政务相关课程。我所在的苏州大学档案系是国内较早行动起来的大学科系之一，其适时调整了人才培养方案，在档案学专业教学中开设了"电子政务概论""电子政务案例分析"等课程，同时依托档案学专业新增了图书馆学、信息资源管理本科专业，与电子政务相关的信息类课程迅速建设起来。苏州大学档案系也相应更名为苏州大学档案与电子政务系。

系里最早承担"电子政务概论"课程教学任务并开展研究的是王铭老师。早在2004年，王铭老师就出版了专著《电子政务》（中国档案出版社），作为本科和研究生教学的参考用书，成为当时国内为数不多的第一批次电子政务研究成果之一。后来，随着电子政务实践的迅速发展，国内相关的理论研究也逐渐增多，各高校出版（包括重新修订）的电子政务相关教材和专著纷纷面世。由于电子政务研究涉及公共管理、计算机科学等多个学科领域，相关教材和专著也用于不同学科专业的教学，因此，这类电子政务教材和专著在出版时间、内容广度与深度、适应的教学对象等方面都有很大差异。作为图书情报与档案管理一级学科下的本科专业，在21世纪20年代的今天，迫切需要重新编写面向本专业教学的电子政务教材。这也是当前一流专业建设的重要任务之一。

信息化浪潮袭来，人们的工作和生活方式发生了巨大变化，这让人们有些措手不及，我们在感叹这个世界变化太快的同时，又不得不慌忙地应对各种新情况、新问题。2010年前后，我开始承担"电子政务概论"课程的本科教学工作，真切感受到了电子政务实践发展之快给高校教学工作带来的挑战，新理念、新技术、新数据不断涌现，教材和课件如若不能及时更新就难以适应人才培养的时代要求。尽管电子政务的一些基本原理变化不大，但是电子政务的前沿科学研究成果源源不断涌现，新概念也不断出现，并由此催生出诸多新的研究方向和领域。尤其在现实中，信息技术的飞速发展，推动了电子政务的实践应用和相关数据的频繁更新。而作为一本适合大学本科"电子政务概论"课程教学使用的教材，在阐明相关概念、原理等基础理论知识的同时，还要及时传授电子政务科学研究的前沿进展，帮助学生关注和了解电子政务实践的最新发展。

此次新编的教材是在原有讲稿的基础上进一步修改完成的，并获批了2021年江苏省高等学校重点教材立项建设。首先，本教材参考借鉴了当前学界已有的电子政务相关教材、专著、论文等研究成果，收录了近年国内外电子政务实践案例和数据，尽可能系统、完整、生动地讲述每一部分内容。其次，本教材突破以往教材章节体例限制，选取"电子政务概论"课程教学内容中既相互独立又彼此联系，既包含理论基础又收纳前沿动态的十个部分，按"讲"编写，逐层展开。最后，为使内容更具可读性、易读性和研究性，本教材每讲都以案例导入，中间穿插案例阅读资料以帮助学生理解；每讲小结后都附有课后练习和拓展阅读，以便学生在复习本讲基础知识之后也能有所思考和探究。本教材配套了PPT课件，可登录苏州大学出版社网站（www.sudapress.com）下载。

本教材的编写和出版是团队协作的成果。本教材汇聚了多位教师和学生的辛勤劳动，王芹负责第一讲至第六讲的编写及全书统稿，毕建新参与了第八讲、第九讲的编写，丁家友参与了第七讲、第十讲的编写，李晓梅、岳靓、梅艳、张杉杉、余雪、杨婷、李倩等学生参与了本教材的资料收集、修改、校对等工作。苏州大学档案学（国家级一流本科专业）和苏州城市学院档案学（江苏省高等学校特色专业）对本教材的编写和出版给予了大力支持。苏州大学出版社为本教材的出版倾注了大量心血。感谢团队的付出和学校、出版社的支持！感谢众多前人成果为我们奠定了坚实基础！由于编者水平有限，教材中难免存在疏漏之处，恳请读者批评指正。

王 芹

2022年8月28日

目录 Contents

- 第一讲　电子政务概念解读　/ 1
  - 一、电子政务的概念　/ 3
  - 二、与电子政务相关的几个概念　/ 6
  - 三、电子政务的服务对象与互动模式　/ 12
  - 四、电子政务的功能层面与发展程度　/ 15

- 第二讲　电子政务的兴起与发展　/ 21
  - 一、电子政务的兴起　/ 23
  - 二、国外电子政务的发展　/ 28
  - 三、我国电子政务的发展　/ 34

- 第三讲　电子政务与政府改革　/ 45
  - 一、电子政务提高政府效能　/ 49
  - 二、电子政务降低行政成本　/ 56
  - 三、电子政务促进政府职能转变　/ 60
  - 四、电子政务与政府流程再造　/ 65

- 第四讲　电子政务公共服务　/ 77
  - 一、电子政务公共服务的类型　/ 79
  - 二、电子政务公共服务的特点　/ 82
  - 三、电子政务公共服务的理念　/ 86
  - 四、电子政务"一站式"服务　/ 88
  - 五、"互联网＋公共服务"　/ 92

第五讲　电子政务与政府信息公开 / 99

　　一、政府信息公开的概念及意义 / 102

　　二、电子政务环境下政府信息公开的必要性 / 104

　　三、政府信息公开的内容、控制与权衡 / 110

　　四、政府信息公开的方式 / 117

　　五、我国政府信息公开的实践现状 / 121

第六讲　电子政务公众参与 / 127

　　一、公众参与的概念 / 129

　　二、电子政务与公众参与 / 131

　　三、网络问政 / 135

　　四、电子民主 / 141

第七讲　电子政务网站建设 / 149

　　一、电子政务网站相关概念 / 151

　　二、我国电子政务网站的发展历程 / 152

　　三、电子政务网站的功能 / 154

　　四、电子政务网站建设的理念 / 157

　　五、电子政务网站建设的内容 / 162

第八讲　移动电子政务 / 173

　　一、移动电子政务的兴起 / 175

　　二、移动电子政务的定义及类型 / 176

　　三、移动电子政务的优势 / 179

　　四、发展移动电子政务的意义 / 181

　　五、我国移动电子政务的应用与发展 / 184

第九讲　政务大数据 / 201

　　一、大数据概述 / 203

　　二、政务大数据的概念与特征 / 210

　　三、我国政务大数据的发展阶段 / 213

　　四、建设政务大数据的本质和意义 / 214

　　五、政务大数据的典型应用 / 217

　　六、我国的政务大数据建设 / 221

第十讲　电子政务绩效评估　/ 229

一、电子政务绩效评估的概念与意义　/ 231

二、电子政务绩效评估的内容与原则　/ 234

三、电子政务绩效评估的方法　/ 237

四、电子政务绩效评估指标体系　/ 240

五、我国电子政务绩效评估的现状　/ 246

参考文献　/ 253

第一讲 电子政务概念解读

【学习目标】

掌握电子政务的概念和内涵及其与电子政府、办公自动化、政府信息化、电子商务等概念的区别和联系；正确认识电子政务的三重意义；理解电子政府的概念和内涵；了解电子政务的基本业务模式、功能层面与发展程度；理解电子政务中所蕴含的价值观，并能结合实践案例展开分析。

【关键术语】

电子政务；电子政府；办公自动化；政府信息化；电子商务；互动模式；功能层面

多国加快推动电子政务建设

2020年是全球电子政务发展进程中的重要一年。在共抗新冠肺炎疫情过程中，各国政府比以往任何时候都更加认识到电子政务的重要性。许多国家加快出台政策措施，推动电子政务转型与创新，以期让数字化在政务服务乃至全球治理中发挥更大作用。

新冠肺炎疫情袭来，不少国家将数字技术用于抗疫。《2020联合国电子政务调查报告》显示，在疫情防控期间，大多数国家和城市的政府部门通过门户网站、移动应用程序和社交媒体平台公开防控信息，快速响应公众需求，采取了许多创新举措。

在此次共同抗疫过程中，法国政府上线了全面细致的疫情信息公开平台，并推出追踪新冠肺炎患者的手机应用程序。法国《巴黎人报》称，电子政务系统及时分享信息、提供在线服务，政府借助这一平台与民众保持联系并及时分析数据、做出决策，公共服务部门也将因此进一步调整机构运转方式，提供更高效、更可靠的数字服务。

2020年6月底，韩国提出将在更多领域推广无接触服务、个性化服务系统，以适应疫情常态化下保持防控的要求。为了缓解疫情冲击，日本政府力促所有行政手续都能在线办理，以防破产、保就业、刺激内需为目的设立的各种救济发放业务都有赖于日本政务电子化水平的不断提高。

在加纳、肯尼亚、乌干达等非洲国家，"开放式创新中心"这一数字化服务形式逐渐建立起来，民众、社区、企业、非政府组织及政府部门可以共享包括疫情在内的各类信息，共同利用数字平台商讨公共政策。它们还会举办各种有奖活动激励民众提供建设性意见，帮助政府解决社会问题。

中国疫情防控阻击战取得重大战略成果，电子政务的快速发展发挥了重要作用。中国利用大数据、健康码等一系列数字化手段，及时向社会公布最新疫情动态，相关经验受到关注。《2020联合国电子政务调查报告》显示,中国电子政务发展指数排名比2018年提升了20位,升至全球第45位,特别是"在线服务"这一评价指标排名大幅提升至全球第9位,达到"非常高"的水平。这标志着中国电子政务整体水平步入世界先进行列。

(资料来源:《人民日报》,2020-07-24,有改动)

案例思考:
1. 什么是电子政务?如何衡量电子政务的发展水平?
2. 你身边的电子政务还有哪些实践和应用?

随着以大数据、云计算、人工智能为代表的信息技术的飞速发展,中国政府行政体制改革持续深入,政府职能转变的步伐明显加快,社会创新潜能被进一步激发,这些都有力地推动了电子政务建设,进而带来社会的深刻变革,不断改变着人们的工作和生活方式。那么,什么是电子政务?什么是电子政府?两者有何区别?电子政务的内涵、业务模式和发展目标又是什么?这些是学习"电子政务概论"课程首先要厘清的基本概念问题。本讲将对电子政务的概念做详细解读。

一、电子政务的概念

"电子政务"(E-Government)一词起源于美国。20世纪90年代,威廉·J.克林顿(William J. Clinton)在就任美国总统时就宣称他的政府将是一个电子政府,提出要利用信息技术克服美国政府在管理和提供公共服务等方面存在的弊端,进行"政府再造"。由此,"电子政务"一词开始进入大众视野,美国也成为世界上最早将现代信息技术引入政府管理领域并开展电子政务建设的国家,进而引领了全球政府信息化建设的潮流,世界各国政府也争先恐后地投入电子政务的建设进程之中。

电子政务是信息时代的新生事物,如何从概念上对其进行界定,则是实践中首先要解决的认识问题。作为电子政务的发源地,美国最早将电子政务的概念表述为:政府利用信息技术手段更有效地为市民、企业、其他社会团体和政府部门及其职员提供信息和服务。随着电子政务建设在全球范围内的开展,人们对电子政务的认识也在不断深入,一些国际组织和国家基于不同的视角对电子政务进行了定义。

资料阅读

世界银行在《电子政务与世界银行》(2001)中,将电子政务定义为:政府部门对具有改变其与公民、企业和其他政府部门关系能力的信息和通信技术（如广域网、互联网和移动计算）的应用。

联合国在《世界公共部门报告（2003）：处于十字路口的电子政务》中，将电子政务定义为：政府应用信息和通信技术，实现其内部和外部之间关系的转型。政府部门在行政事务中应用信息和通信技术，并不是要改变政府在保持其有用性、合法性、透明度、责任心等方面的功能和义务，而是要提升政府执行能力，满足社会对政府的期望。

联合国经济及社会理事会将电子政务定义为：政府通过信息和通信技术手段的密集性和战略性应用的方式组织公共管理，旨在提高效率、增强政府的透明度、改善财政约束、改进公共政策的质量和决策的科学性，建立良好的政府与政府之间、政府与社会之间、政府与社区之间及政府与公民之间的关系，提高公共服务的质量，赢得广泛的社会参与度。

加拿大将电子政务定义为：通过计算机网络进行数字化处理的政府活动，这种活动通常在政府与公众及私有部门（特别是被管辖的团体）之间进行。这些活动总体上包括通过电子信息交换来提供或获取产品和服务，发布或接受命令，提供或获取信息，或完成事务管理。

思考： 国外对电子政务概念的认识有哪些不同的角度？

在国内，随着电子政务实践的不断推进和相关学科研究的进一步深入，人们基于不同的视角对电子政务的概念形成了多元化的认识。在各类电子政务相关教材和专著中，关于电子政务概念的表述不下几十种。具体的表述也各有侧重，有的侧重信息技术应用的角度，认为电子政务是基于互联网、符合互联网经济的特征并面向公众的政府办公自动化系统；有的侧重政府工作方式变革的角度，认为电子政务是应用现代信息技术和管理理论，对传统政务进行持续的革新和完善，以实现高效率的政府管理和服务；有的侧重管理和服务集成的角度，认为电子政务是政府机构应用现代信息和通信技术，将管理和服务通过网络技术进行集成，在互联网上实现政府组织结构和工作流程的优化重组，超越时间和空间及部门分隔的限制，全方位地向社会提供优质、规范、透明、符合国际水准的管理和服务。

资料阅读

电子政务是指政府机构全面应用现代信息和通信技术，把管理和服务通过网络技术进行集成，借助现代通信网络实现政府组织结构和工作流程的优化重组，超越时间、空间和部门分离的限制，全方位地向社会提供优质、规范、透明、符合国际水准的管理和服务。

——原忠虎，《信息管理与电子政务》，辽宁大学出版社，2005 年

电子政务指国家各级各类机关运用现代信息通信技术转变传统工作模式，为社会公众及自身提供高效、优质、廉洁的治理和服务而进行的各种政务活动与行为的总称。

——李栗燕，《电子政务概论》，华中科技大学出版社，2013 年

电子政务是国家各级政府部门综合运用现代信息技术和互联网，将政府的内外部管理和服务职能，通过精简、优化、整合、重组后到网上实现，彻底转变传统工作模式，打破时间、空间以及部门分割的制约，为社会公众以及自身提供一体化的高效、优质、廉洁的管理和服务。

——王晋，《电子政务概论》，中国社会科学出版社，2014 年

电子政务是指国家公共部门为了提高公共事务管理效能和公共服务水平，通过运用网络信息技术与开发信息资源、重组组织结构、创新公共管理模式、优化业务流程有机结合的方式，为公共事务管理和公共服务提供的新型管理模式与运行机制。

——蔡立辉，于刚强，《电子政务（第 2 版）》，清华大学出版社，2014 年

电子政务是指各种公务机构通过广泛应用现代信息技术，推动政务活动方式的变革，提高行政效率，发展民主决策进程，向社会提供优质、规范、透明的管理与服务的过程与结果。

——赵国俊，《电子政务教程（第三版）》，中国人民大学出版社，2015 年

思考：国内学界关于电子政务的定义强调了哪些方面的内容？

到底什么是电子政务？目前，学界较为普遍的认识是：

电子政务就是通过信息共享与资源整合，实现政府组织结构和工作流程的优化重组，借助现代计算机、信息和通信技术，将政府对内和对外的管理与服务职能集成并转移到网络上实现，从而打破时间和空间的制约，突破行政机关的部门分割和地域界限，为社会（包括社会团体、企业、公众、公民个人）及自身（包括本级政府各部门和其他各级政府部门）提供高效、优质、规范、透明和一体化、全方位的管理与服务。

简单地说，电子政务就是"网上施政"。这个定义的内涵较为丰富，可从以下三个方面来理解：

第一，电子政务的主体是政府。在我国，政府机关从广义上理解涵盖所有国家机构和部门，电子政务既包括国家各级行政机关行政职能的行使，也包括中国共产党的组织，以及国家各级立法、司法机关及其他公共组织管理活动的开展和事务的处理。

第二，电子政务的内容涵盖政府机关内外的管理和服务工作。电子政务不同于早期的"办公自动化"，"办公自动化"注重的是政府机关内部的管理。真正的电子政务也不仅仅指政府机关面向公众的公共服务。实质上，电子政务是上述两者的集成。电子政务要求在提高政府机关内部管理绩效的基础上，借助高新技术和网络平台，全方位、高效率地开展政府机关自身及面向社会的管理和服务工作。

第三,电子政务的重点是"政务"而非"电子"。电子政务的实现离不开网络平台,离不开电子化手段,离不开信息技术的支持,离不开信息基础设施、信息系统及相关软硬件技术发展提供的基本条件,但电子化的技术只是辅助手段。电子政务的重点是政务,是管理,是服务。从根本上说,电子政务是政府管理方式的变革。这意味着政府要突破传统的理念、职能及控制和运作模式,促进政府管理职能的转变并与国际接轨;意味着政府机关要打破金字塔式的机构设置和管理体制上的"条块分割",消除机构之间、部门之间及其与公众之间的沟通障碍,改造传统、落后的办事方式。电子政务不仅是实现政府事务的电子化,更重要的是借助信息和通信技术,实现政府可公开信息资源的共享和动态更新,使公众可以通过不同的渠道获取政府提供的信息服务和其他服务。

因此,可以将电子政务看作具有三重意义的"行政革命"。

首先,作为一场"技术革命",要改变手工操作,乃至消除旧有方式在人们头脑中的烙印,以及根深蒂固的"思维惰性";要推行广泛的IT教育、培训,弥合"数字鸿沟"。电子政务是在信息技术的推动下产生和发展起来的。

其次,作为一场"观念革命",要改变信息垄断、部门分割,实现信息共享、综合协作;要引入"客户关系管理"理念,破除官僚主义作风,确立"以客户为中心"的服务宗旨。电子政务的兴起改变了人们的生活和工作方式,进而改变着人们的观念。与此同时,电子政务的顺利推进也需要人们转变观念来适应新的时代。

最后,作为一场"流程革命",电子政务并非将原有的施政部门、业务内容、操作程序原封不动地搬到网上,而是要顺应施政手段的变革,实施政府各部门职能整合与业务流程重组,向民众提供跨级别、跨地区、跨部门的无缝隙一体化服务。政府行政业务流程的变革是政府信息化过程中面临的既涉及技术又涉及人事且难度较大的变革。

二、与电子政务相关的几个概念

(一)电子政府

"电子政府"与"电子政务"是本质相同而指意范围稍有差异的两个相近概念。国内媒体和学者最初接触到的是"E-Governor",中文译名是"电子政务"。随着对国外文献了解的增多,又接触到"E-Government",中文译名是"电子政府"。事实上,在全球数字化建设中,两者指称的对象都是"政府信息化"。20世纪90年代末,在政府信息化建设领域领先的国家中,越来越多的政府官员和技术专家开始使用这两个名称,国际上对之并无标准的统一名称。而2001年6月由世界银行组织的在华盛顿召开的全球电子政务会议上，用得最多的词却是"E-Gov"，其中文意思既指电子政务，也指电子政府。这充分说明，在国外，对于这两个名称的使用，以前是出于各自的用语习惯，并非在指意上刻意区别，而现行实践中已经合流为一。

随着我国电子政务建设的深入推进，政府制定的指导性文件中关于电子政务还是电子政府的用语亟须统一。在国家信息化领导小组会议上，对其名称亦曾有所斟酌。后根据我国的实践，确认以称"电子政务"为宜。之所以认可"电子政务"的提法，原因在于：一是在我国的体制中，党、政府、人大和政协四套班子都是从事政务工作，只是分工不同。如果称"电子政府"，势必引起混淆。二是在英文中，E-Gov 可以理解为政府工作的电子化、网络化。但在中文中，"政府"这个名词不能做动词用，非专业人士特别是社会大众，很容易误会"电子政府"是个新机构。三是电子政务和电子商务有许多共同点，E-Business、E-Commerce 已经统一翻译成电子商务并被大众广泛接受，E-Gov 翻译成电子政务具有对应性，好记好用。四是电子政务可理解为 E-Gov 的翻译，中英文互译时，不会造成国际交流的理解障碍。

随着电子政务建设趋于全面和深化，当政府的绝大部分服务项目都已实现高功能层面的网上作业时（出于国家安全等考虑而明确规定不得上网的除外），就是实现了"电子政府"。反之，仅仅实现了少数政府服务项目的电子化，或者电子化渗透的政府服务项目虽然较全，但未达到高功能层面，则只可称之为实现了"电子政务"，却不能称之为实现了"电子政府"。

尽管从理论研究的角度严格辨析，实现电子政务与实现电子政府在内涵和外延上确有差异，但如果仅从建设过程来看，两者又是吻合的。因为向电子政府努力迈进的过程，实际上也就是电子政务的项目覆盖范围不断扩大，并由低功能层面向高功能层面提升的过程。

电子政府是与现在的有形政府相对应的一种全新的政府组织结构形态，是在电子政务发展到成熟状态、行政管理和服务的业务流程及政府组织结构已经做出充分的重组与调整、完全适应网络环境需要之后的人类全新的政府组织结构形态。显然，从当前的电子政务发展来看，我国尚未达到这种程度。因此，电子政务是电子政府发展必经的过程，而电子政府是电子政务发展的最高阶段，是电子政务发展的最终目标。

电子政府是当代政府改革的目标和趋势，具有先进的理念、丰富的内涵及显著的优势：

第一，电子政府是创新的政府。IT 界有句格言：技术改变世界，创新驱动进步。国内外电子政务建设的成功经验告诉我们，电子政务是信息技术在公共管理实践中深入、全面的应用，也是信息技术与公共管理理论的交会和融合，更是信息技术与公共管理共同作用产生的探索和创新。

第二，电子政府是虚拟的政府。电子政府重要的内涵及精髓是构建一个"虚拟政府",即跨越时间、地点、部门的全天候的政府服务体。通过电子政务实现虚拟政府后,公众可以7×24小时获取一站式、一网式、一表式的政府公共服务,可以与虚拟政府的客服人员沟通,而不必考虑政府部门的职能分工,也不必摸清政府部门内部的岗位分工。公众所有的政务需求均通过虚拟政府实现,各类政务活动完全按照法律、法规的要求展开,从而杜绝了人为因素,减少了政府官员的自由裁量权,提高了效率,降低了风险,促进了廉政建设。

  第三,电子政府是透明的政府。透明政府又叫开放政府(Open Government),即政府事务和国家管理应该在各个级别公开,并对此过程进行有效的督查。透明政府的核心思想是政府掌握的个人和公共信息向社会公开。美国称其为"阳光法"下的"阳光政府"。透明政府意味着政府特权的丧失,政府难以继续保持神秘感或神圣感;意味着利益分配公开化之后,政府行为不再有暗箱操作。从实质上看,透明政府就是指政府掌握的个人和公共信息向社会开放,公民有权接触并使用这些信息,但涉及个人隐私、商业秘密及国家安全法规定不能公开的除外。政府机关的绝大部分活动,包括立法、执法、提供资讯、社会服务等诸多方面的信息都将向全体公民开放,供全体公民使用。

  第四,电子政府是服务的政府。新公共管理把公众视为政府的顾客,认为政府应该以"顾客满意"为宗旨。政府不再是发号施令的权威官僚机构,而是以人为本的服务提供者;政府不再是"管制行政",而是"服务行政"。公民是享受政府服务的"顾客",政府以"顾客需求"为导向,尊重"顾客权益",坚持服务取向。政府以提供优质全面的公共产品、公平公正的公共服务为第一要务。实现服务型政府的最佳手段就是应用信息技术,推行电子政务,提高政府对公众的服务能力和水平。

  第五,电子政府是精细的政府。精细政府就是实现政府管理的科学化、精细化。长期以来,我国政府管理缺乏科学化、精细化的管理模式,在一些方面处于粗放混乱的状态,主观臆断、长官意志、封建等级等落后因素仍然困扰着政府管理,造成制定的政策不符合实际、决策不科学、执行不到位、应对无章法、事后无评估、监督无效果等负面后果。1911年,弗雷德里克·W.泰勒(Frederick W. Taylor)的《科学管理原理》一书出版,标志着精细化管理的问世。除了在企业管理中运用精细化管理外,国外政府还引入精细化管理理论,对行政流程、管理方式等进行改革优化,尤其是大力推行电子政务,通过电子国家、数字城市、网格化管理等电子政务手段,提升政府计划、决策、执行、应对、评估、监督水平,从而促进社会的整体进步,提升国家竞争力。

  此外,还有若干提法曾见诸各种媒体的文字报道,如计算机化政府、数字政府、网络政府、在线政府、虚拟政府等,可视其为"电子政府"的别称。

移动互联网构建疫情防控的"天罗地网"

新冠肺炎疫情发生以来,移动互联网在疫情精准防控、企业复工复产、保障人员有序流动等方面发挥了积极作用,结合网格化管理、大数据分析等智慧化应用,构筑起全方位、立体化的疫情防控体系,显著提高了应对疫情的敏捷性和精准度。

一是"健康码"助力人员跨地区安全有序流动。国家政务服务平台上线"防疫健康信息码",利用汇聚的卫生健康、民航、铁路等方面数据,为公众提供防疫健康信息相关查询服务,包括个人防疫健康信息码查询、老幼健康码助查询、场所到访人信息登记码申领、每日健康打卡等。疫情期间,累计注册近9亿人,使用次数超过400亿人次,支撑全国绝大部分地区实现"一码通行"。由中国信息通信研究院联合中国电信、中国移动、中国联通三家基础电信企业构建的"通信大数据行程卡"平台,利用手机"信令数据",向移动互联网用户提供14天位置信息查询。截至2021年2月中旬,这一平台为全国16亿手机用户出具了近80亿份电子行程证明,为政府机构检测与预防新冠肺炎疫情提供了科学依据和监测手段。

二是大数据分析提供了疫情防控的"火眼金睛"。许多城市利用大数据技术,通过政务大数据共享、互联网大数据互动,实现了对重点人员、重点区域的精准研判。北京经济技术开发区上线了数字化防疫系统——"战疫金盾",以"大数据+网格化"模式,分析识别和挖掘目标人群迁徙轨迹,找到与疑似人群有密切接触的人群,可视化展示返程人员来源地区分布、新增健康异常人数、每日返程人数、离域人员统计、乘坐交通工具情况、去往省市分析等数据,能够有效协助政府开展高危人群分析及疑似人群排查工作。该系统还能够动态掌握园区企业运行情况,持续收集企业复工情况和物资需求、用工需求,为企业提供综合性帮扶平台,更好地帮助政府科学决策、精准施策。

三是移动互联网构筑了政民互动的"连心桥"。许多城市在非常时期运用各类城市app、微信小程序等移动终端交互方式,准确高效地把各类权威信息、诊疗办法传递给广大群众,实时在线处理各种政务事项,及时发现并解决群众实际困难。尤其是本次疫情最严重的武汉市,利用智慧武汉"民呼我应"信息化服务平台提供了"肺炎自查上报"功能,支持群众在家自主比对症状,社区安排就诊,实现分级分流就诊;开通了网络心理咨询服务,提供机器人和人工心理咨询服务;搭建了"关爱群",了解被隔离居民、居家困难的孤寡老人的情况,及时解决实际困难。2020年1月23日至2月1日,"民呼我应"平台处理"肺炎自查上报"22 968例,心理机器人上线98小时为61 023位武汉民众提供了心理疏导,"关爱群"及时为生病的空巢老人送去了救命药。

四是智慧城市系统打造城市指挥的"操作系统"。疫情防控是一项巨大的、复杂的系统工程，大量的数据、信息、命令需要强有力的汇集、分析、融合、协同手段才能支撑高效指挥防控。杭州市下城区（2021年3月被撤销）、深圳市龙岗区等地的智慧城市系统在疫情防控中发挥了类似计算机"操作系统"的调度指挥中枢作用，实现了有效的数据集中汇集、态势实时分析、物资统一调配、事件综合指挥，有效提高了城市治理的敏捷性、精准性和智慧度。

[资料来源：《中国移动互联网发展报告（2021）》，有改动]

▶▶（二）办公自动化、政府信息化、电子商务

1. 办公自动化

办公自动化（Office Automation，简称OA）是20世纪信息技术革命的产物，是指利用现代化的办公设备、计算机技术和通信技术来代替办公人员的手工作业，从而大幅度提高办公效率。它将人、计算机和信息三者结合为一个办公体系，构成一个服务于办公业务的人机处理系统。

20世纪60年代，办公自动化兴起，美国麻省理工学院迈克尔·D. 季斯曼（Michael D. Zisman）教授认为，办公自动化就是将计算机技术、通信技术、系统科学及行为科学应用到传统的数据处理技术难以处理、数据量庞大且结构不明确的包括非数值型信息的办公事务上的一项综合技术。我国从20世纪80年代初开始在各级党政机关实施办公自动化工程建设，包括事务层办公自动化、管理层办公自动化和决策层办公自动化。随着办公自动化的发展，20世纪80年代中期以后，"办公自动化"又被称为"办公信息系统"，是指以计算机科学、信息科学、地理空间科学、管理科学、行为科学、网络通信技术等现代科学和技术为支撑，以提高专项和综合业务管理及辅助决策水平为目的的综合性人机信息系统。20世纪90年代中期，电子政务的兴起可以说是办公自动化系统在功能和范围上的进一步扩展。

从信息化发展历程来看，办公自动化的进程早于电子政务，电子政务是在办公自动化的基础上发展起来的，因此，两者联系密切，但又有显著区别，如表1-1所示。

表1-1 办公自动化与电子政务的区别

项目	办公自动化	电子政务
目标	减少行政办公人员繁杂、重复、枯燥的事务性工作，减轻工作强度，提高办公效率	向社会及自身提供所需的政务信息，实现信息共享、民主决策、高效透明等
主体范围	公共部门内部，集中于行政办公人员个人层面	不但包括公共部门内部，还包括公共部门之间、不同层级政府及其部门之间、公共部门与企业和公众之间的应用与互动
技术应用	内部计算机网络	电子数据交换和互联网

2. 政府信息化

政府信息化是指为了迎接信息时代的到来，利用信息技术、通信技术、网络技术、办公自动化技术，对传统政府管理和公共服务进行改革。

政府信息化包括三个方面的基本任务：统一的网络平台建设、统一的数据环境建设、重点业务系统建设，其中最艰巨、最复杂的是统一的数据环境建设。

从理论上说，政府信息化就是工业时代的政府（传统政府）向信息时代的政府（现代政府）演变的过程。具体来说，政府信息化就是政府应用现代信息和通信技术，将管理和服务通过网络技术进行集成，以及对其需要的和拥有的信息资源进行开发与管理，以提高自身的工作效率、决策质量、调控能力、廉洁程度，节约开支，改进组织结构、业务流程和工作方式，全方位地向社会提供超越时间和空间及部门分隔限制的优质、规范、透明、符合国际水准的管理和服务。

政府信息化与电子政务的关系密切，但两者又有一定的区别。如果说政府信息化强调的是一个过程，那么电子政务就是实现政府信息化的具体途径和手段。通过在政务活动中不断地扩大电子政务的覆盖范围，逐步推动政府信息化水平由低到高发展。从一定意义上说，政府信息化的过程就是不断推进具体政务功能电子化的过程。

3. 电子商务

电子商务是以网络信息技术为手段，以商品交换为中心的商务活动，也可理解为在互联网（Internet）、企业内部网（Intranet）和增值网（Value-Added Network，简称 VAN）上以电子交易方式进行交易活动和相关服务活动。电子商务是传统商业活动各环节的电子化、网络化、信息化。

电子商务通常是指在全球各地广泛的商贸活动中，在因特网开放的网络环境下，买卖双方不谋面地进行各种商贸活动，实现消费者的网上购物、商户之间的网上交易和在线电子支付及各种商务活动、交易活动、金融活动和相关的综合服务活动的一种新型的商业运营模式。各国政府、学者、企业界人士根据自己所处的地位和参与电子商务的角度和程度的不同，给出了许多不同的定义。电子商务分为 ABC、B2B、B2C、C2C、B2M、M2C、B2A（B2G）、C2A（C2G）、O2O 等模式。

虽然电子商务在不同国家或不同领域有不同的定义，但其核心依然是依靠电子设备和网络技术的商业模式。随着电子商务的高速发展，它已不仅仅包括购物这一主要内涵，还包括物流配送等附带服务。电子商务涉及电子货币交换、供应链管理、电子交易市场、网络营销、在线事务处理、电子数据交换、存货管理和自动数据收集系统的建设。在此过程中，利用到的信息技术包括互联网、外联网、电子邮件、数据库、电子目录、移动电话等。

电子商务有别于电子政务。首先是性质不同，电子商务是企业的一种经营活动，是企业利用电子技术、网络技术、虚拟技术等从事网上商品交易。电子信息技术的应用并不会使企业的商务活动变成政治行为，电子商务依然在企业的经营活动范畴内。电子政务是政府的一种管理和服务活动，是政府利用计算机网络技术对其管理和服务方式的改善与优化。其次是内涵不同，电子商务主要指企业利用网络所进行的商务活动，包括企业及有关单位之间的交易，企业广告、信息的网上发布，新产品的网络化开发，网上金融服务，等等。电子政务则是政府通过电子化手段处理政府事务，通过网络获取信息、管理信息资源等。

电子商务与电子政务又是辩证统一的。一方面，政府在推行电子政务的同时，要为电子商务营造安全、有序的发展环境，要参与电子商务的发展。电子政务对电子商务具有保障、监督和服务作用，因此电子政务的发展必然会推动电子商务的发展。另一方面，电子商务能为电子政务提供经济和技术支撑，因此电子商务的发展为电子政务的发展奠定了良好基础。电子政务与电子商务相辅相成、相互促进、协调发展，这样有利于促进政府管理方式的转变，提高政府管理水平，使政府更好地为企业和公众服务，进而降低企业成本、提高办事效率，创造新的经济增长点。

三、电子政务的服务对象与互动模式

在信息社会，从相互打交道的行为主体来看，电子政务涉及政府、企事业单位（英文中通称商业界）、公民三类主体，并分别用 G（Government）、B（Business）、C（Citizens）表示。根据服务对象的不同，电子政务的互动模式主要分为以下三种。

（一）政府间的电子政务

政府间的电子政务（Government to Government，简称G2G）是中央政府与地方政府之间、政府各部门之间、政府部门内部机构之间进行的数据分享和信息交流，主要包括以下内容。

1. 电子法规政策系统

向所有政府部门及其工作人员提供相关的现行有效的法律、法规、规章、行政命令和政策规范，使所有政府部门及其工作人员真正做到有法可依、有法必依。

2. 电子公文系统

在保证信息安全的前提下，在上下级政府之间和平级政府部门之间传递有关的政府公文，如报告、请示、批复、公告、通知、通报等，使政务信息十分快捷地在政府间和政府内流转，提高政府公文处理速度。

3. 电子司法档案系统

在司法机关之间共享司法信息，如公安机关的刑事犯罪记录、审判机关的审判案例、检察机关的检察案例等，通过共享信息来提高司法机关的工作效率和司法人员的综合能力。

4. 电子财政管理系统

向各级国家权力机关、审计部门和相关机构提供分级、分部门、分时段的政府财政预算及其执行情况，包括从明细到汇总的财政收入、开支、拨付款数据及相关的文字说明和图表，以便有关领导和部门及时掌握与监控财政状况。

5. 电子办公系统

让政府工作人员通过电子网络系统完成许多事务性的工作，以节约时间和费用，提高工作效率，如工作人员通过网络申请出差、请假、复制文件、使用办公设施和设备、下载政府机关经常使用的各种表格、报销出差费用等。

6. 电子培训系统

向政府工作人员提供各种综合性和专业性的网络教育课程，特别是为适应信息时代对政府的要求，要加强对工作人员进行与信息技术有关的专业培训，工作人员可以通过网络随时随地注册选择培训课程、接受在线培训、参加网上考试等。

7. 电子业绩评价系统

按照设定的任务目标、工作标准和完成情况对政府各部门的业绩进行科学的考核与评价。

▶▶（二）政府对企业的电子政务

政府对企业的电子政务（Government to Business，简称G2B）是指政府通过电子网络系统进行电子采购与招标，精简管理业务流程，方便快捷地为企业提供各种信息服务，主要包括以下内容。

1. 电子采购与招标

通过网络公布政府采购与招标信息，为企业特别是中小企业参与政府采购提供必要的帮助，向它们提供政府采购的有关政策和程序信息，使政府采购成为阳光作业，减少徇私舞弊和暗箱操作，降低企业交易成本，节约政府采购支出。

2. 电子税务

使企业相关人员通过政府税务网络系统，在家或办公室就能完成税务登记、税务申报、税款缴纳、税收公报查询、税收政策了解等业务，既方便了企业，也节省了政府开支。

3. 电子证照办理

让企业通过网络申请办理各种证照，缩短办证周期，减轻企业负担，如企业营业执照的申请、受理、审核、发放、登记项目变更、核销，土地证、房产证、建筑许可证、环境评估报告等证照和审批事项的办理。

4. 信息咨询服务

政府向企业开放其所拥有的各种数据库，方便企业使用，如法规政策、政府经济白皮书、国际贸易统计资料等数据库。

5. 中小企业电子服务

政府利用宏观管理优势和集合优势，为中小企业提高国际竞争力和知名度提供各种帮助，包括为中小企业提供统一的政府网站入口、帮助中小企业向电子商务供应商争取有利的且能够负担的电子商务应用解决方案等。

（三）政府对公民的电子政务

政府对公民的电子政务（Government to Citizens，简称 G2C）是指政府通过电子网络系统为公民提供的各种服务，主要包括以下内容。

1. 教育培训服务

建立全国性的教育平台，并资助所有的学校和图书馆接入互联网和政府教育平台；政府出资购买教育资源，然后免费提供给学校和学生使用；重点加强以提高公民信息技术应用能力为目的的教育和培训，以使其更好地应对来自信息时代的挑战。

2. 就业服务

通过电话、互联网或其他媒介向公民提供工作机会和就业培训，以促进社会就业。例如，开设网上人才市场或劳动力市场，提供与就业有关的工作职位缺口数据库和求职数据库；在就业管理和劳动部门所在地或其他公共场所建立网站入口，为没有计算机的公民提供接入互联网寻找工作职位的机会；为求职者提供就业形势分析、就业方向指导、网上就业培训等服务。

3. 电子医疗服务

通过政府网站提供医疗保险政策信息、医药信息、执业医生信息，为公民提供全面的医疗服务。公民可以通过网络查询自己的医疗保险个人账户和当地公共医疗账户的情况；查询国家新审批的药品的成分、功效、试验数据、使用方法及其他详细数据，提高自我保健的能力；查询当地医院的级别和执业医生的资格情况，选择适合的医院和医生。

4. 社会保险网络服务

建立覆盖地区甚至国家的社会保险网络，使公民可以通过网络及时、全面地了解自己的养老、失业、工伤、医疗等社会保险账户的明细情况，有利于社会保障体系的建立和普及；通过网络公布最低收入家庭补助情况，增加透明度；还可以通过网络直接办理有关的社会保险理赔手续。

5. 公民信息服务

使公民得以方便、容易、费用低廉地接入政府法规政策数据库；通过网络提供被选举人的背景资料，促进公民对被选举人的了解；通过在线评论和意见反馈，了解公民对政府工作的意见，改进政府工作。

6. 交通管理服务

通过建立电子交通网站对交通工具和司机进行管理与服务。

7. 公民电子税务

方便公民通过电子报税系统申报个人所得税、财产税等个人税务。

8. 电子证件服务

方便公民通过网络办理结婚证、离婚证、出生证、死亡证明等有关证件。

四、电子政务的功能层面与发展程度

（一）电子政务的功能层面

根据各行为主体在网上是否进行"交互"及"交互"的复杂程度，可以把电子政务区分为由低到高的四个功能层面：一是发布层面；二是单向互动层面；三是双向互动层面；（也可将二、三两项笼统地合称为"互动层面"）四是交易层面（亦称"事务处理层面"）。

"交易"是从电子商务领域引入电子政务领域的专门术语，其指意范围已经扩大。譬如，澳大利亚《1999年电子交易法》在第五条"定义"中特别申明："交易包括任何非商业性质的交易。"因此，电子政务领域的"交易"是指经双方在线交互而达成约定或完成事务。

至于每一层面的含义及它们之间的区别，可从以下"电子信息服务"和"电子事务服务"两个概念的辨析中加以了解。

在政府对企业、政府对公民的电子化服务中，信息服务、事务服务是两大基本类型。而国内外流行的说法却是"提供信息和服务"。从逻辑上分析，这一流行的说法是有语病的。因为"服务"是属概念，"信息服务"是种概念，"提供服务"已包含"提供信息服务",所以仅从字面含义来看,不应将"信息"和"服务"并列。

推原其本意,此语中的"提供服务",实质上特指"提供事务服务"。可见,这一流行说法的确切意思是"提供信息和事务服务"。譬如,英国公众批评政府,"网上信息多于服务",即应依此理解为"网上的信息服务多于事务服务"。而更为严谨的是将"信息服务"和"事务服务"理解为"电子信息服务"和"电子事务服务"。

与传统的施政手段相比,电子政务具有简化、方便、快捷、高效的显著特色。这也是电子信息服务、电子事务服务共同的优势。但如果分别将电子信息服务与传统政务的信息服务、电子事务服务与传统政务的事务服务相比,则虽然两者对传统政务简化的效果颇为相似,但两者各自所简化的关键要素有微妙差别。

电子信息服务以电子文件的在线发布、浏览、下载和电子资料库的自动检索,取代了纸质文件的下发、传阅、翻检和索取。其主要优势是:扩大范围;简化手续;提高齐全率、准确性。其简化的本质是运用支持工具,在海量的资料中,以主题或目的为中心标准来进行外延性汇总,以达到简化信息内容的理想效果。

电子事务服务则使接受服务的对象能把以前需要本人亲自到场办理各种手续,并几经周折才能完成的服务项目,改为在网上完成。例如,办理证件,申请专利,更换执照,支付费用、税款和罚款。其简化的本质是经过职能的优化、重组,简化了行政处理流程。电子信息服务和电子事务服务所简化的关键要素的差别,恰恰反映了它们所涉及的电子政务功能层面的差异。

从功能层面辨析,电子信息服务仅限于政务信息的发布、传递、获取和交流。其一,基于发布层面。在网页上发布政府的静态信息,如法规、指南、手册、组织机构、部门领导、联系方式等。其二,基于互动层面。可细分为两个层次:① 政府对用户的单向互动。如政府所发布的规范性文件、数据资料,可供用户浏览和下载。② 政府与用户的双向互动。如政府所开放的人口、物价、就业、养老金等电子数据资料库,可供用户按其需要进行检索并下载;或者对于政府就相关政策规定的适用范围、基本精神,用户可以在网上与政府部门进行沟通,提出各种询问,政府部门也可以通过电子方式做出回应。

电子事务服务则以发布层面为基础,以互动层面为手段,以完成交易层面的事务处理为特征。用户从政府网站这个"窗口"发出的交易请求(如缴纳税款、申领护照、登记结婚、注册开业、事项审批等),通过电子身份认证,经由安全通道,进入政府后台操作系统。其中,一部分较为单纯的事项(如个人所得税的申报和缴纳、一些证件的申领等),可以依循事先设定的程序,由专门的电子平台自动处理。一部分需要视情况区别对待的复杂事项(如针对政府采购的投标书递交、申请残疾人救助金等)须传递到与政府部门局域网相连的办理人员的计算机终端,由其进行实时处理:审核具体情况,对照相关政策,乃至比较其他人的同类请求(如就竞标事项比较其他人的投标书)

来具体核夺，决定可否。政府工作人员将办理结果（如批准结论或不批准原因）通过政府部门局域网的电子平台，循原输入路线的反方向，传递到政府网站上，从而在"窗口"兑现交易。

当然，在提供电子化服务的实践中，信息服务与事务服务只是从类别和功能上进行大致的区分，在很多情况下，两者往往是相互渗透的。譬如，用户在网上询问有关残疾人救助金的设置机构、基本宗旨、社会效果及申请额度和适用范围的情况。政府在网上以动态信息答复，同时还向用户提供申请所用的文本格式和可供填写的电子表格，以备用户下载并申请该服务项目。这就是在信息服务中渗透了事务服务。对于用户请求审批的事项，政府部门在处理的同时，在网上提供相关政策、规定的链接，以备用户浏览和参考。这就是在事务服务中渗透了信息服务。

▶▶（二）电子政务的发展程度

电子政务的发展程度，可从以下两个方面考察。

其一，服务深度，也称电子政务的"可用性""成熟度""复杂程度"。其含义是电子政务所能达到的功能层面。在世界著名咨询公司埃森哲（Accenture）每年对世界各国电子政务的测评和排名中，能达到的功能层面是衡量一个国家电子政务发展水平的关键指标。

其二，服务广度。其含义是电子政务对政府职能的覆盖率。从世界各国的通例来看，鉴于政府的职能错综复杂，需要将各部门所分管的具体业务解构为多项服务。而政府服务的电子化只能是一个渐进的过程。在政府的全部服务项目中，已实现电子化的数量及其占总数量的百分比，也是衡量一个国家电子政务发展水平的直观指标。

世界上在电子政务建设领域领先的国家，都十分重视服务广度的实现程度。

例如，新加坡政府网站的功能极为强大，包含的内容也极为广泛，曾在1999年被美国大众服务管理部评为世界上最先进的综合服务网站。近年来，新加坡政府始终坚持"以公民为中心"，不断进行技术创新，开发出了So Easy、OneInbox、OneService、Myinfo等诸多便民服务的数字化项目。目前，新加坡政府大约98%的公共服务可以通过在线的方式提供，民众办事基本可以通过网络完成。

再如，英国政府创办的GOV.UK门户网站连接了上千个英国政府网站和权威机构的网站，并将政府相关职能按公众需求进行组合，使公众能够全天候获得中央和地方政府部门及相关权威机构的信息和便捷的在线服务。在网站上，儿童保育、学习教育、商业指南、驾驶运输、市政服务、社会福利、签证移民等17个板块的服务几乎涵盖了人们日常生活的各个方面。

截至2021年7月，我国正在运行的政府网站数为14 537个，其中国务院部门及其内设、垂直管理机构政府网站数为889个，省级政府网站数为1 665个。各省市加快推进"一网通办""跨省通办",聚焦用户体验,强化便民惠企,创新服务能力显著提升。在省级行政许可事项中,99.6%的事项实现网上可办,89.8%的事项实现网上受理和"最多跑一次"。由此可见,我国电子政务服务的覆盖范围广泛。

【本讲小结】

本讲首先介绍了电子政务的概念和内涵,并将其与相关概念如电子政府、办公自动化、政府信息化、电子商务等进行了简要对比;其次从电子政务的服务对象、互动模式及电子政务的功能层面和发展程度等方面对电子政务进行了详细解读。

【课后练习】

1. 什么是电子政务?
2. 如何认识电子政务与电子政府的关系?
3. 如何区别办公自动化与电子政务?
4. 电子政务的互动模式有哪些?
5. 电子政务的功能层面有哪些?
6. 如何衡量电子政务的发展程度?
7. 结合本讲知识点对电子政务的具体实践案例进行分析。

日本大地震让世界领先的电子政务系统开始警觉

日本大地震让韩国警觉的不仅仅是防灾对策与核电站问题,还涉及政府业务可持续开展、数据保护、公共灾害信息提供、灾难综合指挥无线通信网构建、国家机构信息系统的灾难恢复控制等韩国政府已经提上日程却迟迟没有建成的灾害应对信息系统。

韩国每天都有关于日本震后情况的新闻报道。他们从"海啸导致地方政府的户籍数据丢失""不能通话情况下政府积极运用社会化网络服务提供信息""一些企业向访问较为集中的官方灾害信息网站免费提供云计算服务"等新闻报道中反思"韩国如果受灾该如何应对"。同时,一些韩国媒体也组织了韩国各级政府灾害对策专题报道。

各级政府机构数据的备份

韩国很早就引进了电子政务,通过政府综合计算中心(汇集所有政府机构的信息系统的场所,位于大田与光州两处)保存国民信息数据,万一发生灾害,纸质户籍资料消失,国民信息数据也会被完好地保存。而实际上还有一些观点认为这一备份不够完善。

为了使电子政务数据被更加安全地保存,韩国政府从2009年开始计划建设政府备份中心（在大田与光州两处的政府综合计算中心因受灾无法使用时，作为备份中心启用的第三中心），但是选址及 2 000 亿韩元的预算资金一直无法落实，目前仍停留在计划阶段。

即使预算现在能够马上到位，备份中心的启动也要在 2015 年以后。其间，如果朝韩两国发生大规模战争，数据安全将无法保障。韩国面积约为日本的三分之一，可居住平地较少，数据中心即便是互相独立的，距离也很近。因此，只有将信息数据保存于多个中心，才能提升其安全性。

电子政务的软肋

韩国被联合国评为电子政务建设水平世界第一（2014 年），韩国的宽带普及率也是世界第一，行政机构与民营企业绝大部分工作仅通过信息系统就可进行。为了倡导环保，韩国的行政办公基本上实现了"无纸化"，因此韩国民众在所有生活领域对信息和通信技术的依赖度或许也是世界第一。

对信息和通信技术的依赖度较高就需要确保电力供应，韩国的政府综合计算中心备有无线电力供给设备、应急发电设备。但问题是，还有一些尚未联入政府综合计算中心、分散构建的行政系统。一些地方政府单独构建电子政务系统，不但要拥有数据中心，还要将数据在政府中心与备份中心进行保存，需要考虑到通过协同方式以防万一。

警察、消防、军队等灾难恢复系统的兼容性

除了数据保存外，还有一些有待完善之处。为了使行政机构与民营企业在地震后可以持续开展组织活动，要确保灾难恢复计划（DRP）与业务持续计划（BCP）的有效实施。可是，韩国存在各个机构的灾难恢复系统分别构建、无法兼容等问题，尤其是肩负救灾任务的警察、消防、军队等灾难恢复系统需要尽快完善。

例如，发生电话或网络不通的紧急情况时，如果警察、消防、军队的无线通信方式与波段不同，通信受影响就有可能无法辨认行进方向。在灾害发生后，如果警察、消防、军队无法直接联络，无法及时赶赴现场实施协同作战，将加大受灾程度。

自然灾害具有突发性的特点。电子政务系统不仅仅可以使公民便捷地获取服务和信息，更重要的是可以提供稳定的基本的灾害救援功能。以日本大地震为鉴，目前正是应该认真思考如何从社会需要角度、从社会安全保障角度深度应用信息和通信技术的时刻。

（资料来源：中国电子政务网，2015 - 01 - 05，有改动）

第二讲 电子政务的兴起与发展

【学习目标】

了解电子政务在全球兴起的时代背景和社会背景；理解和掌握国外电子政务发展的特征和趋势；掌握我国电子政务发展各阶段的情况。

【关键术语】

信息社会；信息化；政府改革；标准化；在线服务；政府数字化转型；三金工程；网络强国

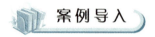

以电子政务助力治理升级

小小一张电子卡，线上线下全打通。2018年4月21日，在福建省福州市举办的首届数字中国建设成果展览会上，人力资源和社会保障部签发首张全国统一的电子社保卡，引发社会关注。在这个展览会上，独具特色的电子政务馆，更让人感受到电子政务的快速发展。

"互联网+公安"加速了证件异地办理；"互联网+海关"大大提高通关便捷度；环保部门上线的"环保云"，为重污染天气应急管理提供技术支撑；最高人民法院推出的司法拍卖网络平台，既便利了群众，也压缩了权力寻租空间……近年来，随着政府管理创新与新兴信息技术的深度融合，我国公共服务信息化水平持续提高。

推动电子政务发展，是"以信息化推进国家治理体系和治理能力现代化"的必然要求。这不仅意味着行政技术的提升，更是治理理念的升华。近年来，浙江"最多跑一次"、江苏"不见面审批"、上海"一网通办"等举措相继推开，"让百姓少跑腿、信息多跑路"成为一种治理自觉。一些地方还邀请互联网公司参与，致力把政务信息化扩大到智慧城市建设。围绕电子政务，顶层设计与基层探索交相辉映，百姓办事需求与政府职能优化有效对接，企业技术供给与地方产品需求良性互动，搭建起多层次、多侧面的生动场景。

纵览电子政务在线服务平台，也应看到，我们依然面临着顶层设计不足、标准化程度偏低的问题。处身在展览会现场，这种感受十分明显：各类系统供应商百舸争流，虽然产品功能差别不大，但是标准差异不小。从市场发展的角度来看，这或许有利于充分竞争；从政务发展的角度来看，却容易因难以打通而陷入"万码奔腾"的数据割裂状态。现实中，一些电子政务新平台本是便民之举，却由于种种原因，给人造成新的不便。如何变重复注册为一次认证？如何打破信息孤岛，实现互联互通？能否超越简单的信息发布，丰富信息应用方式？凡此种种，都亟待在实践中加以破解，也呼唤尽快建立和完善标准统一的国家政务服务平台。

打造更加统一、便捷、高效的政务服务平台，关键在于有效整合。从社保信息到房产信息，从身份信息到交通大数据，只有打通跨部门、跨层级、跨区域信息共享的"任督二脉"，才能推动政务信息资源畅快流动，为治理现代化提供可靠抓手。进而言之，政务大数据具有独特的公共价值，相关政务数据的流动，不应囿于政府机构内部。在明确规则、加强监管的基础上，有效对接市场和公众需求，既有助于充分释放政务数据的红利，也能倒逼解决政务数据的开放共享难题，助推电子政务向2.0时代迈进。

加快发展电子政务，已经构成数字中国建设不可或缺的重要一环。当互联网日益成为人类社会的关键基础设施，信息化应用场景更加广泛地融入日常生活时，群众对政府优化电子政务、提升治理效能有了更高期待。这样的期待，必将推动治理者走出"舒适区"，紧跟大数据、云计算等新兴技术潮流，为数字中国、智慧社会添砖加瓦；也必将有利于锻造更高效的行政服务体系，为推进治理体系和治理能力现代化激发更多正能量。

（资料来源：《人民日报》，2018-04-24，有改动）

案例思考：

试举例说明电子政务的发展给我们的生活带来了哪些变化。

一、电子政务的兴起

电子政务是信息社会的必然产物，是在信息技术革命的推动下，在全球信息化浪潮和行政改革浪潮中应运而生的，电子政务的兴起有其特定的时代背景和社会背景。

▶▶（一）信息技术革命推动信息社会来临

20世纪70年代，以信息技术、新材料技术、新能源技术、空间技术、海洋开发和生物工程的兴起为标志，世界经济迎来了第三次技术革命。这次技术革命把整个世界经济的运转模式从工业化向信息化全面推进，而随后20世纪80年代计算机技术和20世纪90年代网络技术的迅猛发展，更是掀起了来势迅猛的信息化浪潮，正式揭开了人类社会从工业化迈向信息化的序幕。信息技术的发展改变了人类社会的面貌，信息技术的水平、规模和应用程度已经成为衡量一个国家现代化水平的重要标志，人们把这种信息技术发展导致的社会变革称为信息技术革命。

信息技术革命对当今社会产生了深远的影响。首先，信息技术革命推动了经济发展。它使劳动资料特别是生产工具发生了根本性变革，为劳动生产率的提高开辟了道路；它使产业结构发生了重大变化，使社会生产从以物质生产活动领域为主的阶段转向以非物质生产活动领域为主的阶段；它改变了就业结构，提高了劳动力的素质。其次，信息技术革命有助于当代社会政治生活的民主化和政治体制的变革。再次，信息技术革命打破了传统教育理念，使教育向着更有利于培养人能力的方向发展。最后，信息技术革命带来了生活方式的革命，使人类的生活方式更加科学和文明。总之，信息技术革命大大加快了信息社会的到来与发展。

1. 信息社会的概念和特征

信息社会也称信息化社会，是脱离工业社会以后，信息起主要作用的社会。所谓信息社会，是指以电子信息技术为基础，以信息资源为基本的发展资源，以信息服务性产业为基本的社会产业，以数字化和网络化为基本的社会交往方式的新型社会。

在农业社会和工业社会，物质和能源是主要资源，人类所从事的是大规模的物质生产。而在信息社会，信息成为比物质和能源更为重要的资源，以开发和利用信息资源为目的信息经济活动迅速扩大，逐渐取代工业生产活动而成为国民经济活动的主要内容。信息经济在国民经济中占据主导地位，并构成社会信息化的物质基础。以计算机、微电子和通信技术为代表的信息技术革命是社会信息化的动力源泉。信息技术在资料生产、科研教育、医疗保健、企业和政府管理及家庭中的广泛应用，对经济社会发展产生了巨大而深刻的影响，从根本上改变了人们的生活方式、行为方式和价值观念。

信息社会呈现出以下主要特点：

第一，在信息社会，信息、知识成为重要的生产要素，与物质、能量一起构成社会赖以生存的三大资源。

第二，信息社会的经济是以信息经济、知识经济为主导的经济，它有别于农业社会的经济以农业经济为主导，工业社会的经济以工业经济为主导。

第三，在信息社会，劳动者的知识成为基本要求。

第四，科技与人文在信息、知识的作用下更加紧密地结合起来。

第五，人类生活趋向和谐，社会可持续发展。

然而，信息技术革命将人类带入信息社会的同时，也带来了一系列亟待解决的问题，包括：① 信息污染。主要表现为信息虚假、信息垃圾、信息干扰、信息无序、信息缺损、信息过时、信息冗余、信息误导、信息泛滥、信息不健康等。信息污染是一种社会现象，它像环境污染一样应当引起人们的高度重视。② 信息犯罪。主要表现为黑客攻击、网上"黄赌毒"、网上诈骗、窃取信息等。③ 信息侵权。主要是指知识产权侵权，还包括侵犯个人隐私权。④ 计算机病毒。它是具有破坏性的程序，通过拷贝、网络传输潜伏于计算机的存储器中，待时机成熟时发作。发作时，轻者消耗计算机资源，使效率降低；重者破坏数据、软件系统，甚至破坏计算机硬件或使网络瘫痪。⑤ 信息侵略。信息强势国家通过信息垄断和大肆宣扬自己的价值观，用自己的文化和生活方式影响其他国家。

2. 信息化发展的表现

经过几十年的技术发展和推广应用，全球信息化取得了巨大发展，主要表现在以下几个方面。

（1）信息基础设施建设取得巨大进展

信息社会的各项事业发展离不开信息基础设施建设，社会信息化发展要求信息基础设施建设先行。到21世纪20年代，全球信息基础设施建设已取得巨大进展，概括来说，主要表现为：信息资源急剧增长并得到高效整合；国家信息网络建设突飞猛进；信息技术得到广泛应用；信息技术发展取得突破性进展；信息化人才培养工作初见成效；信息化政策、法规和标准逐步建立与完善。尽管不同国家或地区的情况有所差别，但全球信息基础设施建设的进步有目共睹。

（2）信息技术发展迅速，并得到广泛推广和应用

信息技术是能够实现信息的获取、加工、传递、再生、利用等功能的新技术，信息技术的发展和广泛应用，是社会信息化发展的基础和核心支撑。信息技术的发展表现为三个相互联系的方面：一是信息技术本身得到迅速发展并实现了产业化；二是基于信息技术的信息产业（包括信息设备制造业、信息传输业和信息服务业）获得了巨大发展；三是信息技术手段在经济和社会领域获得了广泛应用。

（3）信息产业取得显著成绩

信息产业是指那些从事信息技术开发和利用的产业，其产品包括硬件产品和软件产品。信息产业由信息设备制造、信息生产加工、信息服务、信息软件研发四部分构成。信息产业从20世纪70年代兴起，在20世纪80年代高速发展，到20世纪90年代成为全球发展速度最快、从业人数最多、规模扩展最为迅速、创造财富最多的产业，是全球经济新的强有力的增长点。进入21世纪，西方发达国家的信息产业增加值已经占到国内生产总值的一半或一半以上。从经济发展来看，信息产业的发展是关系到一个国家或地区基础设施建设、技术创新能力、社会各行业和各领域管理水平的重要环节；从社会进步来看，信息产业的发展正在飞速地改变着我们的生产方式、工作方式、生活方式、贸易方式、经济开放度等，甚至影响着人们的思维方式，对国家的决策乃至社会的整体结构都将产生深远影响。

资料阅读

截至2021年12月，我国网民规模达10.32亿人，较2020年12月增加4 296万人，互联网普及率达73.0%。

2021年，我国网民总体规模持续增长。一是城乡上网差距继续缩小，截至2021年11月，我国现有行政村已全面实现"村村通宽带"；二是老年群体加速融入网络社会，截至2021年12月，我国60岁及以上老年网民规模达1.19亿人，老年群体与其他年龄群体共享信息化发展成果，能独立完成出示健康码/行程卡、购买生活用品和查找信息等网络活动的老年网民比例已分别达69.7%、52.1%和46.2%。

在网络基础资源方面，截至2021年12月，我国域名总数达3 593万个，IPv6地址数量达63 052块/32，同比增长9.4%；移动通信网络IPv6流量占比已达35.15%。在信息通信业方面，截至2021年12月，累计建成并开通5G基站数达142.5万个，全年新增5G基站数达65.4万个；有全国影响力的工业互联网平台超过150个，接入设备总量超过7 600万台（套），全国在建"5G+工业互联网"项目超过2 000个，工业互联网和5G在国民经济重点行业的融合创新应用不断加快。

2021年，我国互联网应用用户规模也保持平稳增长。其中，截至2021年12月，即时通信、网络视频、短视频用户使用率分别为97.5%、94.5%和90.5%，用户规模分别达10.07亿人、9.75亿人和9.34亿人；此外，在线办公、在线医疗等应用保持较快增长，截至2021年12月，在线办公、在线医疗用户规模分别达4.69亿人和2.98亿人，同比分别增长35.7%和38.7%。

[资料来源：中国互联网络信息中心（CNNIC）第49次《中国互联网络发展状况统计报告》，有改动]

面对全球信息化浪潮，我国敏锐地抓住信息化发展的历史机遇，部署落实信息化建设各项措施。"十四五"时期，我国进入新发展阶段，国家信息化工作也步入加快数字化发展、建设数字中国的新阶段。2021年出台的《"十四五"国家信息化规划》《"十四五"推进国家政务信息化规划》等文件从顶层设计层面为我国信息化加速发展指明方向。随着经济全球化的不断加深和各国经济飞速发展带来日益激烈的竞争，政府作为引导和管理整个社会运转与发展的中枢，利用信息和通信技术，实施自身的信息化和业务管理与服务的电子化，已成为其保持自身地位和参与全球竞争的不二选择。

▶▶（二）政府改革浪潮的兴起

随着经济全球化与社会信息化步伐的加快，政府自身的综合竞争力直接决定着一个国家和民族在未来全球关系中的地位和作用。因此，为了应对变化，提高自身竞争力，以精简、高效、透明和务实为主线的政府改革，已经成为一股世界性潮流。

全球政府改革肇始于20世纪70年代。一方面，当时西方主要国家已经开始推进"信息高速公路"建设；另一方面，当时西方国家普遍面临四种压力：社会压力、财政压力、经济全球化压力和内部压力。社会压力是指当时西方国家普遍出现了一种民众对政府不信任的现象；财政压力是指西方国家长期实行的福利国家政策遇到了前所未有的挑战；经济全球化压力是指资本主义发展不平衡规律的作用导致国家之间的市场竞争更加激烈、民族矛盾更加尖锐，平等互利原则和国际合作受到破坏，国际政治经济的不稳定性和不确定性增加；内部压力主要是政府自身管理方面存在的一些突出问题所形成的压力。为了缓解政府压力，西方国家主要采取了以下措施：

一是推行非国有化政策。为了避免政府在经济生活方面承担过多的责任，减轻财政压力，西方一些国家如英国、德国等，普遍推行了非国有化政策，将国家开办的一些企业通过市场向社会出售。这种做法不仅在一定程度上解决了这些企业长期存在的经营不善问题，而且使这些企业有了通过市场获取资本的可能和渠道，进而提高了效率。

二是推行自由化政策。所谓自由化，是指政府尽量减少对市场不必要的干预，最大限度地发挥市场的功能。为了实现这一目标，西方国家采取了一系列重大改革措施，如放松政府对市场的管制、大幅度减少政府规制等。在减少政府规制方面，既包括有关政府保护产业的规制、管制市场的规制，也包括有关政府管理社会的规制。这些改革对进一步发挥市场的功能起到了重要作用。

三是收缩政府的社会职能，避免政府对社会福利大包大揽，推进政府公共服务的市场化。在国外的政府改革中，一个重要的理论指导就是新公共管理主义。新公共管理主义认为政府包揽了许多具体事务和直接提供具体的公共服务项目是导致低效率的重要原因，强调在公共管理领域注重发挥市场的作用，推行公共服务市场化。主要做法有：将以往由政府承担的服务性职能通过委托、代理等方式向社会转移；打破政府在公共服务领域的垄断，放宽某些公共领域对私人资本的限制，如中小学教育、社会保险、退休保障、廉价住宅等；建立公私合作伙伴关系，政府对提供公共服务的一些私人部门实行优惠政策，如土地出让、许可证发放等；推行公共服务社区化，鼓励社区发展公益事业，开展公共服务。

四是推进政府内部管理体制和运行机制改革。西方国家在政府改革中，一直把改革政府自身的管理和运作作为一项主要内容。其涉及的领域主要包括：精简机构和行政人员；实行分权和权力下放；将决策权与执行权分离，如英国、新西兰、澳大利亚等国家将中间执行层改革为实行企业化管理的行政经理责任制等；改革人事制度，简化有关人事管理的规制，注重激励机制、竞争机制的运用；将现代企业的管理理念如投入、产出、成本、效益等引入公共部门的管理中；注重绩效评估，加强绩效管理，从注重管理过程向注重管理结果转变；等等。

1992年，克林顿就任美国总统时就宣布他的政府将是一个电子化政府。克林顿政府从一开始就认识到信息技术在推动经济社会发展方面的巨大潜力，提出"信息高速公路"计划。随着"信息高速公路"的延伸，克林顿和艾伯特·A.戈尔（Albert A. Gore Jr.）很快认识到信息技术同样会对美国政府和政治产生深远的影响，电子政务的设想正是在这种认识的支持下提出的。在美国政府再造运动中，信息技术发挥了不可磨灭的作用。政府再造运动试图打破旧的、墨守成规的政府管理模式，而信息技术为这一过程注入了强大的动力。信息技术引导人们从根本上思考政府应该做什么、怎样做及如何发挥工作人员的创造性，提高行政效率，更好地为公众服务。克林顿政府对电子政务的设想主要包括两个方面：一是减少"橡皮图章"，加速政府对公众需求的回应，让公众能更快捷、更方便地了解政府，并能一站式地满足公民申请贷款、竞标合同、网上付税等需求；二是再造美国政府系统，使之更富效率、运作成本更低，并有助于消除政府中存在的官僚作风。

从20世纪70年代开始，西方发达国家相继开展政府改革，随后许多发展中国家也进行了不同程度的政府改革。全球范围的政府改革浪潮成为西方国家电子政务兴起的特定背景，有力地推动了电子政务的发展。

二、国外电子政务的发展

1993年，克林顿政府首倡"电子政务"，推行政府再造。在此期间，美国的政府规模、财政开支和行政规章大大缩简，克林顿政府成为美国自20世纪50年代以来规模最小的政府，政府职能开始从管制走向服务，联邦政府内部的跨部门协调机制、政府与社会的合作也得到了长足发展。电子政务成为美国政府创新的一大特色。作为克林顿政府再造运动的意外收获，电子政务在全球范围内迅速兴起。

（一）国外电子政务发展的共性

电子政务兴起之后，西方国家取得的建设成果得到了全球的广泛关注和普遍好评。电子政务不再是一种选择，而是人类社会发展的必由之路。综合考察国外电子政务发展规划和状况发现，各国虽然在电子政务建设的具体做法上存在许多差异，但都表现出以下特征。

1. 以电子政务为政府管理创新手段

电子政务表面上看是信息技术在政府公共服务领域的应用，而实质上则是政府管理理念、管理职能、业务流程和管理方式的全方位变革。这种变革主要体现在两个方面：一是各国电子政务均贯彻"以公民为中心"的原则，以提高政府服务效率、便于公众接受服务为理念。这是各国在发展电子政务过程中一致认同和遵守的一个基本理念，也是21世纪政府管理创新的基本理念。二是实现互联互通，加快业务流程整合。电子政务充分应用现代信息技术，通过提供信息搜索引擎、工作流引擎、政务协同、数据挖掘等技术，打破传统政府的组织界限，构建纵横交错的矩阵式组织结构，努力使政府的信息资源流动起来，形成四通八达甚至超越时空的信息流，从而提高信息资源的使用效率，发挥信息资源的价值，促进政府、企业、公众之间的互动与交流。西方发达国家优化政府业务流程后的电子政务具有两个基本特征，即面向公众，以公众满意为目标；以服务项目（事务）为中心，跨越部门和职能界限。

2. 以政府为主导进行统一规划

世界各国电子政务建设都是在政府的倡导和推动下进行的，展现出了蓬勃的生机和较快的发展速度。首先，政府领导层的支持与承诺成为各国电子政务发展的前提和基础，各国普遍把电子政务建设看作推动政府改革的契机。追溯电子政务起步早且发展较好较快的国家在电子政务领域的实践发现，这些国家最初涉足电子政务大多源于政府领导人敏锐的洞察力、强烈的政治意愿和有力的领导。越来越多的国家政府领导人已经认识到电子政务对国家发展的重要性，并从政治上确定了电子政务的目标和蓝图，建立了强有力的领导团队并展现了政府对未来电子政务建设与发展的承诺。其次，各国政府根据国家所处的不同发展阶段制定了相应的战略规划和发展重点，清晰、明确的愿景为各国电子政务的发展提供了重要的方向指引和坐标定位。美国、新加坡、英国、韩国等电子政务发展较快的国家均设立了专职机构，由这些机构制订电子政务发展规划，统一协调各部门的关系，规范各部门的行为，优化政府的服务方式。

3. 以标准化引导守护电子政务发展

国外信息化的实践证明，信息化建设必须有标准化的支持。一体化、标准化是电子政务建设过程中的关键问题，也是电子政务系统实现互联互通、信息共享、业务协同、安全可靠的前提，它将业务环节有机连接起来，并为业务协同提供技术准则。西方发达国家在电子政务建设过程中十分重视相关法律法规和标准建设，为电子政务发展保驾护航。英国早在1998年就颁布了《数据保护法》，以法律形式规定公民个人具有获得个人全部信息、数据的合法权利；在2000年又颁布了《电子通信法》，规定电子签名在法庭上与其他手段具有同等的法律效力；后来又颁布了《信息自由法》，规定要保证企业和公民能够依法查询到政府公布的各项信息。欧盟在20世纪90年代末制定了信息社会行动纲领，明确提出要依靠信息技术实现欧盟国家进入新经济体系的目标，随后欧盟各国分别制订了各自的信息社会行动计划和电子政府规划。2007年12月，欧盟各国首脑在里斯本签署《里斯本条约》，该条约于2009年12月生效，这为欧盟的机构改革铺平了道路，欧盟各国有关电子政务的法律法规和行动计划绝大部分是根据《里斯本条约》精神制定和颁布的。

4. 以新技术应用推动电子政务发展

电子政务发展较快的国家都充分利用新技术，积极顺应信息化发展的新形势。从最初的计算机网络技术、数据库技术，到云计算技术、物联网技术、移动通信技术，再到5G技术、大数据技术、人工智能技术、区块链技术等，各国在发展电子政务过程中尤为重视对新一代信息技术的应用，不断推陈出新，推动本国电子政务向纵深发展。诸如，将大数据技术应用于数据分析决策系统、信息共享平台等，助力科学决策、精准施策、协同治理和危机应对；以云计算技术为主要手段，提高数据资源的集中程度和利用效率，提高IT服务的扩展性，并逐步将现有的应用迁移至云平台，减少政府机构的数据中心；随着移动通信技术在电子政府领域的深入应用，电子政务从"有线时代"走向"无线时代"、政府部门从"有线政府"走向"无线政府"成为电子政务应用的一大趋势；人工智能技术在促进电子政务处理流程的简单化，提供个性化、人性化的公共服务方面表现突出，尤其在指纹认证、人脸识别等场景的应用成效显著；利用区块链技术的去中心化、不可篡改、可追溯性、匿名性等优势，拓展身份认证、信息公开、社会应用监管等数字政府应用场景，提高政府管理效率，降低政府运营成本。随着新技术的不断涌现和广泛应用，各国政府正积极全力推动电子政务迈向新高度。

5. 以互联网为基础实现政府在线服务

美国、英国、澳大利亚、韩国、日本、新加坡等全球主要发达国家，在以互联网为基础向公众提供服务方面的做法极为相似。一是建立统一的政府门户网站。优化后台办公流程，为前台服务提供支撑，其核心的指导理念是提供"统一服务"，通过一站式门户网站的服务改善公民的参与体验，实现政府部门后台办公的统一性。二是以公众为中心，提供"场景式"服务。围绕公众实际需求，对服务进行分类整合，以满足不同类型人群特别是弱势群体的需求。通过"场景式"服务等形式，提高在线服务的交互性。三是利用新技术提高在线服务的便捷性。移动应用、云计算、社交网络等是近些年兴起的信息通信新技术，许多电子政务发达的国家利用这些新技术来提高为民服务的效率和便捷性。例如，韩国政府门户网站为市民提供的跨部门移动应用程序在iPhone和Android平台上都可用，包括电子化的学习程序，学生只要通过移动电话就可以学习社会学、数学、英语等课程。四是线上线下协同，多渠道提供服务。越来越强大且越来越人性化的技术为政府提供了更多与民众互动的新途径，从而使政府能够更有效地满足民众的需求，扩大他们的参与权。在多渠道平台中，手机技术具有很好的发展前景，对于发展中国家和农村地区尤其如此。

6. 以信息网络安全强化保障电子政务建设

世界各国在电子政务建设中普遍将信息网络安全问题放在重要位置。例如，美国制定了非常全面的"信息安全管理和保障策略"，详细规定了实施风险评估、安全规划、安全运行和各种验证的方法，监督政府信息安全管理原则、标准、指导方针的制定和推广工作，强化计算机信息系统人员的安全法律培训，等等。现代信息技术开放性、共享性的增强，在方便信息获取、传输的同时，也为计算机病毒、网络黑客等威胁信息网络安全的技术和行为打开了方便之门，而网络空间也开始成为国家意识形态斗争的重要战场。因此，2010年美国成立了网络司令部，将网络安全提升到与领土、领空、领海安全等同的国家安全高度，而在2011年美国又发布了《网络空间可信身份国家战略》，该战略以提升网络空间身份信任级别为核心，目的是加强网上交易安全与隐私保护，以使公众和企业能够获取安全、高效、快捷的公共服务。

在英国教育与技能部，工作人员若想登录互联网，需要过两关：一是经批准可经政府专网出本部门办公网；二是经授权再通过政府专门接口登录互联网。为了确保办公网安全运行，防止病毒或黑客攻击，该部专门成立了IT委员会，采取了严格的安全保密措施。该部还责成有关职能部门和新闻办公室专人负责对哪些信息必须上网、哪些信息不能上网、哪些信息必须及时清除等进行严格的审查。

此外，加拿大、日本等国也都进一步加大了安全认证方面措施的力度，完善了信息安全标准和规范建设。在电子政务信息安全建设上，各国都在增加安全预算、更新网上认证、出台针对政府的信息安全标准与指南等。

（二）国外电子政务发展的趋势

时至今日，世界上绝大多数国家已经推行电子政务。《2020联合国电子政务调查报告》显示，全球电子政务整体发展水平不断提高，数字政府转型快速推进，在线政务服务水平普遍提高，数据治理框架不断完善。在电子政务建设的世界潮流中，涌现出美国、新加坡、韩国、英国、澳大利亚等一批领先国家。它们在先期实践中取得了显著成绩、积累了丰富经验，最终成为电子政务建设这一世界潮流的领跑者，同时也引领着电子政务未来的发展方向。

1. 数字政府转型快速推进

数字政府作为数字化转型的"重中之重"，受到国内外普遍重视。世界各国政府正在利用数字技术创新运作方式，不断转变分享信息、决策和提供服务的方式，积极了解公众需求，解决公众关注的热点问题。许多国家已经调整了组织结构，以更好地支持数字政府转型。在193个联合国成员国中，有145个国家设有首席信息官或类似职位。新的组织结构的补充需要改变各级政府的组织文化，发展公共部门和社会中新的个人能力。数字政府转型要求整体方法，包括调动资源管理数据、促进有效的公共通信、解决与信息和通信技术基础设施及可负担性和技术应用相关的问题的能力；要求建立符合数字化发展需求的制度和机制，制定数字化发展战略，形成监督和评估机制。

2. 在线服务成为发展重点

从全球范围来看，各国都在积极改善电子政务及公共服务的在线提供。大力提高在线服务水平成为各国普遍共识。更多的国家开始关注通过电子政务建设整体政府，解决协同治理问题,并将其作为应对各种复杂挑战的关键。在构建整体政府中,强调基础资源层面的集约化建设与利用、管理层面的统筹规划与高效协同、服务层面的"一体化"无缝整合成为各国的普遍做法。总体来看,全球在线政务服务发展阶段已开始由以政府网站提供信息服务的单向服务阶段迈向实现跨部门、跨层级的系统集成,提供一体化网上政务服务的整体服务阶段。《2020联合国电子政务调查报告》显示,除了1个成员国外,其他成员国都建设并开通了国家门户网站。在调查评估的20项在线事务服务中,所有成员国平均提供14项服务,162个国家至少提供1项服务。全球有66%的成员国提供在线事务服务。在在线服务指数(OSI)极高和高的群体中,其普及率最高,分别为93%和81%。在全球范围内,最普遍的在线事务服务是企业注册,有162个国家提供这项服务。专门针对弱势群体提供在线信息和服务及通过短信或移动应用程序提供最新信息的国家数量不断增加,移动服务常见于教育领域(127个国家)、环境领域(116个国家)、卫生领域和就业领域(各有115个国家)。

3. 电子参与持续推广

公众参与是治理的一个关键层面,也是可持续发展的支柱之一。电子参与主要从三个层面考察:一是信息提供(政府向公众提供信息);二是咨询(政府就政策或在不同阶段提供服务方面向公众提供咨询,并给予反馈);三是决策(政府让公众参与决策)。《2020联合国电子政务调查报告》显示,170多个国家的6个评估部门(卫生、教育、就业、社会保障、环境和司法)中的每个部门都发布了某些信息,信息的发布是普遍存在的。现在,许多政府除了提供信息外,还为电子参与提供一系列机会。各国政府对电子协商的"供应"不断增加,有证据表明,50多个国家的6个评估部门中的每个部门都进行了在线协商。然而,在线协商程度在各国有很大不同,各国政府在如何将公民意见纳入决策方面的透明度也不相同。对于电子参与指数值高或非常高的国家,它们的机构都是通过利用信息和通信技术加强业务联系,在决策和提供服务方面推动采用系统思维方法。电子参与平台继续在更多国家推广,出现了一种多功能参与平台的趋势。

4. 政府数据治理日益加强

随着政府数据应用不断扩大,政府面临的风险和挑战在不断增加,政府治理的范式也在发生转变,各国政府实施了利用数据治理框架和以数据为中心的电子政务战略。优化利用政务数据有助于提高公共机构的成效和包容性,以数据为基础的政府治理有助于激发公众的信任、提高政府的信誉和公正性。《2020联合国电子政务调查报告》显示,许多国家已经在政策、机构和能力改革方面取得重大进展。已建立开放政府数据门户网站的国家数量从2014年的46个增加到了2020年的153个。在接受调查的成员国中,59%的国家制定了开放政府数据政策,62%的国家制定了元数据或数据字典,57%的国家接受公众对新数据的请求,52%的国家提供使用开放政府数据的指导,49%的国家开展了数据黑客马拉松等宣传工作。随着处理复杂数据集的技术能力不断提高,这些数据集可以让决策者有更好的洞察力和预见性,并使电子服务更高效、更可靠、更包容,尤其是在实现复杂的可持续发展目标方面,数据将发挥更大作用。随着政府数据的急剧增加,人们对其巨大潜力及随之而来的挑战和风险的认识不断深化,有效数据治理需求变得更加迫切。各国政府必须在国家数据战略、强有力的数据领导和数据生态系统支持下,发展数据治理总体框架。

5. **政府数字化转型上升为国家战略**

面对新一轮信息技术革命给政府治理带来的挑战,美国、欧盟国家等西方发达国家都在加速"数字蝶变",大力推动政府数字化转型和数字政府建设。各国纷纷出台新的应对战略,如韩国的"政府3.0"计划、美国的"开放政府"战略、欧盟的"数字欧洲·2030"战略。纵观国际电子政务发展实践,将政府数字化转型与国家发展战略融为一体,通过电子政务的创新发展促进服务型政府建设,提升公共服务效能,创新政府管理方式,实现经济社会可持续发展已成为世界各国政府的普遍共识。政府数字化转型从根本上讲是将治理转型和创新作为一个国家总体发展战略和追求可持续发展的一部分,许多国家已经进行了机构改革,以更好地支持政府数字化转型。截至2020年年底,在193个联合国成员国中,有151个国家制定了数字化战略,123个国家制定了数字化安全战略。

新时代下政府数字化转型之路

新冠肺炎疫情的暴发改变了我们的工作和生活方式,深刻影响了社会发展,但也为完善政府治理体系带来了新的机遇。我们看到疫情危机加快了政府数字化转型的步伐。信息技术的深度应用在全面抗疫、维护社会稳定和服务经济发展中发挥了巨大作用。

新时代、新环境必定会对政府数字化转型提出新要求。近年来,政府数字化转型正在成为全球公共治理和公共服务发展趋势。《2020联合国电子政务调查报告》显示,全球范围内的政府数字化转型的步伐正在加快。世界各国竞相制定数字化转型战略,政府数字化转型得到了普遍的重视。

政府数字化转型已成为衡量综合国力和国际竞争力的重要标志

新一轮信息技术革命加速了信息技术与经济社会各领域的融合创新。信息化已经成为引领创新和驱动转型的先导力量,是国家综合实力和现代化程度的重要标志。

纵观国际电子政务发展实践,世界各国都在加速"数字蝶变",大力推进政府数字化转型和数字政府建设,并将政府的数字化转型与国家的发展战略融为一体。通过电子政务的创新发展推动经济社会可持续发展,已经成为世界各国政府的普遍共识。

政府数字化转型是实现国家治理体系和治理能力现代化的重要支撑

中国特色社会主义进入新时代，我国社会主要矛盾已经转化为人民日益增长的美好生活需要和不平衡不充分的发展之间的矛盾。当前，电子商务、共享经济等新业态的快速发展，对政务服务和电子政务的建设提出了更高的要求。数字政府作为推动国家治理体系和治理能力现代化的战略支撑，是数字中国的重要组成部分，是优化营商环境、推动经济社会高质量发展的重要抓手和引擎，是践行新发展理念、增强发展动力、增进人民福祉的必然选择。

政府数字化转型是信息社会加速带来的历史性机遇

当前，信息技术创新日新月异。以数字化、网络化、智能化为特征的信息化浪潮蓬勃兴起。国际数据公司（IDC）预测，全球数据总量到2025年将增长到175 ZB。其中，90 ZB的数据将由物联网设备生成，49%的数据将被存储在公有云环境中。而根据Statista发布的预测，2025年全球物联网设备数量将达到750亿个。

随着5G网络和其他下一代设备的推广，社会将在人工智能、区块链、增强和虚拟现实等领域拥有以数据为中心的应用，并将进一步促进数据供求，使世界成为一个真正的数字社会。崭新的数字和数据技术及相关应用的指数级增长和快速演进，毫无疑问将会影响政府的运作模式。目前，数据已经成为政府有效决策的关键，成为政府重要的资源，并将进一步迫使政府的工作范式发生转变。政府需要主动适应这种变化，采用以数据为中心的电子政务战略，通过创新的方式创造公共价值。

政府数字化转型有利于释放"数字红利"，助力经济社会高质量发展

2020年4月，我国明确提出数据作为生产要素参与收益分配，标志着中国正式进入"数字红利"大规模释放时代。促进数据要素参与价值创造和分配，是推动新旧动能转换的重要支撑，将为产业价值链向高端延伸提供强大动力。政府数据在整个数据体系中居于核心地位。推进政府数据的开放共享，利用数字力量开展脱贫攻坚、提升公共服务，充分挖掘数据要素的价值，对推动经济社会高质量发展意义重大。

（资料来源：中国电子政务网，2021-09-08，有改动）

三、我国电子政务的发展

改革开放以来，党和政府高瞻远瞩，充分认识到信息技术革命对经济社会发展和政府改革产生的深远影响，大力推进政府信息化和电子政务建设，不断健全和完善管理体制机制，基本形成了具有中国特色的电子政务管理格局。从我国电子政务建设和管理体制机制沿革来看，可以将我国电子政务的发展分为探索起步阶段、重点推进阶段、快速

发展阶段和创新转型阶段四个阶段。

▶▶ （一）探索起步阶段（20世纪70年代末到90年代初）

我国政府信息化的发展可以追溯到改革开放之初，随着经济体制改革的全面启动，为了满足经济管理工作的实际需要，政府开始在经济建设领域推进信息化工作，并建立了相应的信息化管理体制。计算机在政府经济计划和统计汇总方面的早期应用，特别是在1982年第三次全国人口普查工作中建设了中央和省（自治区、直辖市）两级计算机系统，大大提高了政府统计工作的效率。20世纪80年代初，在邓小平、李鹏、宋平等中央领导的关心和指导下，我国政府信息化管理体制开始建立。

1982年10月，国务院成立了电子计算机和大规模集成电路领导小组。1984年9月，为了加强对电子和信息事业发展的集中统一领导，有效地推动这项工作，国务院决定将国务院电子计算机和大规模集成电路领导小组改组为国务院电子振兴领导小组。国务院电子振兴领导小组为了推动电子信息技术的广泛应用，在"七五"期间，重点抓了十二项应用系统工程，并建立了电子信息技术推广应用贴息贷款，支持应用电子信息技术改造传统产业。

1984年，经国务院批准，国家计委成立了经济信息管理办公室，负责制定全国经济信息系统的长远建设规划和年度实施计划、信息系统总体技术方案和统一编码等基础性工作。1986年2月，为了统一领导国家经济信息系统建设，加强经济信息管理，国务院批复国家计委、国家经委、国家统计局"以国家经济信息主系统为基础，组建国家经济信息中心，委托国家计委代管"（国函〔1986〕25号），并成立了由宋平同志任组长的国家经济信息管理领导小组（办公地点设在国家计委），小组成员包括时任国家经委副主任的朱镕基同志和时任电子工业部部长的李铁映同志等。1987年1月，国家经济信息中心正式成立（后更名为国家信息中心）。1988年1月，邓小平同志为"国家信息中心"亲笔题名，体现了党和国家领导对政府信息化工作的高度重视与亲切关怀。

1988年5月，根据国务院机构改革方案，我国成立机电部，振兴电子产业的任务交给了机电部。随后，国务院常务会议决定，国务院电子振兴领导小组办公室更名为国务院电子信息系统推广应用办公室。从1988年至1992年，国家经委、机电部、国家科委和国务院电子信息系统推广应用办公室，在推动传统产业技术改造、EDI、CAD/CAM、MIS等领域做了大量工作，不断推动电子信息技术应用向纵深发展。

到20世纪90年代初期，我国逐步形成了以国家信息中心为龙头，由中央、省、市、县四级经济信息中心组成的覆盖全国的经济信息系统。在重点建设国家经济信息主系统的同时，从1984年至1990年，国务院先后批准了经济、金融、铁道、电力、民航、统计、财税、海关、气象、灾害防御等10多个国家级信息系统的建设。在此期间，有43个部、委（局、总公司）先后成立信息机构，总投资约200亿元人民币，引进了大、中、小型计算机1 391台,安装了微机约6万台、用户终端约3万台,开发了各类经济信息数据库174个、各类管理信息系统252个。

1993年年底,国务院批准成立国家经济信息化联席会议,统一领导和组织协调政府经济领域信息化建设工作。我国正式部署了国民经济信息化的起步工程——金桥工程、金关工程和金卡工程(合称"三金工程"),拉开了全面建设国家信息化工程的序幕,并将其列入国家中长期发展规划。实践证明,启动"金字"系列工程,符合信息系统工程的效益优先原则。"金桥工程"以建设我国重要的信息化基础设施为目的,计划建成一个连接国家几十个部、委及各省、自治区、直辖市400多个中心城市,直接为国家宏观经济调控和决策服务,并具有相当规模的服务能力的专用基础通信网络,称为"国家公用经济信息通信网"。"金关工程"是国家为提高外贸及相关领域的现代化管理和服务水平而建立的信息网络系统。"金卡工程"是以发展我国电子货币为目的、以电子货币应用为重点的各类卡基应用系统工程。

这些信息系统的建设和发展为今天的信息化建设奠定了广泛的技术和社会基础,培养了一大批信息技术应用人才,并在一些领域取得了明显的经济效益。这一时期,为了推动政府信息化建设,我国在战略、体制、人才、基础设施等方面进行了有益探索,在较短时间内引进了国际先进的信息技术、设备和管理经验,政府信息技术应用的基础环境得到了全面改善。

▶▶(二)重点推进阶段(20世纪90年代)

进入20世纪90年代中期,中央全面推进和不断深化市场经济体制改革,政务部门管理经济社会事务的任务日益繁重,国家在跨部门、跨地区、关系到国民经济和社会发展的重要领域建设系列重大信息系统工程("金字"工程),建立了强有力的政府信息化管理体制,开始有计划、有步骤、有重点地推进政府信息化建设。

随着系列"金字"工程的启动建设,为了适应信息化在经济社会发展大局中的重要地位及各领域、各地区强劲的信息化发展趋势,中央认为必须继续加大统筹推进的力度。1996年4月,中央决定在国家经济信息化联席会议的基础上,成立"国务院信息化工作领导小组",统领全国信息化工作。国务院信息化工作领导小组的主要职责是:① 研究制定国家信息化工作的方针政策,组织协调有关法规、规章的起草工作。② 组织拟定国家信息化的发展战略、总体规划及分阶段实施方案,并监督检查规划、方案的实施。③ 组织协调跨部门、跨地区、关系到国民经济和社会发展的国家重大信息工程项目的建设,协调、指导重点城市与重点地区的信息化建设工作;在统筹规划下,对重大信息工程项目的立项、可行性研究和开工建设提出意见。④ 协调、解决我国大型计算机信息网络及有关国际联网工作中的重大问题。⑤ 组织研究国家信息化建设涉及的关键技术,协调制定有关共性的技术和应用标准。⑥ 承办国务院交办的其他事项。国务院信息化工作领导小组是国家为适应信息化发展形势，根据我国政府机构特殊的组织形式，设立的跨部门的信息化工作协调机构，它的成立表明了国家对信息化工作的高度重视，为跨部门信息化工作的协调开辟了新途径。

1997年4月，经国务院批准，国务院信息化工作领导小组召开了首次全国信息化工作会议，通过了《国家信息化"九五"规划和2010年远景目标（纲要）》，提出了信息化建设"统筹规划，国家主导；统一标准，联合建设；互联互通，资源共享"二十四字方针。此后，信息化从解决应急性热点问题，步入为经济社会发展服务的有组织、有计划的发展轨道。

1998年3月，全国人大批准国务院机构改革方案，国务院信息化工作领导小组被撤销，其工作改由信息产业部承担，国务院信息化工作领导小组办公室并入新组建的信息产业部。信息产业部信息化推进司（国家信息化办公室）负责推进国民经济和社会服务信息化工作，其职责包括：①研究制定推进国民经济和社会信息化发展规划，指导各地区、各行业的国民经济信息化工作；②协助业主推进重大信息化工程；③组织协调和推进全国软件产业的发展；④研究制定有关信息资源的发展政策与措施，指导、协调信息资源的开发利用和信息安全技术开发；⑤推动信息化普及教育。1999年2月，国务院根据机构改革精简编制需要，将国家信息化专家组变更为国家信息化办公室专家委员会。国民经济和社会服务信息化工作由专业的信息产业部承担，虽然加强了信息化推进工作的专业性，但是由于信息产业部是一个行业主管部门，不具备跨部门议事协调的能力，因此弱化了跨部门的信息化工作。

随着国家重大信息工程建设的深入推进和"计算机2000年问题"的临近，迫切需要从国家层面进一步强化统一领导和组织协调，1999年12月，国务院决定成立"国家信息化工作领导小组"，其主要职责是：①组织协调国家计算机网络与信息安全管理方面的重大问题；②组织协调跨部门、跨行业的重大信息技术开发和信息化工程的有关问题；③组织协调解决计算机2000年问题，负责组织拟定并在必要时组织实施计算机2000年问题应急方案；④承办国务院交办的其他事项。国家信息化工作领导小组不单设办事机构，具体工作由信息产业部承担。国家信息化工作领导小组设立国家信息化推进工作办公室，该办公室设在信息产业部信息化推进司；设立国家信息化专家咨询组，负责就我国信息化工作中的重大问题向领导小组提出建议。成立国家信息化工作领导小组，是国家根据当时信息化工作形势做出的重大决定，表明了国家对信息化工作的高度重视，强化了国家对信息化工作的领导。

这一时期，中央进一步加强了对政府信息化工作的领导，完善了政府信息化管理体制，极大地推动了政府信息化发展，以重大信息系统建设为重点的政府信息化取得了实质性进展。"金税工程"一期组织建设了50个试点城市的增值税计算机交叉稽核系统，在追缴税款和查处假发票方面发挥了重要作用。"金关工程"实现了海关与银行、外汇管理局的联网运行，H883 系统在各级海关普及应用，有效防止了利用假报关单骗汇、逃汇、套汇等经济违法行为，为国家挽回经济损失数千亿元。1999 年，"政府上网工程"正式启动，在该工程的推动下，绝大部分部委与地市级以上政府都在互联网上建立了网站，网站的功能也日益多样化。与此同时，由国家信息中心组织完成的第三批日元贷款项目，大大提高了各有关部委和省市政府部门的信息化装备水平，在局部信息技术应用上也取得了突破。可以说，通过这些重点工作，各级政务部门信息化装备水平明显提高，重点业务应用成效逐步显现，全社会对信息化和互联网的认知度显著提升，为 21 世纪我国电子政务的全面展开打下了坚实的基础。

▶▶（三）快速发展阶段（2000—2012 年）

进入 21 世纪，我国电子政务进入全面、快速发展的新时期，电子政务建设的系统指导和科学规划得到加强。中央提出加快推进行政管理体制改革，建设服务型政府，电子政务开始成为国家信息化战略的重要组成部分，成为提升执政能力和建设服务型政府不可或缺的有效手段。这一阶段，我国电子政务建设稳步推进，在网络设施、业务应用系统、政务信息资源、政府网站、信息安全保障、法规制度标准、管理体制、人才队伍等领域取得了较大进展。

1. 网络支撑能力不断增强

国家统一的电子政务网络框架开始形成，各部门分散自建专网的局面初步得到遏制，电子政务网络覆盖面大幅增加，能够基本满足开展业务的需要，电子政务网络已经成为治国理政的重要基础设施。中央着力部署统一的电子政务网络，2002 年 8 月，中共中央办公厅、国务院办公厅转发了《国家信息化领导小组关于我国电子政务建设指导意见》（中办发〔2002〕17 号），提出建设国家统一内网和外网的思路。2006 年，中共中央办公厅、国务院办公厅转发了《国家信息化领导小组关于推进国家电子政务网络建设的意见》（中办发〔2006〕18 号），明确了国家电子政务网络的建设原则、目标和工作部署，加大了网络资源整合工作的力度。政务内网建设有序推进，政务外网的集约效应开始显现。2005 年 8 月，国家电子政务外网一期工程（中央投资部分）建设工作正式启动。2009 年 4 月，国家发展改革委、财政部联合印发了《关于加快推进国家电子政务外网建设工作的通知》，提出力争在 2010 年年底前基本建成从中央到地方的国家电子政务外网。2009 年 12 月，国家电子政务外网一期工程（中央投资部分）建设项目通过竣工验收，标志着国家提出的"通过建设统一的政务外网平台，整合资源，节约建设和运维经费，促进网络互联互通、信息共享"的目标正在逐步实现，我国在跨部门、跨地区的大型电子政务基础设施建设方面迈出了坚实的一步，政务专网支撑能力得到加强，各省市加快了电子政务网络建设的步伐。

2. 核心业务信息化覆盖率大幅提高

与20世纪90年代以"三金工程"为代表的局部性政府信息化建设相比，进入21世纪后我国电子政务建设步伐明显加快，各级政务部门的核心业务信息化覆盖率大幅提高，政府行政越来越离不开信息技术手段的支撑。多数中央政务部门核心业务基本实现了信息化。自2002年以来，中央投资建设了"金财""金审""金盾""金保""金质""金土"等40多个电子政务工程项目。地方政务部门核心业务信息化覆盖率提高较快，东部经济发达省、市政务部门核心业务信息化覆盖率普遍超过80%。相比之下，中西部省、市政务部门核心业务信息化覆盖率仅接近50%，多数中西部区、县电子政务业务系统处于起步阶段，政务部门核心业务信息化覆盖率较低，仅在30%左右。

3. 政务信息资源开发利用取得较大进展

中央和地方各级政府围绕核心业务信息化建设，同步推进政务信息资源建设。绝大多数中央部委和省级政府部门的核心业务都有数据库支撑，核心业务数据库覆盖率在80%以上。国家建成了人口、法人单位等一批重要的基础信息数据库，金融、税收、质检、社保、教育等关键领域的核心业务数据库也都建立了起来。基础信息数据库和核心业务数据库的建成进一步突显了政府获取信息的能力。一些行业和地区建设了公共数据平台，在数据统一管理和利用模式方面进行了有益的探索。部分地区围绕人口、财税、信用、应急管理等重大经济社会问题积极推进信息共享试点，取得了一定的经济和社会效益，积累了宝贵的经验。

4. 电子政务公共服务体系逐步形成

首先，普遍建立各级行政服务大厅。行政服务大厅也叫政务大厅或行政办事大厅，是为方便公众、企业办理相关审批手续，由政府主办建立的一种行政办事服务大厅。其次，政府网站基本普及。作为电子政务的重要组成部分，政府门户网站承担着作为整个"虚拟政府"的大门和政府在信息时代管理与服务的核心窗口两项重要功能。2006年1月1日，中央政府门户网站正式开通，标志着由中央政府门户网站、国务院部门网站、地方各级人民政府及其部门网站组成的政府网站体系基本形成。各级、各类政府网站普遍具备了信息公开、网上办事和政民互动三大服务功能，政府网上公共服务体系的框架逐步形成。最后，呼叫中心系统在政府服务中逐步得到推广，如宁波市81890求助服务中心，建立了政府与企业、市民之间沟通和互动的公共服务平台。此外，公共信息亭在部分城市得到了应用，如公共信息亭是苏州市政府2005—2006年的实事工程项目，是"数字苏州"的标志性工程之一。市民卡工程在部分省市铺开，农村综合信息服务站取得进展，移动政务应用开始起步，这些都表明我国电子政务公共服务体系逐步形成。

5. 信息安全保障能力得到增强

重要信息系统安全保障能力得到增强。中央和省级各部门信息安全基础设施覆盖率达到100%。中央各部委十分重视网络和信息安全管理，大多建设了统一的信息安全管理平台，信息安全管理规章制度和信息安全基础设施逐步完善。部分部委还建立了应急机制，等级保护日益受到重视，主要业务系统都按照等级保护的要求加强了安全防范。各省市多采取安全防护措施，配置防火墙、入侵检测、漏洞扫描等网络安全设备和软件，保障电子政务安全。北京、上海、广东、辽宁、黑龙江等省市建设了电子认证系统。

6. 法规制度标准建设取得重要突破

电子政务政策法规和制度建设取得突破性进展。21世纪头十年是我国电子政务相关政策法规出台最为密集的时期。国家信息化领导小组先后印发的17号文件和国家电子政务总体框架，对我国电子政务建设的整体推进和全面铺开发挥了关键性作用。我国还颁布了电子签名法、政府信息公开条例等法律法规，制定了国家电子政务工程建设项目管理暂行办法，出台了信息安全保障、信息资源开发利用等一系列指导性文件。此外，电子政务标准体系框架初步建立，电子政务工程建设的行业标准和技术标准相继出台。

7. 管理体制逐步完善，人才队伍整体素质和信息技能稳步提高

推进电子政务管理体制创新，是保障电子政务建设取得成功的重要前提。进入21世纪，我国把推行电子政务作为实施国家信息化战略、深化行政管理体制改革的重要举措，以此带动国民经济和社会发展信息化，推进服务型政府建设。2001年，中共中央、国务院决定组建国家信息化领导小组，设立国务院信息化工作办公室，同时成立国家信息化专家咨询委员会，进一步加强了对推进国家信息化建设和维护国家信息安全工作的领导与管理。2003年，为了应对日益严峻的网络与信息安全形势，在国家信息化领导小组之下成立了国家网络与信息安全协调小组。2008年，我国实施大部制改革，国务院信息化工作办公室职能并入工业和信息化部。各级政府都明确了电子政务主管部门，初步形成了自上而下的电子政务推进和管理体制。公务员整体素质和信息技能大幅提高，电子政务专业人才队伍不断壮大，电子政务持续健康发展的保障能力显著增强。

（四）创新转型阶段（2012年以后）

党的十八大以来，中国特色社会主义进入新时代。我国提出协调推进全面建成小康社会、全面深化改革、全面依法治国、全面从严治党"四个全面"战略布局，积极推动新型工业化、信息化、城镇化、农业现代化"四化"同步发展，统筹推进经济建设、政治建设、文化建设、社会建设、生态文明建设"五位一体"总体布局，贯彻落实"创新、协调、绿色、开放、共享"新发展理念。2021年12月，中央网络安全和信息化委员会印发《"十四五"国家信息化规划》，对我国信息化发展做出部署。"十四五"

时期，我国进入新发展阶段，信息化进入加快数字化发展、建设数字中国的新阶段，电子政务发展进入创新转型阶段。

1. **政务信息化工程的创新转型**

2012年5月，《"十二五"国家政务信息化工程建设规划》提出了在政务信息化工程的建设目标、建设方式、系统模式方面的"三个转变"，并按照保障和改善民生、维护经济社会安全、提升治国理政能力"三个重点"，安排了十五个政务信息化共建工程。2019年5月，国家政务服务平台上线试运行，联通31个省（自治区、直辖市）、新疆生产建设兵团和46个国务院部门，标志着以国家政务服务平台为总枢纽的全国一体化政务服务平台框架初步建成。

2. **政务信息资源共享协同的创新转型**

2013年4月，国家发展改革委等7部委联合印发的《关于进一步加强政务部门信息共享建设管理的指导意见》（发改高技〔2013〕733号）提出，通过国家电子政务工程建设，实现国家信息资源库的基础信息在政务部门间的普遍共享，实现国家信息资源库和重要信息系统的业务信息在相关政务部门间的协议共享，基本满足各部门履行职能的实际业务需求。2015年8月，国务院印发的《促进大数据发展行动纲要》（国发〔2015〕50号）提出，大数据成为推动经济转型发展的新动力、重塑国家竞争优势的新机遇和提升政府治理能力的新途径；要大力推动政府部门数据共享，稳步推动公共数据资源开放，建立政府和社会互动的大数据采集形成机制，制定政府数据共享开放目录。2022年6月，国务院印发《关于加强数字政府建设的指导意见》（国发〔2022〕14号），明确了数字政府建设七个方面的重点任务，国家在顶层设计上为各地区、各部门提供了一个"范本"。这是中国政府为适应新一轮科技革命和产业变革趋势而适时出台的一份里程碑式的文件。

3. **政府公共服务的创新转型**

2013年8月，国务院印发的《关于促进信息消费扩大内需的若干意见》（国发〔2013〕32号）提出，加快促进信息消费，能够有效拉动需求，催生新的经济增长点，促进消费升级、产业转型和民生改善；要提升民生领域信息服务水平，加快实施"信息惠民"工程，提升公共服务均等普惠水平；要加快智慧城市建设。2015年7月，国务院印发的《关于积极推进"互联网＋"行动的指导意见》（国发〔2015〕40号）提出，加快推进"互联网＋"发展，有利于重塑创新体系、激发创新活力、培育新兴业态和创新公共服务模式，对打造大众创业、万众创新和增加公共产品、公共服务"双引擎"等具有重要意义；要启动"互联网＋"益民服务行动，加快发展基于互联网的医疗、健康、养老、教育、旅游、社会保障等新兴服务，创新政府服务模式，提升政府科学决策能力和管理水平。据此，国家发展改革委等部委组织实施了信息惠民、智慧城市等公共服务建设工程。2021年9月，国务院办公厅印发《全国一体化政务服务平台移动端建设指南》（国办函〔2021〕105号），就进一步加强和规范全国一体化政务服务平台移动端建设做出部署。

4. 建设网络强国的创新转型

2014年2月，中央网络安全和信息化领导小组成立，着眼国家安全和长远发展，统筹协调涉及经济、政治、文化、社会、军事等各个领域的网络安全和信息化重大问题，研究制定网络安全和信息化发展战略、宏观规划和重大政策，推动国家网络安全和信息化法治建设，不断增强安全保障能力。习近平总书记在主持召开中央网络安全和信息化领导小组第一次会议时强调，网络安全和信息化是事关国家安全和国家发展、事关广大人民群众工作生活的重大战略问题，要从国际国内大势出发，总体布局，统筹各方，创新发展，努力把我国建设成为网络强国。没有网络安全就没有国家安全，没有信息化就没有现代化。网络安全和信息化对一个国家很多领域都是牵一发而动全身的。网络安全和信息化是一体之两翼、驱动之双轮。要掌握我国互联网发展主动权，保障互联网安全、国家安全，就必须突破核心技术这个难题，争取在某些领域、某些方面实现"弯道超车"。中央网络安全和信息化领导小组的成立和习近平总书记的重要指示表明，我国电子政务进入了建设网络强国的重要发展时期。

回首我国电子政务走过的40多年发展历程，从"在政府管理中使用计算机"到"最多跑一次"，从"政务上网"到"政务服务"，电子政务不断优化发展之路也是我国推进服务型政府建设之路，未来数字化转型将引领我国政府治理现代化的新征程。

【本讲小结】

本讲主要介绍了电子政务在世界范围内兴起的时代背景和社会背景、国外电子政务发展的特征和趋势及我国电子政务发展的历程。

【课后练习】

1. 信息社会有哪些特点？信息化发展的表现有哪些？
2. 电子政务的兴起有何时代背景和社会背景？
3. 简述国外电子政务发展的特征和趋势。
4. 简述我国电子政务发展历程各阶段的概况。
5. 进入21世纪后，我国电子政务法规建设取得了哪些进展？

 拓展阅读

中国电子政务发展指数缘何创新高

《2020联合国电子政务调查报告》（以下简称《报告》）显示，我国电子政务发展指数从2018年的0.6811提高到2020年的0.7948，排名提升20位至全球第45位，创历史新高，达到全球电子政务发展"非常高"的水平。

中国电子政务取得这样的成绩，有赖于近些年国家层面对电子政务的大力支持，得益于理念与技术的结合。早在2006年，中共中央办公厅、国务院办公厅就印发了《2006—2020年国家信息化发展战略》，制定了相应规划，引领国家电子政务发展，之后不久，中央和省级政务部门主要业务电子政务覆盖率就达70%。2016年，中共中央办公厅、国务院办公厅印发了《关于全面推进政务公开工作的意见》，标志着中国全力推进政务改革尤其是提高政策透明度和政务服务水平的坚强信心和决心。近5年来，各地积极推进智慧政府、服务型政府建设，在云计算、大数据、物联网等技术应用日益成熟的背景下，政府大力推动"放管服"改革、集中审批流程再造等创新，电子政务发展速度不断加快。

根据《报告》，电子政务发展指数主要有两个衡量维度，即电子政务和电子参与，前一项中国从2018年的第29位上升至2020年的第9位，后一项则从第65位上升至第45位。就电子政务这一考察项来说，中国在"在线服务"这一子项中居第12位，达到全球"非常高"的水平，着实引人关注。在线服务指数反映的是政府网站提供的在线政务服务的丰富程度。在线服务指数的提高得益于当前倡导的"一站式服务"理念，越来越多的跨部门事务得到了精简与数据整合，原本分属不同部门的办事网点逐渐合到一个平台上，形成"数据多跑路，群众少跑腿"的新办公模式，理念与技术的结合使我国的在线服务指数大幅提高。

应该注意的是，在电子政务这一考察项的另外两个衡量维度——电信基础设施和人力资本上，中国的排名虽有攀升，但仍靠后。

电信基础设施指数实际衡量的是一个国家对网络的利用情况，评价指标包括互联网渗透率、移动互联网渗透率、移动宽带接入率、家庭宽带接入率等。该指数的持续上升反映了我国互联网及智能手机使用率的不断提高，如果说在线服务是让公众有东西可用，那么电信基础设施则是让公众有东西能用。未来，要进一步提高电信基础设施指数，我们应把握好"新基建"这一发展机遇，充分利用5G、物联网、云计算、数据中心等新基础设施，将在线服务与基础设施有效结合，努力避免电子政务前期发展中暴露出的"重建设、轻管理"等问题，从而使更多的政府、企业和个人从中受益。

在人力资本方面，《报告》显示，中国长期徘徊在100名左右，这恰恰说明中国发

展电子政务最大的短板所在——人才的缺失。对此,未来我们既要提高全民教育水平,包括新媒介使用能力及素养,也要加大高校对相关领域专业人才的培养力度。

《报告》让我们看到了我国电子政务的快速发展,同时也非常精准地点出了我国电子政务发展的难点和痛点,对推动我国电子政务更好更快发展具有重要参考价值。

(资料来源:《光明日报》,2020-07-16,有改动)

第三讲

电子政务与政府改革

【学习目标】

领会实施电子政务给政府带来的效益和变革；理解电子政务带来的政府职能转变；掌握政府流程的概念、种类及政府流程再造的目标和指导思想；掌握政府流程再造的实施步骤；理解电子政务与政府流程再造的互动关系。

【关键术语】

政府效能；行政成本；政府职能；政府流程再造

基层办事难，多国在想招

无论是在发达国家，还是在发展中国家，基层政府都是政府运作最重要的组成部分，这里的办事效率和规则是一国民众对政府最直接感受的来源，各国都在想办法提高基层办事效率：在俄罗斯，"这个问题解决有些困难""这需要进一步研究才行"等办事拖拉的借口被严格禁止；德国每年都会进行基层服务大排名，对优秀的办事机构进行奖励；英国把高效、透明和负责作为基层办事的三大原则。德国社会学家马塞尔·哈森在接受《环球时报》记者采访时表示，提高基层办事效率，关键在于要将办事程序、内容等法律化或法规化，不能让具体的办事人员拥有"最终解释权"。

"办事拖拉的最大原因是腐败"

"基层政府工作低效率严重影响了俄罗斯的经济发展，每年因为办各种手续拖拉就给民众造成近20亿卢布的经济损失。"俄罗斯《消息报》不久前这样批评道。该报道称，俄罗斯许多基层政府办事效率低是出了名的，这也成为民众深恶痛绝的事情之一。一位圣彼得堡的商人表示，他在办理移民手续过程中往移民机构跑了无数次才拿到了居住许可，且每次都要排很长的队，他为此花费了大量的宝贵时间，也耽误了不少生意。

俄罗斯《晨报》称，针对一些地方官员刁难办事民众和向办事民众索贿现象，俄罗斯劳动和社会保障部近来采取一种新方法。他们针对办事人员制定了一系列禁用语，包括"这一问题解决有点困难""这需要有更多充分的理由""需要进一步研究才行"等。这些语言有可能让办事民众理解为官员希望得到"好处"。文件还规定，禁止官员与前来办事的民众谈论自己工资低、希望购买某种物品等与办事无关的话题。《晨报》引述俄罗斯一名高级官员的话称，一旦查实办事人员有类似行为或表态，将进行严厉惩罚。这名官员称，这些措施将有助于减少官员索贿机会，也可消除民众对基层政府的不良印象。

要看一个国家基层政府办事难不难,一个人生地不熟的外国人恐怕最有发言权。《环球时报》记者在印度办理驾照过程中着实体验了一把印度基层的办事难。记者在新德里一处驾校报名学习通过之后,驾校称可以代办驾照,不过仍须本人到交通局去做最后一项测试。到约定那天早上约8点半,记者同驾校其他几名学员一起来到交通局,先是办理了测试申请、拍照、留指纹,然后开始等待测试。驾校的带队告诉记者,要等其中一名官员过来才能做测试。就在记者等待的期间,交通局里来了一家电视台的记者,准备进行采访。驾校的带队紧张地说,记者来了,测试的官员可能就不敢来了。面对记者的疑惑,他说,这种手续之所以官员要亲自"把关",是因为可以从中得到"好处",但面对电视台的采访,腐败官员担心曝光。

记者在印度听到许多人抱怨基层办事难,一个简单的证件要拖上数月甚至数年,有不少外资公司因为投资过程一些手续久拖不决而撤资。谈及印度的此类问题,驾校的带队嘲讽地说,现在人们抱怨最多的就是办事拖拉低效,而低效的最大原因是腐败,不行贿就办不成事。官员早上上班之前都是清廉的,上班之后就开始腐败了。

尽量让官员少有"最终解释权"

马塞尔·哈森在接受《环球时报》记者采访时表示,对于公众来说,如果基层官员拥有"绝对权力",一句话就能让人跑断腿。基层办事难不难,关键在于是否将办事程序、内容等法律化或法规化,对办事程序和内容要有明确的信息和细致具体的规定,尽量减少含糊不清的规定。要做到只要符合程序和内容,就必须在规定的时间和地点办成;对于不能办的事,民众也得知晓为什么不能办。对于这些程序和内容,不能让具体的办事人员拥有"最终解释权"。马塞尔·哈森说,基层办事还需要监督部门的监管,人们可以对不合理的程序和规定进行申诉,比如德国就有行政法院专门负责受理这类申诉。此外,德国每年还会公布基层服务排行榜,获奖的部门可获得奖励。

在德国,每个城市都设有地方事务部门,负责居民的各种服务。一般这样的部门都设在市中心,民众可以方便到达。《环球时报》记者不久前曾到德国中北部城市不伦瑞克采访,这是一个25万人口的中等城市。在该市地方事务大楼,一进大门,记者便发现各种免费的信息册,不但有办事指南,还有城市的各种信息。迎接厅还有两位咨询人员,可以解答各种问题。在这里,可以办理各种居民事务,如申请身份证、护照、税收报表、无犯罪记录等。

事务大楼的二楼是专门针对外国人或外来移民的。一名来此办理签证延期的中国留学生告诉记者,移民局官员在移民签证等方面有较大裁量权,但他们不会在材料方面为难你。网上会公布所有材料的要求及细节,比如照片、银行证明的写法等,而且银行等相关部门都很清楚这些要求,不会有两个部门的规定互相矛盾影响民众办证的事情。不伦瑞克地方事务部门的一名主管告诉《环球时报》记者,为了提高基层政府的办事效率,德国基层部门办理各种事项都有严格的时间规定,比如办理电子身份证,由于要送交给柏林上级部门，需要4周。假如不能按时办理，工作人员必须书面说明，并通知何时办理完。

在日本，所有外国人都要在抵达后15天内办理"外国人登录证"，该证件要到所居住城市的市政府去办理。《环球时报》驻日本记者刚到日本时曾办理过"外国人登录证"，其方便快捷让记者感慨不已。记者事先打电话得知，只需带着自己的护照和一张1寸正面彩照就可以了。在大阪，市政府办公大楼的一层就是接待市民办理各种手续的地方。每个人在入口处拿号，然后坐等自己的号被叫到。在办理时，公务员亲切地告知记者，"外国人登录证"办好后不用再来市政府取一次，而是会直接邮递到记者的住址，邮费由政府承担。大概3周后，记者就收到了证件。实际上，在日本办理驾照、社保、纳税等相关证件或手续都非常便捷，即使有些手续涉及多个部门，也能够在一个地方一次性得到解决。

英国智库公共政策研究所学者提姆·芬奇告诉《环球时报》记者，英国地方政府官员成千上万，不少人的年薪只有2万英镑左右，但并不会因为"钱不够花"而心生歪念，通过刁难老百姓来获利。提姆·芬奇说，这主要是因为英国法律对地方政府部门的从业管理有严格细致的规定，并且会及时更新。英国的《地方政府法》早在19世纪就已经出台，此后数百年一直在不断更新，但核心内容变化不大，即秉公从业是人人需要遵循的规定。按照2000年修订的《地方政府法》，英国对地方行政执行机关提出的基本要求是三点：高效、透明、负责。这三点要求，人们在各地基层部门的走廊上，经常可以看到标语提醒。

（资料来源：《环球时报》，2015-06-08，有改动）

案例思考：

1. 实施电子政务能帮政府解决哪些难题？
2. 我们身边有哪些难办的事情需要通过实施电子政务来解决？

高效政府是社会经济高速发展的重要保障，但在传统政务处理模式下，建立一个高效政府并非易事，而电子政务为建立高效政府提供了良好的契机。所谓高效，包括政府反应的敏捷性、政府决策的针对性、政府执行的有效性、政务成本的低廉性。前三项指"提高政府效能"，最后一项指"降低行政成本"。提高政府效能、降低行政成本，是电子政务的出发点和最终归宿。而推行电子政务对政府的影响是多方面的，电子政务不但提高了政府效能、降低了行政成本，还促进了政府职能转变和行政业务流程变革。

一、电子政务提高政府效能

社会信息化的主要目标是提升决策能力和工作效率,作为政府信息化产物的电子政务亦是如此。在电子政务环境下,信息传递方式的改变推动了政府组织结构从科层制向扁平化、网络化转变;电子政务促进了政府决策机制的完善,提高了政府决策的效率和质量;电子政务提升了办公自动化水平,提高了政府办事效率。

(一)电子政务推动政府组织结构转变

1. 传统的政府组织结构是金字塔式的科层制结构

传统的政府组织结构是一种典型的金字塔式的科层制结构。在这样的组织结构中,权力集中在等级体系的上层,信息、指令和工作从一个层级向另一个层级,从一个部门向另一个部门有序地传递,即实行从上到下的、垂直的、封闭的层层管理方式。所谓"金字塔式的科层制结构",应从政府部门之间的关系和政府部门内部的关系两个角度加以理解。

从政府部门之间的关系角度理解,金字塔式的科层制结构是指政府层级与政府职能相结合的组织结构。首先,从纵向上将政府划分为中央、省(自治区、直辖市)、市、县(区)、乡(镇)等不同的层级。其次,从横向上将每一层级政府按不同的业务内容划分为工业、农业、财贸、文教等职能部门。由同一层级的不同职能部门组合而成的政府组织结构形态称为"块块",而由同一职能的不同层级政府部门组合而成的政府组织结构形态称为"条条"。

在这种模式下,地方各级政府的职能部门呈现双重隶属,即在横向上受本级政府领导,以保证"块块"形成一个整体,政令统一地全面管理本地区;在纵向上受相同职能的上级政府部门指导,以保证"条条"政策一致地管理本系统的业务活动。无论是上级政府对下级政府的领导,还是上级政府职能部门对下级政府职能部门的指导,都体现了决策信息是从上往下层层流动、传递的,上级政府做出决策后,下级政府必须服从。

从政府部门内部关系的角度理解,传统的政务处理以行政人员对大量事务的手工处理为基础。而按照赫伯特·A. 西蒙(Herbert A. Simon)的有限理性说,在工业社会,个人能直接管理的人数在7到13人之间,如果超过这个区间就需要分层。管理幅度小,直接导致管理层次、中间层级增多。譬如,一个局下设几个处,一个处下设几个科,一个科下设几个股,一个股内有若干办事人员,这就形成了政府内部的小金字塔,政府机构随之臃肿。

2. 科层制组织结构的特征与不足

德国社会学家马克斯·韦伯（Max Weber）提出的科层制组织结构的一个重要特征是重视行政职能的专门化和工作分工。其合理性主要表现为：使政府成为一个严密的组织系统，将政府工作人员分为高层决策者、中层管理者、信息传递者、基层执行者等，以便形成一整套职责明确、行为规范的行政体系，从而有利于技术性、专业性、规范性地开展行政业务活动。科层制组织结构是大工业生产的产物。过去，在决策和实施手段较为落后的情况下，它能保证一定的行政效率，对经济社会的发展产生了无可置疑的推动作用。它的建立与发展既与素质较低的人员和大体平衡的环境相适应，也是受信息技术不发达制约的选择。但是，随着信息技术的快速发展，科层制组织结构已难以适应信息社会不断变化的环境，对科层制组织结构的革新势在必行。

科层制组织结构的不足表现在：由于管理权力过于集中，中央政府的决策经过层层行政组织的贯彻才能到达社会和公众层面，由此产生了政府管理的多层行政组织模式，出现了一个以上传下达为主要工作内容、充当信息驿站功能的中间管理层，使政府演变成一个臃肿的非人格化机器。行政组织和政府工作人员按照各自的职责分头办事，循规蹈矩的传统压抑了政府工作人员的自主性和创造性。

譬如，人浮于事，本可一天办完的事拖成两天来办，常常延误问题的解决；缺乏相互沟通，互"不越雷池一步"，导致政出多门的弊端，产生行政内耗；"不求有功，但求无过"，明知有些规章已经过时，不适应实际情况，但只知道严格地照章办事，导致政府部门对社会需求的反应迟钝，适应外界环境变化的能力较差。

针对这些弊端，我国曾经从两个方面做过行政改革的努力，以期提高政府效能。其一，调整条块关系。一个地方政府的职能部门，究竟应该以服从本级政府为主，还是以服从上级政府的职能部门为主？中央政府及其职能部门与地方各级政府的权限如何划分？这是在实际行政管理过程中大量存在的问题。中华人民共和国成立后，我国曾进行过数次调整，改革开放以来，我国也进行了多次全国性的机构改革，但效果并不明显。倘若中央集权过多，"条条"统得过死，往往会影响地方的积极性；而向地方分权，"块块"过于分散，又会削弱社会主义国家行政管理所必需的集中统一。其二，实施机构、人员精简，对职能部门的设置个数和行政人员的编制总数加以控制。但由于没有触动行政的基础条件，上级部门在人手不足时，往往以各种名义从下级部门、企事业单位借调人员，并将财政负担转嫁给下级部门，陷入"精简—膨胀—再精简—再膨胀"的怪圈，形成恶性循环。

政府组织结构中的中间管理层，是信息技术落后时代的产物。其局限是组织的高层不能与基层进行直接的沟通和协调。多层次的管理组织不但减缓了信息的传递速度，还容易造成信息的过滤、堵塞、失真或扭曲，上级政府往往难于明了基层的实际情况。大工业时代向信息时代过渡，信息化的发展对旧有政府组织结构形成越来越大的压力。

3. 网络推动政府组织结构向扁平化结构转变

网络给政府改革提供了新的思路和新的视角。网络信息的集中性、可复制性、可传输性等特点，强化了政府部门收集信息、处理信息的能力，扩大了政府信息共享的范围，从而使信息、知识、人力及创新方法、管理制度、管理方式、管理理念等各种资源真正实现共享。政府要有效地利用内部和外部资源，提高包括信息资源在内的各种资源的利用效率，充分发挥政府的信息资源优势。近年来，许多国家把联网计算机广泛运用于各种社会数据的采集和分析，中央政府能及时、全面地掌握地方政府的情况，地方政府吸纳和反馈信息的能力也同步增强。因为网络的开放性和自主性，政府组织结构体系中的每个成员都能平等地享有和掌握相关问题的信息，越来越多的问题在较低的层级就可以得到解决，无须事事请示、层层汇报，再等待和执行领导层的决策。信息的广泛扩散把一定区域乃至全国的行政机关连接在一起。通过加强执行层与决策层的直接沟通，基层执行人员可以与高层决策者直接联系和交流，上级的政令能够畅通地抵达基层，基层的反馈也能迅速地向上传递。由于电子政务能提供最畅通的信息流动渠道，通过标准化中介工具极大地简化了原来的手续和步骤，原先以上传下达为主要工作内容的中间管理层的功能消退，这使得现代政府组织结构向中空化方向发展。这一变化的实质在于：传统垂直组织中的中间层级的信息传递功能将部分地被网络替代，从而使中间管理层失去存在的必要。

诚如约翰·奈斯比特（John Naisbitt）所说，计算机网络将摧毁政治领域的金字塔。原先之所以建立那种等级森严的金字塔型管理模式，是因为我们要借之了解下属及其工作情况。现在，借助计算机技术及信息和通信技术，我们可以改造传统的行政组织模式，将依循行政组织结构和隶属关系的纵向的阶梯型信息传递方式，转变为高速度、全方位、大负荷、交互式的水平型信息传递方式。相应地，就可以通过电子政务的实施来改造政府的组织结构、权力结构。通过加大授权力度，决策权力由高层向低层下放和转移，让基层部门拥有更多的自主权、主动权和工作活力。通过减少组织层级、撤销重复的工作职位，扩大管理幅度，大力压缩中间环节，为减少机关行政编制、精简机构和人员创造了可能性，政府机构将集中一批靠信息和专业知识进行决策的官员，建立起高效精干的公务员队伍，机构精简中富余行政人员可以根据自身能力充实到政府其他部门，参与服务社会、服务大众的电子政务项目。而政府高层由于能及时、准确地了解基层情况，也能相应地强化监管和宏观调控，更加有效地监督和引导下级政府的行政行为。这样不但不会导致政府组织机构的涣散，还会调动基层部门的积极性和创造性，达到提高政府效能的目的。

这种对政府组织结构形态的重新设计，需要依托统一的电子政务平台的建立。它可以打破原有政府部门之间的物理界限和条块分割、等级森严的格局，切实解决层次过多、政出多门、职能交叉、职责重复、权责脱节、效率低下、多重多头管理和执法的问题。行政行为突破地域、层级、部门的限制，行政组织的职能得到整合，处于金字塔尖的权力机构逐步下放权力，促使政府组织结构形态向扁平化转变。而扁平化的政府组织结构则建立在中间层级和环节作为信息传递者功能的消解基础上，减少中间管理层将从根本上为政府"消肿"，促使行政权力结构合理化，并有利于政府对迅速变化的环境做出及时而有效的反应。

(二) 电子政务促进政府决策机制完善，提高政府决策的效率和质量

决策是政府的一项重要职能，政府公共行政能力的高低与其决策机制息息相关。政府决策的正确性，有赖于所依据信息的完整性、及时性、准确性，以及先进的技术支持和科学、规范的程序。电子政务对完善政府决策机制的影响，可以从以下四个方面来认识。

1. 拓展决策信息源，改善决策者的有限理性

任何决策都离不开对必要信息的掌握。传统政务中的管理决策，以西蒙提出的有限理性说为基础。西蒙认为，在不能获得足够信息的情况下，人们的决策行为只能是有限理性的判断和抉择，不可能存在最优的决策模式。由此可见，信息缺失或信息量不足是影响人们进行理性决策的直接原因之一。传统的政府管理大多以开会研究、逐级下达、层层上报为主要工作方式。信息处理手段落后，造成大量自然资源与社会资源闲置。我国政府部门建有3 000多个数据库，掌握了80%以上的社会信息资源，但部门本位的存在制约了互联和共享，各种决策资源往往得不到充分利用。这种信息的有限性，阻碍了政府决策的科学化。在决策资源有限、决策信息不完备的前提下，依靠经验决策，易导致盲目性，即使能达到满意化，但也难以做到最优化。在以往传统的行政管理和经济决策中，重复投资与建设的现象经常发生，造成巨大浪费，一个重要的原因就是信息不畅通。

在电子政务环境下，互联网各终端用户（包括普通民众、企业、政府工作人员等）可以方便地把自己的政治意愿、要求或掌握的情况通过网络发送给政府，从而使行政机关能够获得社会、经济、政治、文化等各个方面的信息。这提高了决策者所拥有信息的完整性，改善了决策者受信息不完全制约的有限理性，而且决策者还可以运用先进的技术和手段来开发利用网络中的巨大信息资源，把浩如烟海、杂乱无章的信息整理为针对相关领域、目标、专题的有价值信息，从而使自己在任何时候都可以在全面了解所需信息的前提下进行科学决策，为提高政府决策的合理性和科学化水平奠定基础。

2. 缩短决策周期

传统的信息传递以书面材料的流转为主，而书面材料的整理和层层传递往往需要耗

费大量时间。信息传递的通道过长，会导致信息结构松散，极易在信息传递过程中遇到"肠梗阻"，甚至在中间层级可能会出现利益相关者出于个人意愿而截留信息的情况，从而大大拉长从信息获得到做出决策的周期，导致政府决策灵活性差、应变能力不强。

实施电子政务可以改变政府现行信息传递模式，使组织的信息结构呈现交互化。在此结构中，信息的收集和处理呈现分散化，信息传递渠道纵横交错，信息结构与等级结构脱钩；组织与外界的信息交流和沟通呈现开放性、多层次、交互式；信息结构的散射性和交错性使信息跨层级、跨行业、跨部门流动，从而消除信息垄断的危害。借助网络使信息传递渠道多元化，社区或市民就可以把信息直接传递至决策层，信息传递的准确性、及时性显著提升。这样就可以减少乃至消除信息在中间层级传递的时间损失，从而改变长期以来政府政令传递速度缓慢，执行中的实际情况和问题需要较长时间才能反馈到决策层，决策与执行时有脱节的现象。

3. 提高信息的可靠性和保真率

科学决策的目的在于实现决策目标。因此，制定决策只完成了一半过程，实施决策更为重要。决策是否正确，只有在实践中才能得到验证。如果决策失误，可以通过反馈信息不断修正和完善。而这种修正和完善有赖于信息保真率。在传统的金字塔式科层制组织结构下，信息源与决策层之间的人为阻隔和人为扭曲，往往导致信息失真。

依靠具有高速、交互特点的数字化网络技术，在决策前，行政机关可以将拟推行的重大举措放在网上征求公众的意见；在决策后，行政机关又可以通过网络及时获得决策实施过程中的反馈信息，了解和掌握发展变化的最新信息，并据此完善或追踪决策，从而有利于避免在信息传递过程中因中间环节多层过滤而出现的信息失真，让行政机关能够听到不同的真实意见。

4. 计算机辅助决策支持系统的应用

早在工业社会，政府决策就已不仅仅停留在经验决策层面，而要经过调查研究、科学预测、智囊协助、决断理论和试验等多个步骤，以期实现决策的民主化、科学化。进入信息社会，科学决策尤其是复杂的科学决策，不仅具有工业社会中政府决策的特点，而且更突出了知识的巨大支持作用，需要先进的智囊系统和信息系统，也需要一些现代自然科学及统计学的方法。信息技术使这些决策工具和方法的运用变得简单、可操作，从而大大提高了决策的有效性和效率。

计算机辅助决策支持系统（Computer Aided Decision Support System，简称CADSS），以管理科学、运筹学、控制论和行为科学为基础，以计算机技术、仿真技术和信息技术为手段，辅助中高层决策者的决策活动，是一种具有智能作用的人机计算机系统。

社会的发展和演进，使新情况、新问题层出不穷。对各种新生事物做出"由信息支持的管理和决策"，要求政府组织内部建立大型的专门数据库，对数据进行汇总、处理、加工。比如，为了维护社会稳定，必须建立完善的社会保障体系，这就要求主管部门存储大量的信息，在医疗保险、养老、国家安全、国土资源、国防等领域也是如此。同样，宏观经济监测及预警体系的建立，公民身份数据和企事业法人数据的管理与更新，对外交往、司法管理、个人权利保护等领域的重大公共政策的制定，都要在庞大的动态数据系统支持下进行。

推行电子政务，有助于建立健全行政决策支持系统。在统计数据库系统、交叉组织信息系统等先进技术的支持下，运用统计模型进行统计、分析、核算等，可以帮助政府进行科学决策、快捷准确地调节政策。这些先进技术将为政府保持触角敏锐、行动敏捷、决策科学提供保障。

▶▶（三）电子政务提高政府办事效率

在手工抄写、书面传递的传统政务处理模式下，大量行政人员身陷在文牍事务中，大量事务性工作必须由行政人员手工完成。不仅行政信息在各级政府之间传递缓慢，在行政机关内部的运转、处理十分烦琐，而且实际情况的描述往往模糊不清，相关数据的统计也时常有欠准确。加之，行政机关之间缺乏协调，与外界的沟通手段较为落后，这使得行政机关的管理活动呈现出孤立的封闭式内部管理状态。政府行政效能低下，反应敏捷性差，在应对突发事件时往往显得力不从心。

电子政务是信息和通信技术与现代管理体制的有机融合，通过对现代技术手段的广泛应用，实现跨地区、跨部门的电子邮件交换、电子公文传递、连线办公、远程网络会议等，使大量复杂的政务信息能够得到迅速、及时的传递，从而缩短公文运转、处理的时间，增强政令推行的时效性，全方位地提高行政机关的办事效率。

1. 支持协同和移动办公拓展了管理活动的空间

所谓"协同工作"，是指在群体中互相沟通、合作的工作方式。在日常公务活动中，行政人员需要花大量的时间进行讨论和交流意见，才能做出切合工作实际的决定。鉴于政府各部门之间的职能分工是一种粗线条的大致划分，当某一事项涉及两个及以上部门的管理范围时，各部门之间的协作就显得尤为重要。网络技术的应用能突破面对面开会讨论、协商的传统方式，使人们可以打破时间、地域的限制，随时随地参与到协同工作中。具体途径有以下两种：① 异步协作方式，如电子邮件、网络论坛等；② 同步协作方式，如网络实时会议等。电子政务的实施，将革除官僚制下的自我本位观念，培养人们的协作意识，激发人们的团队精神，从而大大提高工作效率。

作为网络应用系统，行政机关的办公自动化系统应向行政人员提供移动办公技术支持。所谓"移动办公"，是指为身处办公室之外的行政人员提供的办公手段。身处外地的行政人员可以采用远程拨号或登录到出差地网络的方法，通过电话线或广域网访问行政机关内的办公自动化系统，随时处理各种事务。其具体方式有以下两种：

一是"连接"状态的信息处理方式。身处外地的行政人员通过身份认证连接到行政机关内的办公自动化系统，以在线操作形式完成各种日常公务处理，或者以远程控制方式完成本行政机关的对外信息交换。

二是"离线"状态的信息处理方式。行政人员可以先将需要处理的信息下载到本地便携机上，然后切断连接，在旅途中完成批阅公文、起草电子邮件等工作，处理完毕后再次接通连接，将自己的工作结果发出，并下载新的待办信息。这样既能提高工作效率，又能减少连接时间以节省费用。

移动办公技术的支持，可以最大限度地降低行政人员暂时离岗对公务处理所造成的不利影响，避免了传统政务处理模式下"文件等人签批"的人为稽延现象。在应对突发事件时，行政人员还可以现场指挥、现场决定，这提升了行政人员临机决断的能力。

2. 人机结合提升了行政人员的办事能力

电子政务是在网络状态下处理公务，凭借现代信息技术的应用，可以将原来依靠人脑处理的各种数据和信息，转到人机结合的基本工作平台上完成。以前需要几个人承担的工作，现在一个人就能轻松完成，行政人员的工作效率得到了提高，劳动强度和精力消耗进一步降低，他们从常规的事务性工作中解脱了出来。

资料阅读

党的十九届四中全会明确提出"推进数字政府建设"，全国各地大力推动政府数字化转型。由 AI + RPA 技术驱动的数字化劳动力，成为政府业务流程和服务模式数字化、智能化的新选择。2021 年，杭州市余杭区统计局在全国统计部门率先上线"余统小智"，实现"催报、审核、测算、分析"环节的自动化、智能化，从而优化统计人力配置，提高统计服务效率。

在传统工作模式下，当报表临近开网时间和截止时间时，需要专员每日人工对未报数据的企业进行电话、短信催报，对于报表上报及时性不强的企业，需要专员反复提醒，费时费力。使用实在 RPA·统计数字员工后，可自动发送催报短信通知未报企业，提高催报效率。在统计报表审核环节，原本需要专员人工对企业上报的异常数据进行多次反复查询核实，占用大量工作时间，影响审核效率。使用实在 RPA·统计数字员工后，可自动判断并识别异常波动企业、审核说明不符合规范企业，短信一键自动及时发送至企业端，通知疑问企业进行核实修正；一改人工电话沟通、反复查询描述、多次判断对接的烦琐流程，极大地提高数据审核工作效率，严格把关统计数据审核质量。多维度汇总测算各项统计指标是统计工作者提供统计服务、提供决策参考的重要环节。人工汇总测算指标耗时长，业务流程繁多，多表关联测算容易出错。使用实在 RPA·统计数字员工后，大大简化了数据测算业务流程，大幅缩短数据汇总时间并提高准确率。人工撰写统计分析报告需要收集和整理大量数据素材，跟踪分析各类指标趋势，工作时间长且容易出错。使用实在 RPA·统计数字员工后，自动汇总及抓取各类分析数据，并自动填入统计分析模板，使专业统计员有更多的时间和精力去获取、分析数据背后更深层次的有价值信息，提炼论断观点，进一步丰富和增加分析报告的维度与深度，从而提高统计专业服务水平。

（资料来源：中国电子政务网，2022-03-23，有改动）

3. 提供自助式服务减轻了行政人员的工作负担

政策或业务咨询是政府部门一项量大面广频度高的日常事务。推行电子政务，在网上公布各种政府信息，让用户在线阅读、浏览或检索、下载政府资料库的相关文件，实现自助式服务，可以大大减轻行政人员接听电话、接待来访的工作负担。

资料阅读

长期以来，"上班没空办、下班没处办"一直是困扰企业、群众办事的堵点和痛点。仁怀市行政审批服务中心紧抓"数据多跑路、群众少跑腿"原则，设立"7×24小时政务服务站"，有效填补非工作时间段和节假日期间的服务盲点与办事空白，引进驾驶员自助体检机等智能化服务设备，以不见面审批、秒批、大厅自助"一站办"等方式，努力打通智慧政务"最后一公里"。为进一步优化营商环境，提高服务企业办事效率，仁怀市行政审批服务中心依托"互联网＋政务服务""一窗通办'2+2'模式"改革，扎实做好融合化、智慧化、常态化的"三化"便民服务，让群众办事只需进一门、取一号、到一窗。

仁怀市还将进一步深化政务服务四项标准化改革、跨省通办改革，大力推进政务服务一窗通办"2+2"模式改革，不断扩大一窗通办的范围，持续提升网上办理服务能力，紧贴企业、群众办事需求，进一步创新服务方式，最大限度地提供更便利、更优质的政务与公共服务。

（资料来源：《贵州日报》，2022-06-13，有改动）

二、电子政务降低行政成本

行政成本是指政府及其行政过程中所直接发生的各种费用和开支，以及由其带来的未来一段时间的间接性负担。前者可称为"显性行政成本"，后者可称为"隐性行政成本"。

传统的政府管理模式不仅行政效率低下，而且浪费了大量人力、物力和财力，造成行政成本过高，因此公众要求改革的呼声很高。20世纪90年代以来，许多国家纷纷进行政府改革。尽管各国改革的动机、措施和途径不尽相同，但究其深层次的原因都是政府行政成本居高不下。各国改革的直接目标也惊人地相似，都是裁减冗员，削减行政费用，提高行政效率。

政府的显性行政成本主要由行政设施成本、人力资源成本（也称人员报酬成本）、行政活动与管理成本构成。降低行政成本的关键就是要降低这部分显性成本。

▶▶（一）降低行政设施成本

毋庸讳言，电子政务建立在大规模应用现代信息技术和高科技产品的基础之上，软硬件设施的购置、安装、调试及平时运行、维护的费用十分庞大。相较于传统的政府施政模式，其行政设施成本高是不言而喻的，乃至被一些人戏称为"烧钱"的行政模式。但即使是这样，在电子化施政模式下，这一方面的成本仍然可以相对地缩减。下面从三个角度进行简要分析。

1. 政府电子化的规模与行政设施成本成反比关系

与传统的政府规模和行政设施成本成正比关系（政府规模越大，行政设施成本越高）有所不同，在初始阶段，虽然电子政务规模较小，但先期需要投入大量人力、物力和财力，对传统政府实施电子化改造，行政设施成本在政府支出中所占比例处于高位；而一旦完成电子化改造，行政设施成本的占比会越来越小。根据政务边际成本递减法则，社会管理任务越重，管理范围越大，相对的管理成本就越低。

2. 优化资源配置，实现设备共享

在办公自动化的初始阶段，由于没有与网络相结合，行政机关内的各种办公设备往往按部门分散购置，不仅造成设备的购买、维修和折旧费用成倍增加，而且一部分设备闲置，未能充分发挥资源优势。随着电子政务建设的深入，第三代办公自动化浪潮的兴起，自然要求与网络相结合，这使整个机关集中购置、各部门充分共享成为可能，从而可以节省一般设备的购置及维修费用。譬如，打印机可以在网上共用，各部门没有必要重复购置。

3. 实施电子采购，降低政府的行政设施成本

从购买行政设施的角度来看，降低这类行政成本不仅具有可能性，而且已成为事实。具体表现为在政府采购中采用网上招标和电子支付。

政府不仅是国家的行政管理者，也是一个很大的社会集团消费者。为了维持自身的运作，政府需要投入大量的人力、财力和物力。政府采购是指为适应日常政务活动的开

展或提供公共服务的需要，各级政府及其所属机构在财政监督下，以法定的方式、方法和程序，对货物、工程或服务的购买。政府采购支出实际上由两方面组成：一是对采购目标（产品或服务）的价格支出；二是对采购活动本身的支出。

以广西壮族自治区为例，自 2019 年转发《财政部关于促进政府采购公平竞争优化营商环境的通知》后，全区开始加快推进电子化政府采购平台和电子卖场的建设，按照"试点先行，分步推进"的思路，逐步实现除涉密项目以外的政府采购项目的全流程电子化采购。截至 2022 年 3 月底，全区已有 3 031 个项目实现了全流程电子化采购，电子标占比达 86%。2021 年，全区实际采购金额达 1 156.68 亿元，全年节约资金 68.15 亿元，节省率为 5.56%。

▶▶（二）节省人力资源成本

在传统的政府管理模式下，成本巨大的一个很重要的原因就是政府规模庞大，人力资源成本高昂，这被一些人戏称为"吃饭财政"。推行电子政务的必然结果，就是人力资源成本的下降。下面从两个方面进行简要分析。

第一，随着办公自动化技术在行政系统内部的普遍应用，许多例行性和常规性的日常事务，可以通过计算机系统支持的电子平台编制成标准化的简明程序，由程序按事先设定自动操作，实现无人化管理。

以深圳市为例，2018 年和 2019 年，深圳市相继推出了"秒批"和"秒报"改革，即通过政务大数据平台建设，在受理审批阶段，利用大数据、人工智能等技术，推进业务系统间的交互对接，基于标准化规则进行自动填充审批，实现无人干预自动审批；在业务申报阶段，通过刷脸或其他合规方式授权读取个人或企业后台数据，由系统自动填充推送，实现无感申办。截至 2020 年年底，深圳市已有 278 个高频政务事项实现了"秒批"，250 个政务事项实现了"秒报"。在此基础上，深圳市在 2020 年进一步推出了"秒报秒批一体化"改革，确保"秒报"事务能够"秒批"，"秒批"事务也能够"秒报"。这一系列政务改革在使政府人力资源得到极大解放的同时，也进一步确保了审批过程的公平、公正。

第二，电子政务所营造的电脑化、网络化和信息化运作环境，使管理层中上层与下层在信息获取范围、数量、时间上的差异不断缩小，决策权和行政权适当分散到各层级、各部门的管理岗位和工作人员，并逐步形成分层决策、分层行政的权力结构。居于中间层级的政府管理机构及其工作人员数量的日益缩减，势必使原先金字塔式的管理结构逐渐向扁平化结构演变。

这些变化皆预示了裁撤、省并、削减那些臃肿的机构，精简一大批冗余的行政人员。据统计，中国香港于 2019 年展开精简政府服务计划，38 个决策局/部门提出了 84 项精简措施，涵盖 346 项政府服务，这些措施可以带来减省人手、降低成本等诸多好处。2022年5月,英国政府计划在未来两年内削减9.1万个公务员职位,裁员数量几乎是英国当前公务员总数的20%。而根据英国公务员的资薪水平估算,此举一年就可节省35亿英镑。

▶▶（三）降低行政活动与管理成本

从全球领先国家推行电子政务的成效来看,电子政务可以降低行政活动与管理成本确实不虚。譬如,虚拟办公、无纸化办公有助于克服"文山会海""公文旅行"现象,自然也就节省了政府办公费用的开支。近年来,我国各地政府和企事业单位积极响应中央八项规定,厉行节约,大力推行无纸化办公、无纸化会议等成效显著,不仅节省了大量纸张,避免了资源的消耗和浪费,而且大大提高了办公效率。

资料阅读

南京市政协会议首次实现"无纸化"办公

2014年1月11日,南京市政协十三届二次会议开幕,与往年不同的是会议时间由原来的四天半压缩到了三天半,并首次实现无纸化办公。

是日上午,出席会议的501名委员陆续报到,现场委员们还意外收到了一份"惊喜",人手一个"政协PAD",替代以往印刷的纸质文件。这是专门为委员定制的南京市政协的电子会议终端,可以实现会务功能。会议期间,委员可通过"政协PAD"进行查看会议材料、下载文件、提交议案等日常工作,真正实现"无纸化"办公。此外,委员座位前的"材料"也"大瘦身",取而代之的只有一张教大家如何使用"政协PAD"的操作指南。

综合计算,这套系统全套硬件价值50万元,开发成本仅相当于南京市政协一年的材料印制费用,为此次会议节省印制费用30余万元。同时,电子会议终端可以使用多年,比印制纸质材料更经济、环保。据悉,这些为委员们配发的平板电脑为南京市政协所有,平时发给委员履行职责使用,如不再担任委员职务,平板电脑由南京市政协收回,遗失或损毁后由委员自行购买,办公厅负责安装客户端。

（资料来源:《科技日报》,2014-01-20,有改动）

行政管理费用包括正面的行政管理费用和负面的行政管理费用（浪费和腐败）。而罗纳德·H.科斯（Ronald H. Coase）认为,建立制度的成本与它节省的成本比哪个更大,决定制度的稳定与否。由于传统政务的成本过高,支持行政费用的财政负担过重,建设电子政务的成本虽然较高,但明显低于其节省的行政费用,因此电子政务建设所带来的成本是可以承受的。比如，电子税务系统和网上银行监管系统的应用，可以将公民的各项收入和支出纳入有效监管，能预先杜绝不法分子进行走私、违法经营、制造假账、偷漏税款等活动。2018年8月10日，广东省深圳市国贸旋转餐厅开出了全国首张区块链电子发票。区块链技术的永久存储、不可篡改、去中心化、公开透明、可追溯等特性，使区块链电子发票相较于一般的电子发票更具优势：对于商家和消费者来说，线上申领和开具发票更加便捷，在节省精力和时间的同时，也能获得良好的用票体验；对于国家来说，区块链电子发票能够帮助政府更有效地追溯和管理发票流转的全过程，更好地打击虚假发票行为，这大大增加了偷税漏税的违法成本。

在我国的行政管理支出中，直接用于人员开支的部分约占50%，机构和人员的增减对行政管理支出的增减起决定性作用。因此，精简机构，合理编制机构人员，是从源头上降低行政管理支出的有效措施。譬如，许多企业大幅度削减差旅费、广告费、办公费用及销售人员，从而降低企业的生产、营销和管理成本。在电子政务环境下，各级各类办公业务系统的广泛应用，推动了实体行政机关的改革，实行扁平化管理，既可提高行政效率，方便群众办事，又可降低行政管理成本。2018年，中共中央办公厅、国务院办公厅印发了《关于深入推进审批服务便民化的指导意见》，其中主要任务之一就是减少审批手续，推进审批服务"马上办、网上办、就近办、一次办"，从而实现便民化目的，降低公众时间成本和资金成本。以工程建设项目审批为例，在浙江省，以往公寓项目的竣工图审批从编制、盖章、签名到扫描至少要花1—2个月的时间，而在进行审批服务改革后，整个流程走完只需要12个工作日，节约图纸扫描和打印费用共6.56万元。据测算，工程建设项目审批制度改革每年能够为市场主体节省资金成本3 000亿元以上，企业表示改革后审批手续和时间得到有效压缩，办事也更加便捷。

伴随着公文电子化的实现，电子政务还使整个社会对纸张的需求锐减，其附带的结果是：作为人类社会最大的排污行业之一的造纸业，因供过于求而出现萎缩，一些小型造纸厂纷纷减产、减员乃至停业或倒闭。排污量的减少、废纸和油墨污染的降低，使水资源、森林资源得到更好的保护，自然生态的恢复加快，从而取得良好的环保效应。

三、电子政务促进政府职能转变

职能，通常指职责与功能。所谓政府职能，是指国家行政机关在一定时期内，根据国家和社会发展的需要而承担的职责与功能。可见，政府职能是政府职责与政府功能的辩证统一。其中，政府职责要解决的问题是政府管什么、管多少、管到什么程度为宜；政府功能则强调政府管理的作用问题。在电子政务环境下，政府的服务职能得到强化，政府职能由管制型向服务管理型转变。

在政府职能的定义中,"在一定时期内",揭示了强化政府服务职能的历史必然性。虽然政府工作千头万绪,但是其最基本的职能有两项:一是行政职能,即推行政令;二是服务职能,即服务公众。按照"社会契约论"的观点,政府是社会契约的产物,从本质上讲,政府是一种为社会服务的组织。随着人类社会向前发展,尽管政府已日益脱离并凌驾于社会之上,但其服务属性不可能改变。在不同的历史时代,政府的性质有所不同,这必然导致服务对象随之变化,政府与民众的关系也发生了根本变化。

资料阅读

党的十九届五中全会通过的《中共中央关于制定国民经济和社会发展第十四个五年规划和二〇三五年远景目标的建议》,对加快转变政府职能做出重要部署,为全面加强政府建设、完善国家行政体系指明了方向、提供了行动指南。我们要坚持以习近平新时代中国特色社会主义思想为指导,深入学习领会加快转变政府职能的重大意义,认真落实加快转变政府职能的目标任务,为开启全面建设社会主义现代化国家新征程提供重要保障。

第一,紧紧围绕推进国家治理体系和治理能力现代化加快转变政府职能。政府是国家治理的主体之一。推进国家治理体系和治理能力现代化,必须优化政府组织结构,使政府机构设置更加科学、职能更加优化、权责更加协同。这就要求加快转变政府职能,优化政府职责体系,理顺部门职责关系,不断完善政府经济调节、市场监管、社会管理、公共服务、生态环境保护等职能,坚决克服政府职能错位、越位、缺位现象,全面提高政府效能,助推国家治理体系和治理能力现代化。

第二,紧紧围绕建设人民满意的服务型政府加快转变政府职能。为人民服务是我们党的根本宗旨,也是各级政府的根本宗旨。当前,我国社会主要矛盾已经转化为人民日益增长的美好生活需要和不平衡不充分的发展之间的矛盾,人民对美好生活有更多新期待。这就要求把加快转变政府职能放在更突出位置,坚持以人民为中心的发展思想,不断优化政府服务,创造良好发展环境,抓住人民最关心最直接最现实的利益问题,大力保障和改善民生,促进社会公平正义,让人民群众有更多获得感、幸福感、安全感。

(资料来源:《人民日报》,2022-12-03,有改动)

(一)电子政务促进政府职能重心由管制型向管理服务型转变

在现代,政府本质上是为公民和社会公共利益服务的组织,行政行为是政府为满足公民和社会公共利益需要而从事的活动。这是由我国人民民主政权的根本性质确定的,也应是政府行政价值取向的最直接体现。在传统的政府管理体制和运作模式下，行政手段的落后制约着行政目标的实现。"一切为了群众，一切依靠群众"，是中国共产党的基本工作路线。但长期以来，受传统意识的影响，行政管理一般被视为行政管制，是自上而下的治民活动。过多地强调政府的第一项职能，相形之下就忽视了政府的第二项职能，长期的重管理轻服务致使"为人民服务"成了一种空泛的号召。

电子政务的兴起，把政府由高高在上的"主人"变成为社会提供满意服务的"公仆"，它优先考虑的是利用现代信息技术优势加速信息流通，便于为公众提供更优质、更快捷的政府服务。电子政务建设所带来的公共服务空间的拓展、内容的增加和服务方式的改善，使政府的服务职能被赋予了新的内涵，为政府由管制型向管理服务型的转变提供了技术支持。

▶▶（二）电子政务促进政府职能的内容形式由单一化向多元化转变

电子政务建设，使政府可以通过网络提供数量庞大的信息资源和种类丰富的服务项目，使公众足不出户就能与政府打交道。公众不仅能够以电子化的方式平等、自由地选择自己需要、偏好的服务种类和服务方式，而且能够使用网络与政府进行24小时全天候的实时交流。电子政务建设所带来的公共服务空间的拓展、沟通渠道的增加和服务方式的改善，不仅能极大地提高政府工作效率，方便社会和公众，而且能更加突出个性化，使政府职能的内容形式由单一化向多元化发展。

▶▶（三）电子政务促进政府职能定位由全能型向有限型转变

在传统的计划经济体制下，政府的运作主要面向管理和控制。我国曾长期实行"政府管社会"机制。政府对企业的干预，从生产对象、产品规格、生产数量，到人员编制、工资等级、福利待遇，可谓无所不包、具体而细微。但由于政府自身管理能力有限，其管理方式往往显示出"以批代管"的特色：虽然政府的审批程序非常严格，但是审批通过之后，政府实际上就对企业放任自流了。这种机制既束缚了企业的手脚，压抑了市场的竞争活力，又易造成企业对政府的依赖。随着我国改革开放的深入，中国的经济体制向社会主义市场经济体制转型。现代市场经济的确立和不断发展，使转变政府职能成为与之伴生的必然趋势。根据世界贸易组织（WTO）规则的要求，政府既不得以市场主体身份参与市场竞争，又不能用行政管制取代市场竞争，而应实现政企分开。

电子政务建设为政府管理和服务提供了全新的思路和手段。在"有限行政"理念下，政府将不再无限制地统管社会权力并代为行使，而应由全能型政府向"小政府、大社会"转变。政府在全面了解社会公共利益要求的基础上，依循社会本位要求和"服务行政"导向，对原有的行政职能进行理性分析和全面清理，弄清哪些应该由政府管理和提供服务，哪些不应该由政府管理和提供服务，以确定职能有限的行政管理范围，进而将有限职能以外原先由政府承担的其他社会职能和经济职能逐步转移和交还给社会。政府对企业的管理也从管制型向引导型转变。

作为一个发展中国家，我国市场经济体制还不完善，因此需要更多地借助政府对经济的干预，从而实现经济的快速增长。一个电子政务项目的建设过程，实际上就是一项或多项政府职能电子化、网络化的过程，但并非所有的政府职能都能实现电子化、网络化，除了法律规定的特定情形外，还要考虑政府自身的能力，弄清政府上网到底能做什么。这就要求政府以法律限制自己的权力和职能，使权能适当。在进行电子政务规划时，对于那些应该做且能做好的职能，应马上上网；对于那些不一定能做好、现在不能做好或根本不能做好的职能，要延迟上网或拒绝上网。

▶▶（四）电子政务促进政府职能由传统型向技术先进型转变

传统的政府管理模式已不能完全适应时代发展的需要。采用现代信息技术，大力推进电子政务，探索一条政府管理模式的创新之路，塑造新的符合以高新技术发展为代表的新经济要求的政府管理模式，是形势所迫、客观要求。电子政务成为转变政府职能的助推器。

当今世界正处于从工业社会向信息社会过渡的转型期。随着数字技术的兴起和网络的发展，亿万台电脑连同光纤通信和卫星技术一起交互作用，形成具有广泛渗透性的庞大网络，"互联网无处不在"已不再仅仅是某些网络公司的自我标榜，而正日益成为社会现实。信息和通信技术的广泛应用，使信息处理方式及社会（企业和公民）与政府打交道的方式正在发生急剧的变化。公民个人和城市社区组织都可以通过网络从容地选择和获取信息，以异步传输与交互方式进行沟通。

基于互联网的电子政务应用创造了一种前所未有的政府工作形态，电子政务的实施为政府提高为公众服务的能力提供了有力手段。政府可以充分利用网络的互动性，为公众提供在线服务。在日新月异的信息和通信技术的支持下，政府能够着眼于更大范围、更高层次的社会需求，以"友好"的界面，方便、快捷、多样化的方式，提供内容更为丰富多彩的各类公共服务。这样不但能够满足民众已有的服务需求，还能够通过对制度创新、技术创新和管理创新的整合不断创造出新的服务需求，从而增强政府的服务能力，提高政府的服务质量，促使政府服务的绩效趋于最大化。这就使从根本上改变政府服务的提供方式具备了可能性。在这一前提下，政府公共服务改革自然也就被提上了议事日程。正如世界银行在一份研究报告中所指出的，政府要完成的重要任务是：通过提高信息管理和加工能力，利用信息技术，提高工作效率，加快项目运转速度，扩大对老百姓的服务，提供现代公共服务体系。

在电子政务环境中，政府的行政行为朝着服务导向型、作业交互型、技术先进型和信息密集型方向发展，从而为各机构间因条块分割而形成的诸多矛盾提供较好的解决方案。通过政府网站对外宣传主页或电子公告栏,发布各种文件和信息,诸如法规、政策、告示、规划、方案等,可以让企业和公众了解政府的管理意图,明白哪些可为、哪些不可为,并结合自身情况进行主动的权衡和选择,最终转化为自觉行动;引导并规范政府行为和公众行为,发挥公共行政的引导功能,将管制型管理转变为服务型管理,从而达到政府目标与公众目标的和谐统一。从这个意义上看,电子政务本身就意味着一种服务型政府管理。

都江堰区块链创新场景实验室正式发布

2021年1月11日,成都市都江堰举行首批区块链应用场景示范项目发布会。活动现场,都江堰区块链创新场景实验室正式发布,授牌四川开源观科技有限公司为主理单位。

四川开源观科技有限公司现场与边界智能、幂码科技、HPOOL、溪塔科技、蓉易签、Multicoin海外投资基金6家区块链相关企业签约,并与都江堰南桥社区、成都东软学院、天府市民云等单位达成应用场景建设合作协议。

在"政务服务+区块链"的创新探索方面,都江堰发布全国首例基于区块链化数字不动产证及区块链营业执照办理的区块链医疗机构执业许可证。和普通的纸质不动产证、营业执照相比,基于区块链的数字不动产证、营业执照是由原本的纸质证件加密计算生成的唯一可验真的二维码。

相关负责人介绍,企业或居民可保存二维码,在后续业务办理时,就无须"多次跑"或重新提交材料,只需要坐在家中,在手机银行上发起业务,由业务后台系统扫描相应的二维码,即可核实信息、发起业务办理。

成都市新经济发展委员会于2020年10月印发了《成都市区块链应用场景供给行动计划(2020—2022年)》,为成都市抢抓区块链机遇明确路径:加强十大领域区块链应用场景供给,实施三大专项行动,推动区块链与人工智能、大数据、云计算、物联网等新一代信息技术集成创新和融合应用,构建区块链创新应用产业生态。

(资料来源:中国日报网,2021-01-13,有改动)

四、电子政务与政府流程再造

▶▶（一）政府流程的概念与特性

流程是指为完成某一目标或任务而进行的一系列逻辑相关活动的有序集合。它由一系列联系密切、相互作用的活动组成。每个流程都有明确的目的和功能，有内容明确的输入和输出，有定义明确的开始和结束。

政府流程是流程中的一种，特指政府部门中的业务流程。政府管理中存在大量的重复性、规律性的活动过程，它们在一定程度上反映着特定管理活动的内在规律和联系。当把在同一条件下处理同一具体事务的最佳步骤、方法及其先后次序确定下来，再把它运用于以后的所有同类或相似事务的处理过程时，我们就会发现稳定地按这种顺应了客观规律的"模式"开展工作，既有效率，又能保证质量。这种"模式"就是政府流程，我们可以将其定义为政府在履行其职能的过程中，为实现某一目标或完成某项任务而从事的一系列活动步骤的有序集合；具体也可以理解为根据某一行政事务的性质、内容、特点所设置的各具体办理环节及这些环节的多寡、组合状态和办理的先后顺序安排。

相对于其他工作流程而言，政府流程有其自身的特殊性，主要表现在以下几个方面。

1. *约束性*

政府的行为必须符合国家利益，必须维护公众的合法权益，即政府必须依法行政。因此，规定政府行为及其过程的流程本身必然要受到来自社会诸多方面的约束，特别是来自法律、法规的约束。这种约束与企业和其他组织的流程所受到的约束相比，强度和广度都要大许多。企业和其他组织的流程只要不与法律规定相违背即可，只要法律不禁止，就是合法的；而政府流程则不然，只要法律没有授权，政府就不能在流程中为自己创设权力规范，也不能给行政相对人创设义务或责任规范，否则就构成违法。这一特点的影响是：政府流程必须严格以法律规定为依据，特别是绝不能为行政机关创设法律规定以外的权力，也不能给行政相对人创设法律规定以外的义务或责任。

2. *确定性*

政府流程必须由国家机关制定，不允许存在随意性，更不能是"约定俗成"的，而要有严密、明确的规定，有书面或其他确定的形式，也就是要成为"程序"。正是在这样的意义上，政府流程通常被称为政府管理程序或行政程序。这一特点的影响是：政府要明确而严密地规定流程;政府工作人员必须严格执行流程,接受其约束,违者将受到处罚。政府工作人员程序违法(违反法定程序)或流程不当(在任意性流程中不适当地行使自由裁量权或违反次要程序)都要承担相应的法律责任或行政责任。

3. 稳定性

政府流程是对政府工作规律的反映,是政府郑重意志的表示,必须在相当长的时间范围内保持稳定有效,不得"朝令夕改"。这一特点的影响是:制定政府流程必须慎重,只有在具备一定条件之后才能进行;不得轻易更改、废止政府流程。

4. 可操作性

政府流程必须明确、具体、可行。政府流程是用来"做"的,而不是仅仅给人"看"的。不明确、不具体、不可行的流程是"做"不起来的,制定这种流程往往比没有流程更加有害。这一特点的影响是:制定政府流程必须遵循客观规律,使其合法、合理,行得通,确有效果;政府流程必须明晰具体,毫不含糊,能真正实行起来。

(二)政府流程的种类

依据不同的标准,政府流程可分为若干种类,如图3-1所示。

图3-1 政府流程的种类

1. 按法定效用分

根据法定效用的不同,政府流程可分为强制性流程与选择性流程。强制性流程是在实施工作行为时不可以自主选择的流程,必须不折不扣地执行,不得增减改易,违者将构成违法,有关行为将被视为无效并被制裁。选择性流程即任意性流程,是在实施工作行为时具有一定选择余地的流程。政府机关可根据实际情况选择是否实施、在何范围内实施,一旦确定实施,政府工作人员就必须执行。

2. 按效力范围分

根据效力范围的不同,政府流程可分为内部流程与外部流程。内部流程是只涉及政府机关或系统内部的工作行为(处置内部事务)的流程。外部流程是涉及政府机关或系统外部的工作行为（直接处置社会公共事务）的流程。

3. 按工作行为的性质分

根据工作行为的性质不同，政府流程可分为立法性流程、执法性流程和司法性流程。立法性流程是政府机关针对法律、法规、规章和其他规范性文件的制定而建立和实施的流程。执法性流程是政府机关针对法律、法规、规章和其他规范性文件的执行而建立和实施的流程。司法性流程是政府机关针对特定司法权的行使而建立和实施的流程。

4. 按精细程度分

根据精细程度的不同，政府流程可分为一般流程、作业流程和动作流程。一般流程是针对工作活动过程的环节构成制定的流程，其主要特点是相对概括，用以规范有关的关系、位置、次序等。作业流程是针对工作活动过程中的各项操作制定的流程，除了一般流程规范的内容外，还涉及具体步骤、手续、方法等。动作流程是针对工作活动过程中工作人员的有关动作制定的流程。这种流程最为精细，甚至细致到操作者手、脚、眼的每一种变化。这种流程主要适用于体力劳动占较大比重的工作过程。

5. 按工作内容的性质分

根据工作内容的性质不同，政府流程可分为文件流程、档案流程、会议流程、信访流程、基建管理流程、物料采购与供应流程、服务流程等。

6. 按各步骤运行路线形式分

根据各步骤运行路线形式的不同，政府流程可分为串联型流程、并联型流程和复合型流程。串联型流程又称连续型流程，是步骤间依时间顺序直线递进的流程。并联型流程又称平行型流程，是可同时完成若干个步骤的流程。复合型流程又称平行连续型流程，是一部分步骤依时序递进而另一部分步骤同时完成的流程。

▶▶（三）电子政务与政府流程再造的互动关系

政府流程再造（Government Process Reengineering，简称 GPR）是指当行政组织外部环境、内部资源及其结构发生变化时，运用公共管理学思想、经济学的市场机制原理和现代信息技术，对传统管理模式、组织结构模式、业务模式和服务传递方式进行根本性重新设计与改革，并通过网络信息技术对重新设计与改革后的管理模式、组织结构模式、业务模式和服务传递方式进行固化，从而重构一种有助于提高公共部门发展效能的科学合理的管理模式的过程。

电子政务与政府流程再造之间存在着密切的互动关系，两者是相互作用、相互影响的辩证统一体（图 3-2）。这种互动关系表现在以下方面。

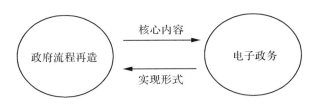

图 3-2　电子政务与政府流程再造关系图

1. 政府流程再造是电子政务建设的核心内容

政府流程再造是以行政业务流程再造与优化为核心的全面政府管理体制革新。因此，在电子政务与政府流程再造的关系上，电子政务支撑和推动了政府流程再造；政府流程再造对电子政务建设也具有深远的影响，是电子政务建设的基础性工作、前提和重要内容。没有政府流程再造，电子政务的建设就不可能取得成功，现代科学技术也不可能发挥其应有的作用。这充分显示了电子政务与政府流程再造之间的一体化特性。

营造一个政务公开、透明、公正、高效的工作环境是电子政务建设的基础内容。简言之，电子政务就是在互联网上实现政府的服务职能、管理职能和保障职能。因此，电子政务建设的主体就是管理主体本身。在电子政务建设中完善管理制度，规范管理方法，改进管理手段，提升管理质量，提高管理效率，实现政府管理方法和手段对信息技术发展的适应。这些政务需求有助于确保各类资源的优化调配和合理使用，包括物质资源潜在效用的合理利用、信息资源内在价值的深入挖掘、人力资源真实能量的充分发挥，而这些政务需求只有通过政府再造才能加以解决。因此，推行电子政务建设，政务要先行，政府各部门应做好本部门的规划和制定好具体的实施步骤。发展电子政务要与转变政府职能相结合，加快行政审批制度改革，为实施电子政务创造条件，实现由传统政务到电子政务的转变。电子政务建设是一项复杂的系统工程，要善于应用现代信息技术适时地对政府组织结构、管理制度、运行模式和业务流程进行调整与完善，开辟政府部门生产要素优化组合和集成高效利用的途径，将推进电子政务建设与促进政府职能转变结合起来。

2. 电子政务是实现政府流程再造的重要形式

如前文所述，业务流程再造的一个显著特征是信息技术的应用。电子政务是政府充分利用信息技术进行改革和创新的重要管理方式。政府流程再造是政府再造的重要组成部分，而政府再造是电子政务的本质属性。因此，从政府流程变革和创新的角度来说，电子政务和政府流程再造殊途同归。政府在普遍利用信息技术进行信息时代的政府流程再造时，实质上也是在深入发展电子政务，传统政府通过发展电子政务达到政府流程再造的目标。因此，电子政务始终与政府流程再造密切联系、相互促进。

电子政务促进政府流程再造主要表现在以下三个方面。

（1）缩小流程的规模

流程的规模取决于业务内容，代表了流程的复杂程度，也就是流程包含的活动步骤的多少。有的流程仅由一个或几个非常简单的环节组成，而有的流程则包含许多个复杂的、相互关联的环节。信息技术的应用，使原来需要经历多个环节的流程大大缩短，甚至缩减成一个环节。

（2）扩大流程的范围

流程的范围是指流程穿越的职能部门或专业岗位的数量。电子政务促进了政府部门间的信息共享、政务协同和工作流整合，打破了部门之间严格划分的职能界限，使更多的部门和岗位能够在同一条连贯的流程链条上开展工作，使分工协作更加默契、更有效率。

（3）降低流程的中介度

流程的中介度反映了组成流程的各种活动的序列化程度，中介度高的流程有许多顺序化的活动步骤，中介度低的流程中的活动没有固定的次序，可以直接作用于最后的结果。电子政务使流程中不同活动的并列进行成为可能，在组成活动不变的情况下，表现为流程中输入和输出活动减少，活动的序列化程度降低，即流程的中介度降低。

3. 电子政务对政府流程的特殊依赖性

电子政务的存在和健康发展离不开政府流程，没有优化的政府流程也就没有电子政务。推行电子政务的过程，实际上就是一个梳理、优化传统政府流程的过程，一个使优化了的流程电子化、组织虚拟化的过程。从流程管理的角度来看，电子政务就是一种基于流程的政府管理模式，电子政务环境下的政府组织是一个流程型组织。

电子政务之所以对政府流程有这种特殊依赖，主要有以下几个方面的原因。

（1）信息技术的应用需要明确的流程

信息技术在政府管理中的应用需要政府工作的高度流程化，也就是形成非常系统而精细的管理程序。如果没有这样的管理程序，计算机软件程序的设计也就失去了依据。试想连我们自己都不知道在什么时候、根据什么、做什么、怎么做，计算机软件设计者又如何能设计程序，让计算机代替我们完成任务呢？

（2）信息技术的潜能体现在对流程的变革上

利用信息技术对政府原有的业务过程进行改造，以一种全新的方法和程序实现政府的服务功能，是电子政务的核心内容和关键任务。信息技术与管理变革本来就是相互依存的，如果旧有的管理方式不加以改变，只能固化传统、落后的体制，在信息技术方面，也必然会阻碍某些先进技术发挥作用。一般来说，信息技术的应用可以加快业务流程的速度，为业务流程的变革提供条件，但并不能改变业务流程。业务流程的改变只能通过决策层和管理层的重新设计来实现。重新设计后的业务流程辅以信息技术方可达到降低成本、提高效率和提升服务水平的目的。从信息技术在政府管理领域应用的发展过程不难发现，20世纪80年代利用信息技术来"计算机化"政府原有的业务过程，虽然可以提高业务流程的效率和劳动生产率，但并没有将信息技术的潜能充分发挥出来，而且在实行"计算机化"的过程中，信息技术将业务操作中的矛盾、混乱、不一致也同时进行了"计算机化"。"一个自动化了的混乱并不是一个更好的混乱，而是一个更快的混乱。"今天，发达国家已经实现了从"计算机化"政府原有的业务过程向对政府原有的业务过程进行重新设计的转变，从而使政府的业务活动更精简、有效、合理，更能充分发挥信息技术的潜能。

（3）电子政务的效益来源于优化了的流程

现代化的信息系统基本上都是面向流程的，而不是面向职能部门的。信息系统是通过对信息流的控制来实现对工作流的控制，进而实现对价值流的控制，从而实现管理目标的。建立信息系统以后，有了统一的数据库，数据可以共享，信息传递和处理的速度加快，原本需要按序经过几个职能部门的处理才能完成的工作，现在这几个职能部门可能可以同时处理完成。如果不尊重流程的存在，不在科学分析的基础上对流程进行设计并予以确定化，继续人为地按职能部门对信息流进行分割，那么电子政务本应带来的效益很可能会因此被抵消掉。

（四）政府流程再造的目标与指导思想

1. 政府流程再造的目标

（1）流程便捷化

流程再造的直接目的就是在分解和诊断原有流程的基础上，实施流程优化，使之达到便捷化和自动化，从而降低时间成本，提高服务效率。需要指出的是，流程便捷化不仅仅指的是精简机构或是单一职能部门内部的变革活动，而是众多部门的联动；它不是单纯的技术变革，而是把行政业务流程系统化为战略决策。

（2）行为规范化

流程再造首先是一种管理工具，其技术性的内涵要求它是准确地描述并形成标准作业的一系列过程，因此必然要求其目标和结构的科学、系统、严密、可行；同时，作为公共行政运行系统的战略性革新，它必须追求再造过程中的法治化、制度化、程序化。总之，不管是对于流程再造过程本身，还是对于使流程再造过程顺利运行的制度和人，规范化都是基本要求。

（3）过程人性化

在整个流程再造过程中，要始终坚持"以人为本"的服务理念，要始终以服务对象的需求为导向，进行快速的回应、周到的服务；同时必须明确流程再造过程不仅仅是全程信息、全面技术的革新，其落实与运行最终要靠广大行政人员的全面参与，因此必须进行人性化管理，注重组织文化再造，激励和发挥行政人员的创造力，建立一种知识化、团队化、网络化的工作平台和相互协调、相互监督、相互合作的工作关系。

（4）品质标准化

公共服务和公共产品的供给应体现无差别性，应兼顾公平与效率。再造流程的标准化与评价指标体系的设计是实现政府部门业务流程彻底重构的基本前提。

2. 政府流程再造的指导思想

首先，政府流程再造强调以公众为中心、以服务为导向，彻底改变传统政府"以自我为中心"的管理理念与方式。具体来说，就是流程设计要以方便公众获取服务为出发点，要站在公众的立场上来审视和设计各种业务流程，优化政府业务流程和组织结构，用优质的服务来提升政府的竞争力；每个流程的工作质量由公众做出评价，使再造后的业务流程体现政府是一个具有公共服务精神的、能给予公众更多选择并聆听其意见的政府。

其次，政府流程再造强调以流程为中心，彻底改变传统的"以职能为中心"的做法。传统以职能为中心把业务流程人为地割裂开来，使业务流程消失在承担不同职能的部门和人员之中，导致多头指挥，影响作业效率，使公众无所适从；缺乏整体观念和有效整合的结果是产生了许多不创造价值的活动。以流程为中心要求彻底打破部门界限，以整体流程全局最优为目标来设计和优化流程中的各项活动；强调政府各部门之间业务、信息、服务的虚拟整合和网络化协同办公，实现资源共享和政府组织结构的网络化，使破碎的流程得到整合，部门的藩篱被打破；强调将职能性的层级结构转化为跨功能性的工作团队，充分发挥个人和团队相结合的作用，通过个人主动性、积极性及创造性的发挥与团队成员的高度合作，保证政府业务流程高效、有序、顺畅地执行。

再次，政府流程再造强调系统观点和网络信息技术的应用。运用系统观点，就是注重整体流程的最优化，改变传统政府管理中"各部门工作卖力而整体效率低下"的现象；注重各个子系统、子流程之间的合作，减少无效的部门和工作，消除重叠的流程。有效应用网络信息技术，可以打破时空的限制；可以改变信息收集、传递、处理和利用的方式，将集中式的信息处理变为分散式的信息处理，加快信息传递的速度，实现信息的充分共享，提高系统的反应能力；可以有机地整合政府内部各职能部门，将政府各职能部门整合为一个协同工作的整体，提高政府的决策速度和应变能力，为公众提供便捷的电子化服务。只有充分发挥网络信息技术的潜能，利用网络信息技术简化、改造政府业务流程，并以此为基础变革政府组织结构，达到政府组织结构扁平化，才能大幅度提高政府绩效。因此，政府业务流程再造以网络信息技术应用为手段，以根本性地思考和彻底性地重新设计政府组织结构模式、管理模式、业务模式和服务传递方式为对象和内容，以为顾客创造最大价值和使顾客满意为目的。

最后，政府流程再造强调根本性的思考和彻底性的重新设计，强调绩效的大幅度提高，注重节约成本、提高政府管理效能和政府服务质量。"根本性的思考"就是要对原有的业务流程进行根本性的反思，找出相关原因，制定更加合理有效的工作方法。"彻底性的重新设计"就是要打破陈旧的组织结构及规章，重新设计与构建业务流程，进行彻底性的流程重建。这种政府业务流程再造通过减除不必要的支付和政府部门的虚拟整合，再造了一个"具有企业家精神的政府"（Entrepreneurial Government）。企业型政府是富有创新精神和生机活力的、以公众需求为导向的、具有高效率和高效能的政府，重视把市场和竞争机制引入政府公共管理中。

▶▶（五）政府流程再造的实施步骤

政府流程再造是一项提高公共部门绩效的系统的、综合的工程，需要应用网络信息技术重建组织结构、打破条块分割和部门界限，从而实现跨部门的资源共享和业务协同。就实施步骤而言，政府流程再造的过程，具体包括以下五个方面，如图3-3所示。

1. 审视原有的业务流程

这个阶段包括两个方面的工作内容：一是调查了解原有的业务流程；二是对原有的业务流程进行分析。对原有的业务流程进行分析，主要从以下几个方面着手：确定那些将带来不良结果的行为、瓶颈和不必要的步骤；确定把职能信息系统分为几个子系统，再合并成一个大流程系统；确定正式和非正式的机构失调政策、规则，它们导致了无价值的附加活动；确定所有不必要的办公文件，并对所需的表格、报告提出疑问。

2. 分析业务流程再造的策略

这个阶段的工作内容主要包括：第一，高层领导要认识到流程再造的重要性并给予支持；第二，寻找流程再造的机会，确认各项业务流程亟待改进之处，评估本机构应用信息技术的能力和需求，决定要再造的流程。在这一阶段，要评估机构的信息环境和应用信息技术的能力，确定再造的目标和拟定再造后的评价标准。

3. 重新设计业务流程

要在对传统的政府业务流程进行根本性思考的基础上对原有的业务流程进行彻底性的重新设计，在设计新业务流程的整体方案时，要紧紧围绕组织目标和流程目的来设计新的人事与组织结构，设计新的信息系统及信息传递方式。在设计出新业务流程的原型后，还要根据使用者的反馈信息，反复修改新业务流程，直到使用者感到满意为止。

4. 启动、实施新业务流程

在进行政府业务流程再造之前，要先启动再造工程，包括进行宣传动员，让组织成员对即将发生的改变做好心理准备，负责再造的单位需要与受影响的相关人员进行沟通，使其了解并认同改变的必要性。由于组织成员的创新观念十分关键，所以宣传动员是再造过程的重要环节。要组成再造小组，拟订和执行再造计划。再造小组要依据管理和服务对象的需求及高层领导所拟定的目标，制定新业务流程的评价标准。

新业务流程的实施主要包括：第一，开发和建设新信息系统，以有效实现新业务流程的目标。再造小组与信息部门的工作人员确定流程所需要的信息，并据此进行系统分析，修改软件设计，使原有的硬件更有效地运作；在必要的情况下，新信息系统将取代原有的信息系统。第二，重建人事与组织结构，重点在于如何顺利地推进新的组织结构的形成。由于新的组织结构强调横向整合，为使工作人员有能力胜任新职务与应对新挑战，政府机构须安排训练与教育课程，使工作人员获取知识与技能。需要注意的是，在整个过程中，要尽量减少阻力，振奋工作人员的士气。

5. 评估反馈

在实施新业务流程后，评估效率与得失也是十分重要的课题。评估项目包括新业务流程的表现、信息系统的表现及工作效率。新业务流程表现的评价指标包括提供服务的时间、成本、公众满意度、协调与决策的质量。政府机构应针对反馈持续改进新业务流程。

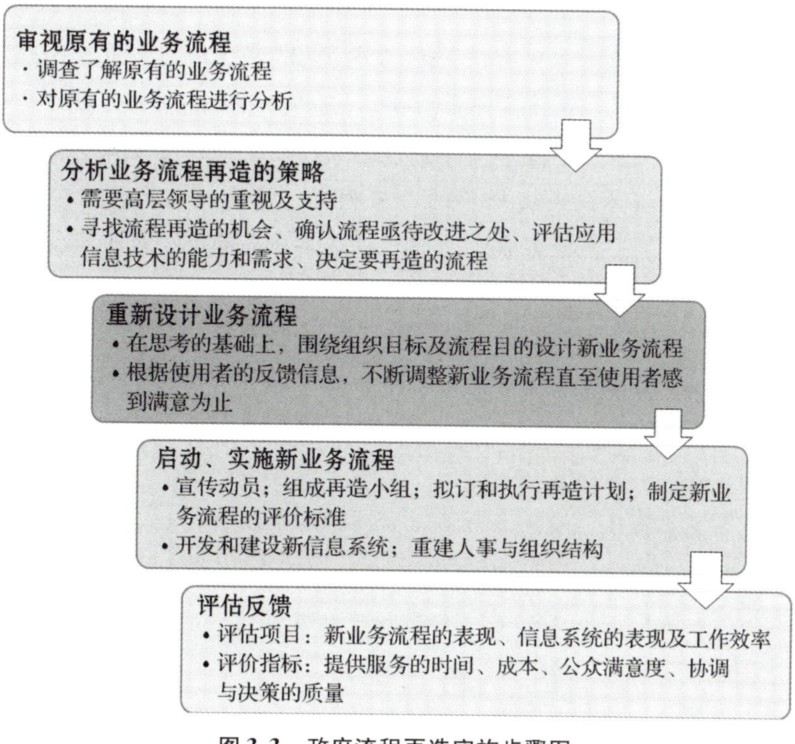

审视原有的业务流程
- 调查了解原有的业务流程
- 对原有的业务流程进行分析

分析业务流程再造的策略
- 需要高层领导的重视及支持
- 寻找流程再造的机会、确认流程亟待改进之处、评估应用信息技术的能力和需求、决定要再造的流程

重新设计业务流程
- 在思考的基础上，围绕组织目标及流程目的设计新业务流程
- 根据使用者的反馈信息，不断调整新业务流程直至使用者感到满意为止

启动、实施新业务流程
- 宣传动员；组成再造小组；拟订和执行再造计划；制定新业务流程的评价标准
- 开发和建设新信息系统；重建人事与组织结构

评估反馈
- 评估项目：新业务流程的表现、信息系统的表现及工作效率
- 评价指标：提供服务的时间、成本、公众满意度、协调与决策的质量

图3-3　政府流程再造实施步骤图

【本讲小结】

本讲主要介绍了实施电子政务给政府带来的效益和变革。电子政务不但可以提高政府效能、降低行政成本，还可以推动政府职能转变和行政业务流程再造。电子政务与政府流程再造有着密不可分的互动关系。

【课后练习】

1. 电子政务可以为政府带来哪些效益？
2. 如何理解电子政务带来的政府职能转变？
3. 政府流程的概念及特性是什么？
4. 政府流程再造的目标和指导思想有哪些？
5. 如何理解电子政务与政府流程再造的互动关系？
6. 政府流程再造的实施步骤有哪些？

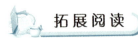

亳州市住房公积金业务网上办理进展

亳州市住房公积金管理中心（以下简称"中心"）是隶属亳州市人民政府办公室的事业单位，下设涡阳、蒙城、利辛3个管理部，在中心业务授权下办理住房公积金各项业务。为提高效能，加强服务，中心积极响应市政府"互联网＋政务服务"的号召，开展住房公积金业务从实体向网上迁移的办理模式，率先推出了集信息公开、网上办事、效能监察于一体的综合性政务服务平台，并选派业务骨干受理和审批住房公积金网上业务。

一、住房公积金网上办事大厅建设情况

亳州市网上办事大厅是亳州市政务服务改革的亮点之一，是全国"互联网＋政务服务"的典范。中心按照市政府建设智慧城市的要求，紧紧围绕"惠民、便民、利民"宗旨，全力推行住房公积金业务网上运行，立志打造功能齐全、操作便捷的"一站式、全天候"的住房公积金网上办事大厅。其间多次与市信息局、科大讯飞公司进行沟通会谈，制订切实可行的方案，在"四个清单"的基础上，将网上可办理的行政审批和公共服务事项全部迁移到网上办事大厅，全面公开办事要求，规范审批操作流程。将每项行政职权细化，做到清晰、系统、全面，不合并、不叠加，确保每个事项能够独立运行。对上网事项实行最小颗粒度管理，细化到最小项，并根据实际操作情况和测试结果进行及时的调整，做到运行流程的规范化、程序化、法制化。为每个事项合理设置申请、受理、审核、审批四个运行流程，每个环节都明确办理岗位、办理时限，做到每个环节可控、可查、可究，确保运行轨迹有序、运行流程统一；根据每个事项的特点，逐一制定清晰的流程图，全面公开每个事项的法定依据、实施对象、法定条件、申报材料、办理流程、收费标准、申报材料的格式文本等信息，办事流程简单明白、一目了然，真正实现"办事有指南、填表有示范、政策能查询"。目前已开通了住房公积金开户缴存、提取、贷款、转移合并、信息查询等30个网上办事项目。自住房公积金网上办事大厅建成以来,在一定程度上解决了群众反映的办事难、办事手续流程烦琐的问题。

二、积极对接数据,提高办事效率

在大数据时代来临的今日,"信息烟囱""信息孤岛"现象依然比较普遍,部门间各类数据信息无法互联互通,影响了政府效能提升。为解决亳州市网上办事大厅与中心业务系统不兼容、数据无法共享的问题,中心积极与市信息局、市数据中心进行资源整合。利用大数据和云计算技术,建立了一套完整的数据核查系统,打通了网上办事大厅和公积金业务审批系统在网上申请、网上受理、网上审核环节的数据交换通道,实现了数据共享,极大地提高了办事效率。在应用大数据前,群众需要提交一系列证明材料的原件及复印件,群众提交资料后,中心还要与房产、民政、银行等多个部门核对材料的真实性,手段相对落后,并且由于资金发放较为敏感,个人信息的真实性得不到保障,中心也一直未开通网上全程办结。而在应用大数据后,群众仅需提供个人基本信息,系统自动进入数据库进行比对,生成相关证明材料,确保信息的真实性,并通过社保卡与身份证进行关联支付。大数据的应用使住房公积金业务网上全程办结成为现实,给网上办理业务提供了保障和便利。

三、住房公积金业务网上办理初获成果

住房公积金网上办事大厅上线后,群众只需通过亳州市网上办事大厅实名注册,依据事项选择在线申办,即可在网上办结所申请事项,真正做到足不出户"24小时全天候"办理住房公积金业务,拓宽了住房公积金服务渠道。以购买新建商品房网上提取住房公积金为例,申请人实名登录后,只需点击在线申办,系统就会自动获取该申请人的住房公积金账号、社保卡号、身份证、户口簿等相关信息,申请人再输入购房合同编号,上传付款凭证,即可完成在线申办。如果是偿还住房公积金贷款提取,申请人只需点击在线申办,然后确认提交即可,无须上传任何资料。这改变了以往到实体大厅办理时需要带着购房合同、付款票据、网上备案证明、身份证、结婚证、还款明细等一系列证明材料的现象。以往业务繁忙的时候在窗口等候时间超过一小时是常态,并且在中心办结后还要到银行排队转账。现在这些操作在网上几分钟就可以完成。申请获准后,资金自动打入申请人的账户。既简化了申请要件,又节约了申请人的时间,不但有效提升了政府服务管理信息化水平,还进一步转变了传统的业务办理方式,彻底解决了办事服务中的"三难"问题。由"群众跑腿"向"数据跑路"转变,解决"门难进"问题;由"人与人打交道"向"人与网打交道"转变,解决"脸难看"问题;由"办事求政府"向"政府帮办事"转变,解决"事难办"问题,简化了业务办理手续,节约了群众的往返时间,免除工作日办理业务不便的烦恼。截至2016年年底,网上办事大厅受理的住房公积金各项申请达2.2万余份,累计使用资金6.2亿元,受到广大群众的肯定

和好评。

四、中心成为全市"互联网+政务服务"的示范单位

亳州市住房公积金业务网上办理获得初步成功,让中心率先在网上办理大厅实现"零填报、零上传、不见面"的审批服务模式,成为全市网上办事模式的示范单位。截至目前,已有黄山市、安庆市、滁州市等兄弟地市到中心考察学习。

住房公积金业务网上办理模式在"互联网+政务服务"上获得了一定的成绩和经验,得到了市委、市政府的支持和关注,得到了群众的支持和鼓励。今日取得的成绩,要感谢上级领导的统筹安排和对"互联网+政务服务"工作的重视;要感谢群众对中心工作的支持;要感谢中心所有优秀人才的努力和配合,是他们用自己的智慧和汗水铸就了现在的成功。下一步,中心的工作重心仍然是做好自己的本职工作,继续大力推广网上办事,在网上办事的易用性上下功夫,加强监督管理,让网上办事大厅的效率更高;完善系统及网上办事大厅各个流程的操作,在流程方面做减法,在完成效果方面做加法,为全市人民提供更加便利、更加贴心的服务。

(资料来源:中国电子政务网,2017-08-17,有改动)

第四讲

电子政务公共服务

【学习目标】

掌握电子政务公共服务的概念、类型、特点、理念等基础知识；领会电子政务"一站式"服务的动因和特点，并能结合实践进行案例分析；理解"互联网+公共服务"的实践及意义，并能结合所学知识进行案例分析。

【关键术语】

公共服务；电子政务公共服务；"一站式"服务；"互联网+"；"互联网+公共服务"

案例导入

"一网通办""一网统管"齐头并进，牵引带动超大城市治理现代化

数据多跑路，群众少跑腿。五年来，上海密织政务服务"一网通办"和城市运行"一网统管"两张网，率先推动城市治理模式、治理体系的颠覆性变革，充分发挥改革聚力、科技支撑、数据赋能的优势，对海量城市要素进行数字化分析，对城市复杂巨系统做智慧、动态、精细的调控，为千万市民和百万市场主体提供高质量的服务。

自2018年"两张网"启动试点建设以来，"一网通办""一网统管"从无到有，并迅速渗透到市民生活工作的方方面面，成为城市正常运行不可或缺的一环。

"一网通办"聚焦政务服务，累计实名注册个人用户达6 700万人以上，企业用户超过267万个，"随申办"月活跃用户的峰值曾触及1 891万人，成为上海政府服务市民、企业的"第一门户"。在服务能力方面，截至2022年6月，"一网通办"已上线全程网办事项超3 000项，累计办件量达2.26亿件，较2018年增长了26倍之多。

"一网统管"侧重管理，依托分布在全市的上亿个智能物联终端，每天汇聚、共享、交换超过10亿条数据，让超大城市巨系统变得"透明可控"。截至2022年6月，整个体系已支撑全市超过70个部门/单位、200多个系统、1 200多个应用。

"一网通办"和"一网统管"以回应群众需求、解决百姓"急难愁盼"为目标，推动政府部门"刀刃向内"开展自我变革，更好塑造提升城市软实力。

"一网通办"改革四年来，持续将压力传递到业务部门，通过预设大幅简化优化办事流程和缩短办事时间目标的方式，倒逼办事链条上下游部门普遍开展审批手续精简工作，将制度性交易成本一点点降下来。

同样，"一网统管"也是全市相关政府部门开展跨界协同的重要基础设施。它不但能及时发现需要处置的问题，还以数据共享突破部门壁垒，形成"整体政府"的处置合力，让全市的治理资源释放出更大效用。

（资料来源：《文汇报》，2022-06-16，有改动）

案例思考：

在电子政务环境下，政府公共服务产生了怎样的变化？

政府最基本的两大职能是管理和服务，两者相辅相成，缺一不可。但在相当长一段时间内，政府的公共服务职能并未受到应有的重视，或者说政府并没有从服务的角度来审视自己的工作，这种定位偏差导致政府行政效能低下、公信力受到质疑。为此，各国纷纷进行政府改革，提升公共服务能力，建设服务型政府。所谓公共服务，是指公共管理机构特别是政府为公众提供的不以营利为目的的服务，它是与私人服务相对的一个概念。在信息时代，电子政务建设不仅顺应了政府改革潮流，而且为政府改革提供了新的机遇和平台。借助电子化手段来提高服务效能成为各国政府的必然之举。

电子政务环境下的政府公共服务简称电子政务公共服务，是指政府机构充分利用以互联网为核心的现代信息技术，向公众提供全天候、全方位的公共服务，以便通过提高政府的反应速度、行政效率、工作精准性等来实质性提升其对公众的服务水平。也有一些教材中提到"电子化公共服务""公共服务电子化"等概念，它们的内涵与"电子政务公共服务"大同小异。

一、电子政务公共服务的类型

政府常规管理与常规服务的种类非常多，并且因国家、地区的情况不一而各具特色，也会随着科学技术的发展和公众需求的变化而不断扩充与变化。下面将从不同的角度对政府所提供的公共服务进行区分，按照不同的划分标准加以区分和认识，有助于我们进一步认识电子政务公共服务项目，合理架构电子政务公共服务体系。

(一) 按服务对象划分

与公共服务相关的对象主要有公民、企业和政府。因此，政府的业务活动也主要围绕着这三类行为主体展开。其在电子政务领域的映射，构成了服务的主要方向，即包括政府与公民之间的互动、政府与企业之间的互动和政府与政府之间的互动。

《国家电子政务总体框架》（国信〔2006〕2号）指出："电子政务服务主要包括面向公众、企事业单位和政府的各种服务。"按服务对象对电子政务公共服务进行分类，有利于我们认识和了解"客户"需求。

作为公共服务的主要客户,公民、企业、政府的要求和期望有所不同,具体的服务内容、方式也有较大差别(表4-1)。公民要求政府提供更好的个性化服务,如执照的签发、多种支付方式、丰富的信息资源等。企业要求拓宽政府执行部门与企业间的交流渠道,逐步取代以纸张为基础的系统,并加速关键信息的反馈。政府各部门要求适当调整政府组织结构,建设统一的数据共享平台,增强标准化和交互性,而不是仅仅将原有服务网络化。

表4-1 按服务对象划分的电子政务公共服务

服务对象	公民	企业	政府
服务内容	电子信息服务 电子证件办理 电子税务 电子医疗 智能交通管理服务 在线教育培训 在线就业服务 ……	电子信息咨询服务 网上资格认定和审查 电子税务 电子采购与招标 网上工程验收 ……	电子信息服务 身份认证服务 电子税务 培训服务 网上审批 电子邮递 业绩评价 ……

(二)按职能领域划分

政府大多按专业或行业分工设置公共服务部门,形成诸多富有特色的职能领域。公众也往往按职能领域提出服务申请,要求政府提供服务。按职能领域可将电子政务公共服务分为四大类:政治服务、经济服务、文化服务、社会服务(表4-2)。

表4-2 按职能领域划分的电子政务公共服务

职能领域	政治服务	经济服务	文化服务	社会服务
服务内容	电子国防 网络信息安全服务 ……	电子工商 电子税务 电子采购与招标 网上银行 电子报关 ……	在线教育培训 网上书店 电子信息服务 ……	在线人才服务 电子医疗 电子邮递 社会福利电子支付 ……

(三)按行政行为划分

公共服务多由国家行政机关承担,提供公共服务实际上就是行政机关向公众实施行政行为的过程。按行政行为可将电子政务公共服务分为以下几种。

1. 行政许可服务

行政许可是指在法律允许的范围内,行政主体根据行政相对人的申请,通过颁发许可证或执照的形式,依法赋予特定的行政相对人从事某种活动或实施某种行为的权利和资格的行政行为。如驾驶证、营业执照、护照等的网上办理。

2. 行政征收服务

行政征收是指行政主体凭借国家行政权，依法向行政相对人强制地、无偿地征收一定数额的金钱或实物的行政行为。最典型的就是电子税务。

3. 行政确认服务

行政确认是指行政主体依法对行政相对人的法律地位、法律关系或法律事实进行甄别，给予确定、认定、证明（否定）并予以宣告的行政行为。例如，网上防伪打假，对公民身份、婚姻、学历状况等提供的网上认证或公证服务，等等。

4. 行政给付服务

行政给付即行政物质帮助，是指行政主体在公民年老、患病或丧失劳动能力等情况或其他特定情况下，依照法律、法规规定，赋予其一定的物质权益或与物质有关的权益的行政行为。如社会福利电子支付。

5. 行政合同订立服务

行政合同是指行政主体为实现行政目的，与行政相对人之间基于相反方向的意思一致而缔结的契约。最典型的就是政府电子采购合同的订立。

(四) 按服务提供方式划分

不同的服务内容、服务项目可以通过不同的方式来提供，而这些服务提供方式往往由一定的技术支持。按服务提供方式及支持技术的种类，可将电子政务公共服务分为以下几种。

1. 政府网站服务

政府网站是各级政府机关履行职能、面向社会提供服务的官方网站，是政府机关实现政务信息公开、服务企业和公众、进行互动交流的重要渠道。政府网站服务的基本价值在于，以服务对象为中心，整合各种政务信息资源，使企业和公众能更充分地享受到电子政务带来的便利。

2. 电话呼叫中心服务

电话呼叫中心是一种将电话和互联网联系起来的集成传统通信技术和计算机网络技术的公共服务方式，多用于业务咨询、客户意见受理等，如12345政务服务便民热线、12315消费者投诉举报专线等。该服务采用G（政府）—B（公共企业）—C（市民）的服务模式，公众只要拨打呼叫中心的电话，就会有受过专门培训的客服人员接听电话，并根据公众申请的内容，将服务需求派发到相应的政府部门，从而为公众提供及时的服务。

3. 手机短信服务

政府通过手机短信与公众进行交流，是无线通信技术不断普及的产物。主要服务内容包括政府向公众告知重要事宜、公众向政府提出合理建议等。我国手机持有量从 2001 年起一直居世界首位，且逐年递增，所以这种服务提供方式有诸多优点：覆盖面广、直达个人、费用低廉、方便快捷。

4."两微一端"服务

"两微一端"即政务微博、政务微信和政务客户端（app）。

政务微博是指政府部门推出的官方微博账户。政务微博自 2009 年下半年在我国兴起之后，在社会管理创新、政府信息公开、新闻舆论引导、倾听民众呼声、树立政府形象、群众政治参与等方面起到了积极的作用。

政务微信是腾讯企业微信团队在原企业微信基础上，为政府提供的智慧办公私有化解决方案。重点解决政府内部移动办公、即时沟通、远程音视频会议、一体化办公等需求，提高政府办公效率。政务微信可以帮助政府实现内部沟通的扁平高效，更好地连接政府与群众。通过政务微信与腾讯生态内的公众号，小程序，移动支付，社交广告，云计算、大数据与人工智能，安全能力等工具的深入连接，对内，政府可以实现各部门信息共享，促进信息快速流转，提高政务执行效率；对外，政府可以形成服务闭环，使政务信息极速触达人民群众。随着政务微信的不断发展和完善，政府服务的覆盖区域与类型也将不断扩大和丰富。未来，政务微信将进一步提高连接能力，加速机构内外部有效信息流转，助力政府实现数字化管理，提高民生服务效率。

随着移动政务的出现，政务 app 成为移动政务服务的重要载体之一，政务 app 是政府部门向公众或部门员工提供服务的移动应用程序。作为政府数字治理理念的重要成果，政务 app 能够体现以公民为中心的现代政府服务理念；同时，作为理想的移动政务服务平台，政务 app 也是建设移动政府最重要的工具之一，可以为公民提供更加便捷、及时的服务，成为政府首选的公共服务模式。从用户体验的角度来看，政务 app 突出"以用户为中心"的导向，能够满足用户个性化需求，可以更好地实现公民的"用户价值"。

二、电子政务公共服务的特点

电子政务作为一种为社会提供公共服务的全新管理模式，本身就具有一定的特殊属性。在电子环境中发生的政府公共服务，依赖电子化技术手段，因此新的技术环境、新的服务手段为政府公共服务注入了很多新的元素，从而使其发生了明显的变化，具有了自身鲜明的特点，主要表现在以下几个方面。

（一）互动网络化

网络系统成为政府提供公共服务的主要平台，这是公共服务电子化之后最为明显的变化。传统的公共服务是建立在手工平台之上的，包括办公室、窗口、柜台等；而电子政务公共服务则是建立在网络平台之上的，包括政府网站、网络化的政府内部公务处理系统等，公共服务项目的申请、受理、传递都可以在网上进行。政府提供公共服务的平台由手工向网络迁移，为下述诸多特点的产生提供了物质基础和可能条件。此外，在传统的公共服务中，政府是服务内容、过程、方法的主要决定者，公众处于比较被动的位置。而电子政务则改变了这种关系格局，通过网络，公众既可以根据自己的情况在适宜的时间、地点将服务申请上传，也可以发表对服务内容、过程、方法的意见；政府则必须对这些意见做出相应的处理，而且处理的过程和结果都是公开的。因此，服务方式由政府对公众的单向互动变为政府与公众的双向互动，由一方主动变为双方互动。

（二）需求导向化

服务理念的进一步更新是电子政务公共服务与传统公共服务最大、最根本的不同。在电子政务环境中，政府由"官本位"转变为"民本位"，由"为民做主"转变为"为民服务"。"以公众需求为导向"成为政府开展电子政务公共服务的指导原则和最高宗旨，公众满意度成为衡量政府公共服务水平及政府工作人员是否称职的一个主要依据。"以公众需求为导向"的服务理念，为下述诸多特点的产生提供了思想基础。以公众需求为导向进行设计，就是要求政府部门最大限度地从公众的需求出发来设计服务项目，这有利于打破传统的按照部门划分提供服务的格局，使公众能够通过多种途径快速找到所需的信息和服务，其带来的结果是服务对象能够充分感受到政府高效的服务品质。高效意味着服务成本的降低和服务收益的提高，其表现在多个方面，比如，公众获取公共服务的成本降低，包括办理时间的减少、地点的不受限等；政府提供公共服务的成本降低，虽然为了提供电子化公共服务，政府需要建设信息基础设施，开发网站和办公自动化系统，短时间内成本可能高于传统服务方式，但是从长远来看，工作流程的简化、决策质量的提高、服务周期的缩短都可以持续地降低服务成本、加快服务节奏。

（三）时空便利化

传统公共服务的时间受到政府机关工作时间的限制，一般为每周 5 天、每天 8 小时。在信息社会，政府的各项服务可以通过电子化方式提供，电子政务发展的最高阶段是建立一个无缝隙政府，达到这样一种理想状态：政府服务向"全天候""跨地域"

"跨部门""自助式"的方向发展；政府服务更为快捷、方便、畅通，具有更高的附加值，极大地方便民众办事。

所谓"全天候"，是指电子政务的基础平台能提供"365天×24小时"的工作时间。2022年7月27日，长治市首个7×24小时政务服务超市——城南7×24小时政务服务超市正式揭牌启用。作为长治市加强政银合作、拓展延伸政务服务"全代办"服务的重要举措，此举打破了传统厅内办事模式，实现了政务服务从"工作日"向"全天候"的跨越，将惠及主城区南部的众多企业和广大居民。城南7×24小时政务服务超市共布放政务服务终端、网上国网智能服务云终端、综合办税自助终端、发票申领自助终端、发票代开自助终端、信用报告自助查询终端等各类机具14台，携二代身份证可实现政务事项办理及进度查询、增值税发票代开与申领、个人及企业征信报告打印、居民电费缴纳、缴费信息查询与凭证打印等高频政务服务和便民缴费事项的自助办理，能够让距离各级办事大厅较远的群众和企业在家门口享受银行高水平服务的同时，体验到基层政务服务"全天候""不打烊"的便捷高效。

所谓"跨地域"，是指企业、公民个人无须走进政府机关，足不出户就能获得满意的政府服务，或者在任何地点（如不同的公共场所、旅途中乃至身处国外）都能通过联网的电脑，访问政府网站，实现远程服务申请和业务办理。轻点鼠标，即可在网上找到自己所需的政府服务，而无须再到公共服务机构的办公地点去提交大量文件、表格或排长队等候，从而提升了边远地区的公共服务水平、增强了政府的紧急支援能力等。

世界上电子政务建设领先的国家都高度重视网络的连通率。我国数字政府建设进入一体化服务、数据共享利用、业务流程优化的新阶段。以国家平台为总枢纽的全国一体化政务服务平台初步建成并发挥作用，实名用户超过9.5亿人（截至2022年5月底），一大批高频政务服务事项实现"跨省通办"，在方便群众和企业异地办事、优化营商环境方面发挥了重要作用，服务事项网上办已成为政务服务的主要方式。各地积极探索推进"一网通办""不见面审批""最多跑一次"等数字化改革，越来越多的地区实现了"网上办、掌上办、一次办"，有效解决了群众和企业办事难、办事慢、办事繁的问题。

所谓"跨部门"，是指通过各级政府之间、不同部门之间的跨部门协调来整合政府的信息资源，推动电子资料共享。目前，我国政府组织架构仍然是按照区域、级别、行业划分和设置的，各部门自成一体，呈现出典型的内部管理型模式特征。各级政府之间、不同部门之间信息共享较少，沟通也颇为烦琐，因而给企业和群众办事增加了很多困难。利用信息和通信技术，可将分属各部门的业务集中在一起，而大力实施以服务项目为中心的一体化提供方式，使为企业和群众提供更完备、更全面及无边界的服务成为可能。通过信息和通信技术建立起跨部门的电子政务服务，能够打破政府部门的条块式划分模式，打破政府的地域、层级和部门限制，使企业和群众能够真正获得跨时空、跨部门、跨职能的统一高效的无缝隙服务。

(四)服务透明化

政务公开透明是社会主义民主制度对人民政府的必然要求。在传统的行政体制下，公共服务不到位，在某种意义上是因为缺少有效的双向互动机制，致使政府与企业、社会、公众之间信息不对称。一方面，普通民众根本无法了解政府所掌握的全面政策信息、行政机构内部管理的规章制度及具体事务的办理流程；另一方面，行政机构也难以准确掌握普通民众对公共服务的动态需求。

公共服务电子化则可以从根本上扭转这种局面，从广度和深度上提高政府服务的透明度，实现政府与公众双向、直接沟通和互动，从而减少因信息不对称、信息不完备而引发的政府行为失范。服务程序透明化、经办人员屏蔽化、办理结果公开化，从根本上解决了以往公共服务技术手段落后和公共服务难以到位的问题，保证了公共服务的可接近性和易获得性，遏止了公共服务提供者的官僚主义作风，在一定程度上消除了人为的刁难、推诿、扯皮等弊端，也降低了行贿、受贿的发生概率，有效地堵塞了管理漏洞，遏制了腐败现象的滋生和蔓延。公共服务水平和公众满意度的提高，又维护了政府形象，进一步密切了党群和干群关系。

电子政务公共服务透明度高，可从服务主体与服务客体两个角度进行分析：

从服务主体角度看：① 在政府网站主页设置"咨询和解答"栏目，将详尽的办事指南作为服务向导，向公众提供更具体的、更个性化的服务。② 在服务项目的办事窗口，公布政府所承担的各类服务项目的业务内容、责任人；办事的依据、条件、要求；处理的规程、方法、时限等。③ 采用"链接"方式，使用户能就该服务事项，检索和利用政府部门的各种资料、档案、数据库中的相关公共信息资源。

从服务客体角度看：① 使行政区域内的所有企事业单位和公众，都可以很容易地知道政府究竟应该做什么、能够做什么及目前正在做什么，增进了其对政府的了解。② 政府的组织结构和行为趋于"可视化"，诸如机构设置、管理项目、服务领域、行政流程、办事过程、工作状态等都一目了然，提高了行政行为和服务活动的透明度，最大限度地降低了政府公共服务的不确定性。③ 可以将政务服务项目视为政府机关对社会做出的"承诺"，如果政府不能兑现承诺，失信于民，将遭到投诉、批评甚至法律诉讼。这就为政府行为的规范化提供了一种科学、客观和有效的制约机制。④ 可以把互联网作为有效的补充手段，与原先的事务处理形式相结合，引导企事业单位和公众更好地利用原先的事务处理渠道，方便、顺利地享受这些政府服务。

(五)流程最优化

为了让用户清楚地了解服务提供的整个过程，政府必须以公众为中心重新组织公共服务项目，将过去由各职能部门分割承担的公共服务项目，按照主题进行整合，以"一站式""一网式"甚至"一表式"的形式加以实现，使公众从一个政府网站进入后，就能够获得所需的全部服务，而不是分别去访问多个政府网站。由此，政府公共服务的整体性、连贯性和一致性都得到了提升。所谓优化，即服务流程的优化，主要体现在以下两个方面：第一，简化。由于从公众的需求而非个别职能部门的角度出发考虑服务流程的设置，因此去掉了重复的、无效的工作环节，使流程得以化繁为简。第二，规范化。在电子政务环境中，所有流程都是在计算机系统中实现的，流程以程序的方式固定下来，减少了决策和执行的随意性，提高了服务的科学性。

(六) 全程公平化

政府公共服务是公众纳税后所得到的回报。这类服务的基本精神是：要真正做到无偏私的公平与公正，应当贯彻普遍的国民待遇，而不应存在对某部分人的身份歧视或特别优待。但以往对于公共服务的提供，政府大多采用传统的"直面互动""上门盖章"模式，不仅服务效率很低，而且服务质量也在很大程度上取决于经办人员的主观态度。一些素质低下的官员往往会表露出官僚习气，普通民众常陷入"门难进、脸难看、话难听、事难办"的尴尬和窘境。要得到理想的服务效果，只能靠好运气或其他非制度性因素。这不但在中国司空见惯，也是世界各国政府的通病。

电子化公共服务的非排他性从根本上改变了这种状况，为公平理念的实现创造了技术条件。基于网络的电子服务平台，使服务地点由办事大厅、办公室、柜台转向计算机屏幕。公众接触的是一个虚拟的一体化政府，人们只要点击鼠标，输入相应的数据和资料，而无须走进政府部门。高度智能化的电子政务软件系统，以自动化程序和友好界面，提供规范化的公共服务。只要具备基本的准入资格，不论贫富贵贱、不管亲疏远近、不分关系有无，任何企业或个人都享有均等的机会。人们在网上申请办理事务，只要是政府应该提供的服务，凡符合规定条件的，都会得到一视同仁的对待、收到相同的办理效果，从而真正体现了实质上的公平和公正。

三、电子政务公共服务的理念

电子政务公共服务具备四大理念，即"以公众为中心""惠及所有人""无处不在""无缝整合"。

(一) 以公众为中心

自电子政务产生以来，"以公众为中心"成为一个使用频率极高的短语，这一理念在许多国家开始建设电子政务时就被提出并延续至今。"以公众为中心"是电子政务公共服务建设的首要原则。"以公众为中心"这一理念的重要程度和主要内容可以概括为以下五点：一是以公众为中心是电子政务公共服务的核心理念；二是重视公众利益、一切以公众为中心是21世纪政府管理创新的基本理念；三是越重视公众服务的国家，其电子政务水平越高；四是以公众为中心，而非以政府机构为中心；五是公众（企业）就是政府的客户，以公众为中心就是以客户为中心，引入客户关系管理是许多政府的做法。

▶▶（二）惠及所有人

"惠及所有人"与"为所有人服务"这一目标相对应。信息时代面临着"数字鸿沟"的挑战，而且随着信息化建设的不断推进，"数字鸿沟"有越发严重的趋势。电子政务公共服务不应扩大和加剧"数字鸿沟"，而应通过政府的努力使所有人受益。"惠及所有人"这一理念的主要内涵是：电子政务公共服务的提供应面向包括老年人、残疾人、边远地区居民、少数民族居民等在内的所有群体；电子政务公共服务应通过多种渠道提供，这些渠道能够被大多数人承担、选择和使用；电子政务公共服务应能促进电子包容。

▶▶（三）无处不在

"无处不在"或"泛在"是近年出现的热门词语。最先倡导这一理念的是日本，日本在"e-Japan"战略后提出了"u-Japan"理念，主旨是建造无处不在的网络环境，进而提供无处不在的公共服务。"u-Japan"理念可以概括为：一是无处不在（ubiquitous），其核心是基础设施建设，通过技术发展引导和带动基础设施建设，使任何人在任何时间、任何地点都可以方便地上网办理任何事务；二是大众普及（universal），主张通过推广普及性的设计理念，实现普遍服务；三是用户导向（user-oriented），主张通过贯彻"用户至上"的观点，实现"用户导向融合型社会"；四是独具特色（unique），主张通过充分发挥信息技术的潜力，培育充满个性与活力的社会。

▶▶（四）无缝整合

联合国和欧盟在其文件中曾经这样描绘电子政务的理想境界：资源实现无缝整合，基于信息技术的高度智能化使政府趋于零成本运作，为每个用户提供个性化的服务，并且对用户需求进行即时响应。这一理想境界被称为"无缝整合"。这一理念描绘的正是未来电子政务公共服务的终极理想。目前，"无缝整合"被定义为"政府职能和服务实现超越行政和部门界限的完全电子化整合"。

四、电子政务"一站式"服务

"一站式"(One-stop)服务是指客户通过面对面或电话、传真、互联网及其他方式,在一次接触过程中即可获得所需的全部服务的方式。"一站式"服务的实质就是服务的集成、整合,既是服务渠道、内容的整合,也是服务部门、流程的整合。对于政府而言,"一站式"服务就是通过部门精简和数据整合,将分属不同政府部门的业务受理网点集成到一个统一的政务平台上,向服务对象提供包括咨询、申报、交费、注册、审批、报关、投诉等在内的一整套服务项目的方式。

(一)电子政务"一站式"服务的动因

传统政府结构的经常形态和显著特征是:条块分割、等级森严、部门林立。世界上绝大多数国家都是按照垂直性结构体系设置政府部门的,往往就一个政府部门主管的多项职能业务分设多个下属机构,让它们各自分管其中一项。作为接受公共服务的客户,公民个人或企业法人所面临的最大难题是搞不清政府各部门的职能权限、处室分工。为了获得自己所需的服务,他们在同政府部门打交道时,首先必须清楚地知道:该服务事项属于哪个政府部门乃至其下设的哪个机构的管理职能("know-who");这些部门或机构的办公地点在哪("know-where");怎样与它们打交道("know-how")。知晓这些行政方面的知识乃至"官僚化"的交往技巧等,以便自己去辨识和寻找所办事项的对口部门。这就在无形中加重了公民或企业为接受公共服务而承受的负担。而这些部门之间的职能分工往往模糊不清、时有变化,况且在千差万别的实际业务活动中,必然有某些服务事项的处理涉及多个部门或机构的管理职能。当遇到这种情况时,接受公共服务的客户还得了解不同职能部门在该服务事项处理中各自起到什么作用及办理的既定先后顺序,然后再耗费大量的时间和精力,依次与各个职能部门进行交互。

以投资项目的审批程序为例:行政审批一般指政府职能部门应行政服务对象的请求,根据法定的标准,按照法定的程序办理审核手续。在传统的运作模式下,政府内部职能组织边界僵化,各部门往往是一个个信息孤岛。按理说,同级政府部门之间可以通过内部公文交换或相关人员当面协商来协同处理相关的服务事项。但由于办事人员在价值观念导向上有"以政府机构和职能为中心"的内趋倾向,在实际操作中,常常是靠用户的推动来串联一个个部门。作为服务对象的企事业单位或公民个人,为了申请某个项目的立项,往往要重复地向不同部门轮流报送相同的材料,在同级政府部门之间来来回回地奔波,以求得不同审批印章的加盖。一般要跑十几个部门,盖十几个公章,有些复杂事项甚至要盖几十个公章。倘若部门之间产生分歧，他们还得等候各机构会商、协调，甚至被"踢皮球"。

(二) 我国建立物理环境下的"一站式"服务的实践与启示

20世纪90年代，我国一些政府部门注意改善政府服务，尝试采用以公众为中心的集约化提供方式。围绕企业或公众所需的一项或密切相关的几项服务，针对政府机构设置和部门办公地点分散的状况，由相关的各政府职能部门派出人员，集中到同一个办公场所（如同一个审批大厅或缴费大厅）提供"一条龙"服务，流水线地办理面对企业或公众的服务事项。通常的做法是：围绕企业或公众所需的服务，在同一个办公场所集中设置各部门的办事窗口，并对所派出的办事人员授予一定的行政决定权和审批权。各办事窗口通力合作，受理企业或公众的申请，解答其咨询的问题，依权限办理相关事项并现场制作、面交批复文件，同时收取有关的费用。其实质是实行了物理环境下的"一站式"服务，在一定程度上提高了行政效率，改善了服务质量，降低了社会成本。

从理论上分析，物理环境下的"一站式"（也称"一厅式"）服务，存在两个方面的先天不足。

第一，具有不能无限组合的缺陷。从服务接受者的视角出发，最理想的组合状况是：办公大厅中的每一个办事窗口都是该事项办理过程中所必须经过的环节，办公大厅中的全部办事窗口组成该事项办理过程中的全部环节，从而可以少走弯路，体现最佳效率。但是，政府各职能部门办公地点分散，如果各职能部门集中设置办事窗口，则容易出现人力调配上的矛盾。由于每一项政府服务所涉及的职能部门和办理环节不尽相同，倘若对每一项政府服务都配置一整套专门办理该事项的窗口，那么对于多项政府服务而言就存在无限的组合形式。这样不仅大多数职能部门会出现人力短缺问题，而且许多办事窗口也会出现人员闲置现象。

从服务提供者的视角出发，就办理程序和所涉环节相近的几项服务合并设置一个办公大厅，是根据国情在当时条件下所做的相对合理的阶段性选择，而且综合度越高，配置的有效性就越强，能基本消除办事窗口、办理人员闲置的现象。这对于一次性办理多种事项的公众来说固然较为便利，但对于专门办理某一事项的公众来说不能明显地体现出物理形态上的"流水线"。要从综合服务于多种事项的众多办事窗口中，辨识出该专门事项所涉及的各个窗口及其正确的先后顺序，对于并不熟知政务流程的普通民众而言并非易事。结果仍然要兜圈子、走迷宫，只不过是从物理环境上缩小了范围而已，即以前在办公地点分散的政府各职能部门之间兜圈子，现在在一个办公大厅的众多办事窗口之间走迷宫。

此外，还存在作为实体的职能部门对办事窗口授权的大小等问题。

第二，仍然存在时间和空间的局限性。办公地点分散的政府各职能部门以办事窗口的形式集中化，确实在一定程度上体现了"一站式"特征，免除了公众逐一辨识和寻找对口部门之劳。但是，服务接受者的住地分散，与集中的服务提供地点之间仍然存在空间上的距离。此外，面对面的人工处理方式，使服务的提供仍然受服务提供者、服务接受者双方时间的限制。过多的人同时在一个办公大厅还会出现堵塞、形成瓶颈，要额外付出等待时间。

物理环境下的"一站式"服务虽然存在上述先天不足，但突出地反映了服务接受者的诉求。一个很自然的想法就是，创建一个"完美"的虚拟服务窗口，公众只需一次性地向其提出服务请求和提交必要的信息，它就能跨越职能分工，集成式地完成各项政府服务。随着电子政务的发展，这种物理环境下的"一站式"服务将不断朝着网络环境下的"一站式"服务迈进，并最终为后者所替代。

智慧政务服务让市民办事更省心

随着大数据智能化的快速推进，让"数据多跑路，群众少跑腿"已成为触手可及的现实图景。下面就来看看那些既有"温度"又有"速度"的线上政务服务场景。在重庆高新区政务大厅旁，有一条接受预约的24小时通道，刷身份证进入后，这间小屋子只有75平方米，但配备了涉及公安、人社、市场准入等多个领域的九类智能服务设备，可为群众和企业办理500余项业务。市民通过公安授权的自助受理系统，填写资料，验证指纹，再进行拍照，5分钟就可以完成申请提交，是在附近的派出所领取，还是邮寄到家，你选，身份证上的照片，还是你选！细分领域"专特精"，集成系统更是"大而全"，这台自助一体机，集成人脸识别、指纹验证、资料打印等功能，发起登记申请后，系统后台会实时审核，登记结果将以电子证照的形式推送，当然，市民也可自助打印，终端当场就可完成制证，仅它就可以办理高频事项400余项。"十几分钟就填好了所有表格，我今天也拿到了我的卫生许可证"一位市民说。还有市民表示，现在这些智能机器很先进，集成了很多先进的技术。重庆高新区政务服务中心党支部书记介绍，目前，高新区即办事项比例达70%以上、全程网办率达90%以上，智慧政务正在成为科学城高质量发展的"加速器"。如今，"网上办""掌上办"已经成为政务服务的新常态，就连孩子入学这样的大事，也可以通过手机搞定。以往幼儿园升小学，需要提供户口、房屋产权等材料，去学校办理申请，今年江北区和"渝快办"全面对接，打开"渝快办"，进入"入学一件事专区"，就可以填写关键信息，然后在家坐等通知书了。江北区政务服务管理办公室审批服务科负责人透露，他们全面对接"渝快办"平台，利用平台的人脸识别功能和电子证照库支撑，实现关键信息自动获取、自动填报、自动核验，确保数据的真实性和准确性。江北区科技实验小学校长说，据统计，他们这次约 500 个新生，80% 都是通过这个平台办理入学的。一位家长认为，如今这样确实比较方便，他今年已经收到入学通知书。这次办理入学全程在手机上办，一共就花了 10 分钟左右，他相信在这种大数据的审核状态下，这次审核肯定是非常公平的。来自市政府电子政务中心的数据显示，目前，"渝快办"平台累计办件量超过 2.4 亿件，电脑端实现审批服务事项"一站式"进驻全覆盖，移动端上线事项 1 800 余项。智能化，为经济赋能，为生活添彩，也让老百姓办事变得更加省心。

（资料来源：重庆市人民政府网站，2022-08-08，有改动）

（三）电子政务"一站式"服务的特点

与传统的公共服务模式相比，"一站式"服务模式同样也追求效率，但关注的焦点从供给面转向了需求面，即从以政府为中心转向以公众为中心。因此，它具有更高的顾客满意度、更大的服务灵活性和更个性化、更人性化的界面。除此之外，政府也将获得传统的公共服务模式所不能提供的收益，如低成本、高产出（更快的服务速度、更高的服务质量、创新的收益等），以及对于公众和政府来说，信息技术的应用将服务时间延长到 24 小时，提升了边远地区的公共服务水平，增强了政府的紧急支援能力。"一站式"服务的特点突出表现在以下几个方面。

1. 始终体现以用户为中心

"一站式"服务是电子政务发展到一定阶段的必然产物，它对互联网技术的应用、政府行政管理思想及流程的优化、行政服务网络结构、行政服务提供模式等均提出了新的要求。它要求政府真正以用户为中心，以服务为出发点，以便民为目的，并且要求各政府机构的信息在一定程度上互联共享。以用户为中心不但是服务型政府的根本要求，也是"一站式"服务的核心内容。"一站式"服务打破了政府部门之间的界限，最大限度地从用户的需求出发，以用户利益为中心设计服务和流程；一处受理，全程服务，为用户提供方便、快捷、低成本、高品质的服务。"一站式"服务不仅是政府服务方式的改变，更是政府服务意识的增强和服务观念的创新。

2. 自动化提供集成性服务

"一站式"服务有很强的集成性，它把众多政府部门的不同职能集成在一起，让公众享受"打包"的服务，以节省服务时间、提高服务效率。集成性服务要求政府部门打破各自为政的传统做法，进一步理顺关系，建立快捷、顺畅的业务流程，让公众获得无缝的、完整的服务。同时，"一站式"服务也要求政府部门综合利用网络技术、计算机技术和现代通信技术，为公众提供高水平的自动化服务。自动化服务有效减少了政府服务过程中的人为干预，使政府服务更为规范、科学，对提升政府形象、提高政府工作效率、节省服务成本有很大帮助。

3. 多渠道提供超时空服务

"一站式"服务借助计算机技术、网络技术和现代通信技术，使政府服务突破时间、空间的限制，从而让公众可以随时随地享受政府的公共服务。随时是指每周 7 天、每天 24 小时；随地是指不管公众身在何处都能通过政府提供的服务渠道享受政府服务。对于政府来说，要做到这一点必须完善公共服务基础设施和拓宽服务渠道。除了建设高水平的服务网站外，还要通过建设公共信息亭、呼叫中心等多种渠道保证公众方便地享受政府服务，并且还要考虑到特殊群体的服务需求，如缺乏信息技术应用能力的群体、不同语言的外地访问者等。

4. 针对性提供个性化服务

在传统条件下，政府由于受人力、物力的限制，所提供的服务只能是"粗放型"的，不可能按照个体的服务需求主动提供个性化的服务。而在"一站式"服务条件下，政府的服务能力有了显著提高，这使政府面向公众提供"一对一"的服务成为可能。借助智能化技术，"一站式"服务具备记忆功能，能够及时地识别服务对象，从而提供有针对性的服务。电子政务系统可以根据用户的检索需求，利用知识管理工具构造的智能化搜索引擎在数据库中查询，并将查询结果主动反馈给用户，从而为用户提供个性化的政务资源检索服务和过程服务。

五、"互联网＋公共服务"

在互联网时代，随着人们的公共服务需求不断膨胀与线下政府部门公共服务能力提升相对滞后之间的矛盾日益突显，通过互联网寻求解决办法、优化政府公共服务的呼声也越发强烈。于是，"互联网＋公共服务"便应运而生。

（一）"互联网＋"理念的提出及意义

国内"互联网＋"理念的提出可以追溯到 2012 年 11 月于扬在易观第五届移动互联网博览会上的发言。2015 年 3 月，在全国两会上，全国人大代表马化腾提交了《关于以"互联网＋"为驱动，推进我国经济社会创新发展的建议》，表达了对经济社会创新的建议和看法。他呼吁，我们需要持续以"互联网＋"为驱动，鼓励产业创新、促进跨界融合、惠及社会民生，推动我国经济和社会的创新发展。2015 年，国务院《政府工作报告》首次提出"互联网＋"行动计划。2015 年 7 月，国务院印发《关于积极推进"互联网+"行动的指导意见》。

"互联网+"是创新2.0下的互联网发展的新业态,是在知识社会创新2.0推动下的互联网形态演进及其催生的经济社会发展新形态。"互联网+"具有跨界融合、创新驱动、重塑结构、尊重人性、开放生态、连接一切六大特征。

"互联网+"简单地说就是"互联网+传统行业",但并不是简单地将两者相加,而是利用信息和通信技术,通过互联网平台,实现互联网与传统行业的深度融合,创造出新的发展生态。它代表一种新的社会形态,即充分发挥互联网在社会资源配置中的优势和集成作用,将互联网的创新成果深度融合到经济社会各领域中,提升全社会的创新力和生产力,形成更广泛的以互联网为基础设施和实现工具的经济发展新形态。

建立基于互联网的、为公众提供一体化公共服务的在线政府,要求着力解决政府管理过程中信息资源难以互联互通的问题,实现从以"平台政府、信息政府"为核心的政府2.0向以"数据开放、交互服务"为理念的政府3.0的转变。在"互联网+"时代,电子政务运行模式的变革不仅有利于提高政府履职效能,而且事关全面深化改革的现代化总体战略规划。

(二)"互联网+公共服务"

1. "互联网+公共服务"的实践

继"互联网+"行动计划提出之后,2015年11月的国务院常务会议又提及"互联网+公共服务",内容大致有两点:一是加快推进各级政府间、部门间及国有企事业单位间涉及公共服务事项的信息互通共享、校验核对;二是依托"互联网+",促进办事部门相互衔接,变"群众来回跑"为"部门协同办",从源头避免"循环证明",最大限度便利群众。

"互联网+公共服务"主要涉及四项内容:一是构建面向公众的一体化在线公共服务体系;二是加强政府与公众的沟通交流,提升政府科学决策能力和社会治理水平;三是推进网上信访;四是打通政府部门、企事业单位之间的数据壁垒,利用大数据分析手段,提升各级政府的社会治理能力。

2018年11月,第五届世界互联网大会"互联网+公共服务:效能、协同和创新"论坛在乌镇召开。从计算机到互联网,从电子政务到公共服务,信息技术演进与公共管理创新如影随形、交融发展。在"互联网+公共服务:效能、协同和创新"论坛上,各位嘉宾共同探讨在互联网带领下,城市如何智慧发展,绘就美好生活蓝图。

2016年,国务院《政府工作报告》明确提出,要大力推行"互联网+政务服务",实现部门间数据共享,让居民和企业少跑腿、好办事、不添堵。近年来,互联网向各领域快速渗透,对经济社会和人民生活产生了深刻影响。习近平总书记多次强调,要加强政务信息资源整合和公共需求精准预测,善于利用互联网的优势,着力在融合、共享、便民、安全上下功夫。

杭州互联网法院院长分享了全世界第一家互联网法院的办案效率：互联网法院创设的全程网上立案、审判、开庭模式，真正让老百姓"一次都不用跑"。互联网法院50人一年办了15 000件案件，而以往一年办15 000件案件需要200位法官。

阿里巴巴技术委员会主席带来了"智慧城市"在杭州的生动实践。他说，杭州在为迎接亚运会做准备，目前正在修建道路和基础设施，在2000千米的道路上，有很多路段在修建中，这意味着有很多路段是被占用或限用的，但即便是在这样的情况下，杭州的道路通行效率依然提升了50%。利用数据资源和"城市大脑"来管理与治理城市、提高城市效率是大有可为的。

贵阳市市长则带来了西部的新进展。他认为，信息化发展不进则退、慢进亦退。贵阳作为国家大数据（贵州）综合试验区核心区，正围绕打造"中国数谷"的目标，加快推进大数据、互联网、人工智能与经济、文化、社会、生态各领域的深度融合，致力打造数字政府、做优公共服务、营造一流环境，推动经济社会高质量发展。贵阳市正在谋划构建"一擎双翼"的数字政府、数字社会协同治理平台和模式。

美好生活离不开环境保护。新加坡通讯及新闻部常任秘书晒出一款名为"trees.sg"的app，可以把新加坡的每一棵树都绘入地图。而联合国主管经济发展的助理秘书长兼首席经济学家埃利奥特·哈里斯（Elliot Harris）则告诫道："数字革命确实在改变公共服务的方式，但国际社会必须关注社会弱势群体，必须注意到目前不同地区仍存在巨大的技术鸿沟，国际与国家内部的差距越来越大，弱势群体在数字时代也能享受到美好生活的社会，才是一个稳健的社会。"

资料阅读

一根网线联通城乡，一块屏幕共享资源。多夯基垒台、搭桥铺路，创造条件让更多的农民搭上"互联网＋公共服务"快车，享受更加优质的公共服务。

浙江省温州市南浦小学和泰顺县西旸镇垟溪中心小学，相距150千米。但通过一根网线，两所学校的学生可以同上一堂课。课前，南浦小学的教师把绘本做成电子书；课上，两校学生在线实时交流；课后，优秀作业由两校的微信公众号同步推出，让更多的学生有学习借鉴的机会。

借助互联网，城区的优质教育资源，不断"飞"入乡村学校课堂。受益于此，泰顺县的教学质量取得长足进步，2020年高考一本升学率超过全省平均水平。

在全国，像浙江这样通过"互联网＋"缩小城乡公共服务差距的实践不少。在村里的卫生室，就能看上县医院的好医生；到家门口的综合服务中心，就能"一站式"办理养老金领取、医保结算……越来越多的城市公共服务资源借助互联网的翅膀进村入户,让越来越多的乡亲不用出村就能享受到便利的服务。

一根网线联通城乡,一块屏幕共享资源,通过"互联网+"缩小城乡公共服务差距,潜力巨大。如何更好地释放这种潜力呢?

首先,要在加快乡村信息基础设施建设上下更大的功夫。目前,全国光纤和4G基本实现了行政村全覆盖,但在提高网络信号稳定性、提高网速等方面还有短板需要补,要更好满足上网课、网络诊疗等在线服务对网络质量的新要求。要在实施乡村建设行动中,大力实施数字乡村建设工程,推动农村千兆光网、5G、移动物联网等新型网络设施与城市同步规划建设,大幅提高乡村信息基础设施水平。

其次,要推动"互联网+公共服务"加快向乡村延伸。深入推动乡村教育信息化,让更多偏远乡村小规模学校也接入互联网,通过加快发展"互联网+教育",推动更多的城市教育资源与乡村学校对接。大力发展"互联网+医疗健康",支持农村医疗卫生机构提高信息化水平,引导更多城市医疗机构向它们提供远程医疗、教学、培训等服务。加强信息资源整合、共享与利用,推进各部门涉农政务、便农服务等信息资源共享开放、有效整合,加快进村入户。

最后,要在提升农民运用互联网能力上下更大的功夫。在不少农村,留守在家的多为老人和儿童,他们中还有不少人不能熟练使用互联网。对此,不少地方通过开设智能手机和电脑培训班,针对性地进行"上网扫盲",取得了很好的成效。一些地方通过发挥电商服务站工作人员、大学生村官、驻村工作队队员和志愿者的作用,手把手指导,随时帮助农村"互联网新手"解决上网过程中遇到的问题。经过培训和指导,不少农民数字素养有了大幅提升,使用app、拍短视频、网购样样在行,有的还做起了电商生意。

"互联网+"快车疾驰向前,各地各部门要多夯基垒台、搭桥铺路,创造条件让更多的农民搭上这趟快车,享受更加优质的公共服务。

(资料来源:《新民晚报》,2021-10-18,有改动)

2. "互联网+公共服务"的意义

电子政务作为"互联网+"的优先覆盖领域,不仅创新了政府便民利民的工作方式,而且优化了行政资源配置,提高了行政效率,为我国传统的行政服务模式注入了新的活力。新时期的电子政务将与互联网技术实现更具创新性和突破性的结合,这将赋予电子政务发展全新的内涵,推进"互联网+公共服务",促进部门间信息共享,对深化简政放权、放管结合、优化服务改革起到重要的推动作用。

第一,"互联网+公共服务"是推进实现供给侧结构性改革目标的重要步骤。"互联网+公共服务"为解决我国公共服务供给总量不足、供给不平衡和供给效率不高的难题,实现社会治理和公共服务现代化提供了良好契机。首先,依托信息技术,特别是综合应用互联网技术和以移动互联网、云计算、物联网、大数据等为代表的新一代信息技术，可以实现公共服务的优化升级。通过建设与发展基于互联网的在线公共服务一体化平台和移动服务平台，可以逐步实现网上办事向医疗、教育、养老、卫生等民生领域的基本公共服务办理事项的全面化扩展，从而提升公共服务的人性化水平，推动业务办理方式的一体化发展。

第二，"互联网＋公共服务"是促进政府改革与简政放权的重要路径。自"大部制"改革吹响政府简政放权的号角开始，我国政府在公共服务方面越发重视程序的简洁性与服务的高效性。互联网与公共服务的结合实际上恰恰为电子政务赋予了新的活力，成为政府简政放权的重要依托与重要抓手。为了解决群众在接受政府公共服务过程中遇到的具体问题，要进一步运用互联网、大数据等手段，推进"互联网＋公共服务"，增强政务服务的主动性、精准性、便捷性，提高群众办事的满意度。要充分利用已有设施资源，推动平台资源整合和多方利用，避免分散建设、重复投资。

进入 21 世纪，我国的电子政务已经实现大跨步式的显著发展，无论是从服务理念转变还是从服务平台等一系列设施建设来看，以电子政务为代表的在线公共服务的发展不仅响应了党和政府有关经济社会建设的施政方略，而且真正体现了"为人民服务"的核心宗旨，大大提升了政府履职的科学化、精准化和智能化水平，更好地满足了人们的个性化需求。在"十三五"期间，我国各项社会建设稳步推进，电子政务已经深入经济社会的各个部门，为各级政府部门的履职与运转奠定了不可或缺的基础。

【本讲小结】

本讲主要介绍了电子政务公共服务的概念、类型、特点、理念等基础知识，电子政务"一站式"服务的动因、特点及我国"一站式"服务的实践与启示。同时，结合国家提出的"互联网＋"行动计划，简要介绍了我国"互联网＋公共服务"的实践概况及实际意义。

【课后练习】

1. 什么是电子政务公共服务？电子政务公共服务有哪些类别？
2. 如何理解电子政务公共服务的特点和理念？
3. 电子政务公共服务能带来哪些效果？
4. 电子政务"一站式"服务的动因是什么？
5. 电子政务"一站式"服务有何特点和意义？
6. 我国推动"互联网＋公共服务"有何意义？
7. 试结合所学知识，对"一站式"服务实践案例、"互联网＋公共服务"实践案例进行分析研究。

智慧社区，让生活更美好

城乡社区既是国家治理的支点，也承载着人们的生活日常，是国家与民众发生关联的广阔接点。近年来，社区治理的领域不断拓宽，社区治理的任务不断增加，人们对社区工作也提出更多更高的要求。在社区工作人员"人少事多""任务加重"的背景下，推进智慧社区建设成为社区治理现代化的一种选择。

一些地方借助互联网、物联网、大数据、人工智能等新一代信息技术的发展，探索智慧社区建设，给居民带来了便利。由北京市东城区首创的"网格化管理"模式在全国各地广泛推广和升级，简化了居民反映诉求、办事的程序，提高了发现问题、解决问题的效率。深圳市龙岗区探索智慧社区"智能体"建设，建立集应急指挥、跨境运输、作业场点、健康驿站、社区管理、移动处置六大功能于一体的疫情防控指挥平台，有效辅助疫情精准防控、处置应急事件、解决民生诉求。成都市郫都区创构"一库三平台N场景"的智慧社区治理体系，推出一个社区数据库、开发"镇街—社区—综合网格三级协同治理平台"，设置了多种服务与治理场景，提升了社区治理精度、效度和温度。现代信息技术正在支持社区治理智能化，形成一种更加敏捷、更加高效的智能管理服务系统。

2022年5月，民政部等9部委联合发布《关于深入推进智慧社区建设的意见》，提出了打造智慧共享、和睦共治的新型数字社区的目标。智慧社区建设对准的是小社区，却关联着一个复杂的系统，涉及一系列的保障措施。

智慧社区建设需要打造全域性的数字底座，实现"智联社区"。通常情况下，与社区治理相关的部门多达40多个，在社区范围内，众多社会组织、市场组织、事业单位等与居民的生活密切相关，它们分别掌握不同的信息、数据、资源。智慧社区的首要基础就是万物互联、信息集成，因此，要推动跨部门业务协同、信息实时共享，努力促进现有党政部门的政务信息数据互联互通"一链集成"，实现人、事、物、情、地、组织等数据在社区"一网整合"，社区终端"一屏集合"。

智慧社区建设需要丰富多样化的应用场景，实现"智惠社区"。智慧社区的建设最终要服务于居民的需求，要以社区智能平台、云桌面为界面，拓展多样化、差异化的智慧社区应用场景。整个城市大脑或智慧大脑，要从单向的数据收集平台转向以社区为终端的数据传输源，使社区成为数字"驾驶舱"，促使数据向社区实践场域无缝流转。在此基础上，智慧社区建设要根据不同的主体和任务拓展应用场景，主要包括为提高办事效率的智慧社区政务场景、为居民生活服务的智慧生活场景、为居民安全服务的智慧应急场景、为居民健康服务的智慧医疗场景、为方便出行的智慧交通场景、为老年人身心健康服务的智慧养老场景等。

　　智慧社区建设需要贯通全过程的数字赋能，实现"智能社区"。智慧社区建设既涉及各类主体的数字化协调，也具有撬动共建共治的技术优势，贯穿其中的是全过程的数字赋能。党政部门通过信息化平台实现组织协调，对社区问题和需求进行"智能化"分析研判，推动社区治理从"被动型"向"前置型"转变。在场景应用层面，要发挥智慧平台的"捕捉"功能，对社区存在的风险见微知著、提早应对，通过开通社会服务热线、开放居民参与接口、设置社区事务话题，对居民所需、社会问题进行智能识别，更精准地为居民提供服务。与此同时，充分运用智慧平台对社会参与的拉动作用，通过数据分析发掘热心居民、社会组织，促进居民互助交往、任务认领，调动不同主体参与社区共建共治共享。

　　未来的智慧社区建设，就是要导入多维的应用场景，为各类主体的生产生活提供便利，形成数据驱动的"共建、共治、共享"社区治理模式。

（资料来源：《光明日报》，2022-07-21，有改动）

第五讲

电子政务与政府信息公开

【学习目标】

掌握政府信息公开等相关的基本概念；理解电子政务环境下实施政府信息公开的必要性，理解和掌握政府信息公开的原则与内容；在了解传统的信息公开方式基础上，掌握电子政务信息公开的方式；了解我国政府信息公开的实践现状并结合所学理论知识进行案例分析。

【关键术语】

政府信息；政府信息公开；知情权；有限行政；引导行政；政府信息公开的取舍；政府信息公开的救济；政务新媒体

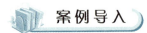

浮梁县筑牢政务新媒体阵地，提升政务信息公开水平

政务新媒体作为网上政务的重要一环，是升级政务公开、提升基层治理能力的一把金钥匙。近年来，浮梁县政府高度重视和支持政务公开工作，以深入开展"十县百乡"示范创建为契机，推动各类政务新媒体平台规范有序发展，全面提升浮梁县政务信息公开化、规范化水平。

以点带面，打造政务公开"主阵地"

浮梁县坚持主流媒体定位，先后创办"浮梁发布"公众号、"浮梁融媒"app，并作为政务公开主阵地，不断将触角延伸至各党政机关单位，"以点带面"构建了"1+N"政务新媒体矩阵，实现了"零距离推送、全方位覆盖"。全县各级机关共开通微信公众号、微博、抖音、快手等新媒体平台59个，粉丝总量超过18万人，政务新媒体传播力、引导力、影响力稳步提升。2022年以来，各政务新媒体平台立足自身特色，紧贴群众需求，发挥职能作用，共发布政务信息1.1万余条、政务视频500余个，让居民"足不出户"就能"一手掌阅天下大事"。

规范管理，搭建政务公开"连心桥"

清理僵尸账号，提升政民互动。浮梁县健全管理制度，加强账号规范管理，对各政务新媒体平台开展集中审核清理，先后清理政务新媒体"僵尸号""空壳号"12个，有效提升政府公信力。

开设便民专栏，提升服务能力。各单位在微信公众号上开设便民服务、政民互动等栏目，进一步完善政务新媒体互动功能，拓宽群众参与行政决策、反映诉求的渠道，新媒体一跃成为便民利企的办事服务平台。例如，"浮梁县人社局"公众号开设了社保查询、就业创业等服务栏目，"浮梁市场监管"公众号提供了企业信用查询、食品药品查询等便民服务。

明确发布制度，规范信息发布。完善信息发布制度，在规定时间内及时更新发布信息；引导各单位充分发挥第一责任人作用，严格落实"三校三审"制度，层层把关，做实供稿、校对、审核等工作。建立赣政通政务公开工作群，及时反馈相关错敏信息并组织立即整改，政务信息公开数量和质量显著提升。

聚焦重点，织密政务公开"阳光网"

聚焦双"一号工程"。2022年以来，"浮梁发布"开设"举全县之力推进双'一号工程'"等专题栏目，发布了专访信息21条、营商环境"红黑榜"15期。各单位政务新媒体共发布优化营商环境动态340余条，大力营造浓厚宣传氛围，深入助推营商环境优化。

聚焦民生领域重点。各政务新媒体聚焦重点领域和民生实事，从细节着手，主动回应教育、交通、社保等民生热点180余条，及时发布最新疫情动态及工作信息530余条，发布相关政策文件解读120余条。

聚焦重大决策公开。在官方主账号"浮梁发布""浮梁融媒"上，主动公开、权威发布县委、县政府的重大决策部署。对涉及群众切身利益、需要社会广泛知晓的，会在决策前通过政务新媒体广泛征求公众意见，充分尊重群众参与行政决策的权利。

（资料来源：中国电子政务网，2022-08-08，有改动）

案例思考：
1. 什么是政府信息公开？
2. 电子政务与政府信息公开有何关系？

随着信息技术推动电子政务的迅速发展及社会民主进程的不断加快，政府信息公开被提上了议事日程。2002年8月5日，中共中央办公厅、国务院办公厅转发《国家信息化领导小组关于我国电子政务建设指导意见》（中办发〔2002〕17号），提出"十五"期间我国电子政务建设的主要任务包括加快研究和制定电子签章、政府信息公开及网络与信息安全、电子政务项目管理等方面的行政法规和规章。由此可见，政府信息公开已成为我国电子政务建设的有机组成部分。

2007年1月17日，国务院第165次常务会议通过《中华人民共和国政府信息公开条例》，该条例自2008年5月1日起施行。2019年4月3日，中华人民共和国国务院令第711号公布的修订后的《中华人民共和国政府信息公开条例》，自2019年5月15日起施行。政府信息公开是信息社会中各国政府的必然选择，是民主管理赖以存在和发展的基础。以数字化、网络化、电子化为基础的电子政务为政府信息公开提供了技术保障，而信息公开的内在要求也极大地推动了电子政务的发展。

一、政府信息公开的概念及意义

政府工作的公开性和透明度水平，是衡量现代民主与法治完善程度的一个重要标志。从推行电子政务的角度考察，政府信息资源的有效开发和利用，是政府信息化的核心。它既是政府提供信息服务的前提，又构成电子政务的一项特定内容。

（一）政府信息公开的概念

政府信息是指国家行政机关在履行国家行政管理职能过程中制作或获取的，以一定形式记录、保存的信息。它是全面考察、评价社会情况，从事政治、军事、经济、科技、文化等活动所必不可少的宝贵资源，在不同程度上影响着公民的生活和自我发展，影响着各类机关、单位的效率和企业、社会团体的利益。鉴于其形成、收集和加工耗费了纳税人的钱，故政府信息在一定程度上具备社会公有的属性。

在所有国家，政府是最大的信息生成者和拥有者，集中掌握着最主要、最有价值的社会信息。为了切实防止因信息垄断而阻碍社会发展，确保公众对政府信息的及时、平等获取及合理利用，必须建立政府信息公开制度，将信息公开作为政府的一项基本义务。当今世界，已有几十个国家和地区进行了政府信息公开立法，形成了全球范围内政府信息公开立法的热潮。我国也于2007年制定了《中华人民共和国政府信息公开条例》并于2008年5月1日起施行该条例，其后又于2019年4月3日对该条例进行了修订。

政府信息公开制度是指国家行政机关及其委托的组织和法律、法规授权的组织，在履行国家行政管理职能过程中，通过法定形式和程序，主动将政府信息（包括政务活动信息及政府所控制的有利于实现公民权利的信息资源）向公众公开或依申请向特定的个人或组织公开相关信息的制度。政府信息公开既是直接对民众负责的体现，也是用法律手段规范、监督行政行为的有效途径。

政府信息公开分为主动公开和依申请公开两类。所谓主动公开，是指行政机关对涉及公众利益调整、需要公众广泛知晓或需要公众参与决策的政府信息，通过政府公报、政府网站或其他互联网政务媒体、新闻发布会及报刊、广播、电视等途径予以公开。而依申请公开就是行政机关根据公民、法人或其他组织的申请，依照法律规定和本机关的职权，向申请人公开政府信息。

（二）政府信息公开的意义

政务公开透明，既能满足公民的知情权，也是公民社会的政治道义。公开政务信息，实现公民对政府的监督，是建设廉洁、高效、法治政府的必由之路。公民和政府是现代法治社会中两个最基本的法律主体，公民参与是防止权力腐败的重要力量。因此，政府信息公开具有重要的理论意义和现实意义。

第一，政府信息公开有利于充分发挥政府信息对群众生产、生活和经济社会活动的服务作用。20世纪90年代以来，伴随着信息技术的创新和信息网络的普及，信息化已成为全球经济社会发展的显著特征，并逐步向一场全方位的社会变革演进。进入21世纪以后，信息化对经济社会发展的影响更加深刻。一方面，广泛应用、高度渗透的信息技术正孕育着新的重大突破。信息资源日益成为重要的生产要素、无形资产和社会财富。信息化与经济全球化相互交织，推动着全球产业分工深化和经济结构调整，重塑着全球经济竞争格局。另一方面，互联网加剧了各种思想文化的相互激荡，成为信息传播和知识扩散的新载体。信息在经济发展和社会管理中的作用越来越突出，我国有80%的信息掌握在政府部门手中，包括诸多的行政管理信息、市场信息、服务信息、宏观决策信息等。公开以上信息，对企业和个人考察社会、分析市场，进而科学地安排生产、生活，合理地配置资源具有重要的参考、指导作用。

第二，政府信息公开有利于保障公民的知情权，促进社会主义和谐社会建设。知情权又称了解权或知悉权，是指公民、法人和其他组织依法享有的对国家行政机关及其工作人员有关行政行为、管理活动、工作程序进行了解和获取有关信息的权利。知情权成为公民的一项基本权利，是民主政治发展的必然要求。公民对政府信息具有知情权，信息公开是政府应尽的义务。《中华人民共和国宪法》（以下简称《宪法》）第二条明确规定："中华人民共和国的一切权力属于人民。""人民依照法律规定，通过各种途径和形式，管理国家事务，管理经济和文化事业，管理社会事务。"政府信息公开制度的建设和完善能够更好地体现公民的知情权，促进社会主义和谐社会建设的提速。

第三，政府信息公开有利于提高政府工作的透明度，防止权力腐败。政府信息公开不但包括国家行政机关持有信息的公开，还包括政府行政行为的依据、内容、结果的公开，把政府行政行为置于公众监督之下，是反腐倡廉的重要举措。

从权力运行角度看，政府信息公开有利于打破权力运行的隐蔽性，为治理腐败提供预防机制。

从权力制约角度看，政府信息公开有利于激励公民参与权力监督，为治理腐败提供监控机制。在现实性上，政府信息公开可以打破政府权力的神秘感，消除公民对政府权力的畏惧感，让公民了解政府部门的职责权限、办事程序、办事结果、工作纪律等。在政府信息公开的基础上，普通公民、社会团体、新闻媒体等社会力量就可以发挥以权利制约权力的作用，对行政权力形成一个严密的反腐网络，及时揭发各种腐败行为和损害人民群众利益的不正作风，从而遏制腐败的滋生和蔓延。也就是说，政府信息公开通过保证公民知情权、参与权和监督权的实现，保证了公民权利的现实化，从而强化了对行政权力的监督和制约。

从权力主体角度看，政府信息公开有利于促使政府工作人员廉洁自律，为治理腐败提供激励机制。在心理机制上，政府信息公开将增强政府工作人员的危机感和自觉性。这种机制将提高腐败行为的成本，迫使政府工作人员切实加强作风建设，改善政府形象，真正做到依法行政、公开行政和透明行政。同时，政府工作人员还要考虑自身的行为是否符合公共利益要求，自觉抵制不正之风，不至于陷入集体腐败的网络之中。政府工作人员道德自律意识的增强将提高政府整体的廉政水平，为建设廉洁政府创造主体性条件。

第四，政府信息公开有利于促进公民参与国家管理和决策。在经济全球化时代，政府的管理方式已逐渐由过去单纯的政治统治转向公共管理和社会服务。公民参与政府管理和决策的程度日益加深，政府行政不再单纯地依靠行政命令，更多的是与公民进行协商、沟通和交流，这也是当今政府行政的重要趋势。政府信息公开通过为公民和政府提供双向信息沟通与交流的平台，促进公民对政府行政的参与，有助于增强公民对政府的信赖，使国家管理走上科学、民主的决策之路。

二、电子政务环境下政府信息公开的必要性

政府信息公开是政治民主化、经济全球化和社会信息化的必然产物，时代的发展和社会的进步催生了政府信息公开制度。

（一）政府信息公开是加强对行政权力制约和监督的需要

从字面意思来看，"权力"就是权势和威力；从本质意义上讲，"权力"就是行为者（组织或个人）按照自己的意志、目的去影响或支配他人行为的能力。由于权力在很大程度上具备控制其他人（事物）的功能，因此它就可能蜕变为获得利益的一种手段。正因为如此，权力自身存在着自然腐化的倾向。

腐败现象的成因主要有两个：一是权力过于集中，缺少制衡机制；二是权力的行使缺乏透明度，容易搞暗箱操作和权钱交易。我国经历了长达两千多年的封建社会，"权本位"的传统观念根深蒂固。马克思曾一针见血地指出："官僚机构的普遍精神是秘密，是奥秘。保守这种秘密在官僚界内部是靠等级制组织，对于外界则靠它那种闭关自守的公会性质。因此，公开国家的精神及国家的意图，对官僚机构来说就等于出卖它的秘密。"

西方行政学者则认为，没有任何东西比秘密更能损害民主，公众没有了解情况，所

谓自治，所谓公民最大限度参与国家事务只是一句空话。在当今市场经济条件下，行政权力的行使主体受不同利益驱动，极易形成腐败。良好的制度能够惩恶扬善，在追究腐败者的责任时，我们不能仅仅停留在责难官员个人道德沦丧层面，还应进一步归咎于制度的不完善。这就要从源头防止行政权力异化。

一是建立科学合理的行政权力运行机制，避免掌权者滥用行政权力。首先要加强行政程序立法、规范审批流程、制约审批权限、限定审批时间，建立结构合理、配置科学、程序严密、制约有效的权力运行机制。其次要严格依法行政，杜绝主观随意和行政专横，谨防下级政府工作人员违背上级决策精神而肆意妄为的情形出现，从而切实保证政府决策的顺利执行。

二是健全行政权力制约和监督体系，实现全方位的政务公开，增加政府工作的透明度，将行政行为和行政过程公开置于民众监督之下。它意味着除了传统的上级行政权力对下级行政权力的监管（领导监督和纪检监督）外，还要培育司法权力对行政权力的监督和公众对行政权力的监督（用户监督），以丰富和完善对行政机关的制衡机制。

把政府信息公开作为监督和制约行政权力运行的手段，恰恰是反腐倡廉的有效措施和制度保障，有利于强化廉政、勤政建设。暗箱操作是权钱交易的庇护所。在决策原因、决策结果等信息不公开的情况下，政府工作人员能够利用手中的权力，比较安全地寻租敛财，而较少担心政治前途或法律责任。可以说，绝大多数失职、越权现象，都是行政权力行使中暗箱操作的结果。而"阳光"是最好的防腐剂。推行"阳光行政"，把政府的决策过程和行政行为暴露在阳光之下，将大大限制暗箱操作的空间，减少权力滥用的可能，有效防止政府工作人员利用信息垄断牟取私利。提高政策法规的透明度，可以使"下有对策"的政府工作人员在一定程度上有所收敛，并注意其解释与法规相一致，其应用与上级政策精神相吻合，有助于保证行政行为的统一和连续。所以说，推行电子政务对遏制腐败现象、改善国家形象有积极的作用。

▶▶（二）政府信息公开是保障人民知情权的需要

知情权是民主政治发展到现代阶段所产生的一项重要的公民权利。它是指对于与自身权益密切相关的重要行政决策和重要事务，公民有及时知悉和准确了解的权利。政府信息公开的一个重要目标是保障公民对政府和公共部门拥有的公共信息享有知情权。

知晓政府的行政活动和行政决策，真切了解行政管理的有关情况，既是人民当家做主的重要权利，也是实施群众监督的前提条件。对此，要从两个方面理解。

其一，我国《宪法》赋予公民对国家机关及其工作人员公务行为的监督权。根据《宪法》的规定，公民对于任何国家机关和国家工作人员，有提出批评和建议的权利；对于任何国家机关和国家工作人员的违法失职行为，有向有关国家机关提出申诉、控告或检举的权利。一切国家机关和国家工作人员必须依靠人民的支持，经常保持同人民的密切联系，倾听人民的意见和建议，接受人民的监督，努力为人民服务。这是人民当家做主、管理国家事务和社会公共事务的重要标志。

其二，监督权的有效实施，须建立在对国家机关公务行为充分了解的基础上。试想，人民群众如果对行政机关及其运作、行政决策及其理由、行政作为及其效果不了解，乃至毫不知情，对政府工作监督也就无从着手、徒有虚名。诚如列宁所言，没有公开性而谈民主制是很可笑的。

使人民获知政情的渠道多种多样，如加强各级人民代表与其选区的联系，加强各民主党派政治协商与民主监督的作用，加强各种形式的人民团体上情下达的作用，加强新闻舆论监督，等等。其中，最有效、最快捷的渠道就是政府行为过程透明并在广泛的范围内公开。政府信息公开制度具有规范性强、成本低廉、参与面广、效果明显等特点，并能吸引公众的关注与参与。

由于法律文化传统上的差异，"政府信息公开"在国外更多地被称为"信息自由权"或"官方文件获取权"。公众获得政府信息的权利，最早确立于1766年瑞典的《出版自由法》。该法规定的公众可以获得的政府信息归纳起来主要有两个方面：一是政府确定公开的公文，包括行政机关、司法机关、议会等政府和公共部门的条约、判决、决定、报告、投票结果等；二是为了出版，任何人可以自由获取档案。但在此后的200年间，保障公众获得政府信息的权利并未得到世界各国的高度重视。

将"知情权"作为一个特定的法律概念，并真正引起各国广泛关注，实发轫于第二次世界大战末期。1946年，联合国第一次大会通过第59号决议，宣告信息自由是一项基本人权，也是联合国追求的所有自由的基石。

到2000年，联合国特别报告人在一次报告中具体阐明了作为一项人权的信息权的特定内容，并敦促各国修改相应法律或制定新的法律，以保证公众获得信息的权利。这些法律应体现以下原则：

第一，公共机构有义务公开信息，每个公民都有权获得信息。"信息"包括公共机构所拥有的所有记录，而不论其存储形式。

第二，信息自由意味着公共机构出版并广为传播涉及公众重大利益的文件，如公共机构运作的信息及影响公众的任何决定。

第三，作为最低要求，信息自由法应包括教育公众的内容，并传播如何行使获得信息权利的信息。信息自由法也应该提供一定的机制，以解决政府机构内部保密文件所造成的问题。

第四，不得以保全政府的面子或掩盖违法行为为目的拒绝公开信息，信息自由法必须全面列举不得公开的例外，这种例外的范围应该尽量减小，避免将并不造成公共利益损害的事项也纳入其中。

第五，应要求所有的公共机构设立公开、透明的内部机制，以保证公众行使获得信息的权利。对于政府机构处理公众的信息申请，信息自由法应规定严格的时限。如果政府机构拒绝提供信息，应提供书面的理由。

第六，获得政府信息的成本不能太高，不能让申请人不敢提出申请或扭曲法律的目的。

突发事件信息发布要及时，更要"有料"

突发事件总体应急预案其实是一整套的操作要求和标准，及时发声只是其中的一个环节。这一条受到社会的格外关注，既是社会对知情权重视的一种直接表现，也从侧面印证官方在"发声"方面的工作的确还有较大提升空间。因此，对之特别关注乃至"敏感"，其实代表的是社会的新期待。

就全国范围来看，"5小时内必须发声"的准则，其实并不算突破。早在2016年，国务院办公厅印发的《〈关于全面推进政务公开工作的意见〉实施细则》就首次明确对涉及特别重大、重大突发事件的政务舆情，要快速反应，最迟要在5小时内发布权威信息，在24小时内举行新闻发布会，有关地方和部门主要负责人要带头主动发声。此后，多个地方先后出台了类似要求。当然，此次安徽的规则中有一个细节需要注意，即"最迟5小时内"对应的是"发布权威信息"，而在此前还有一个要求，那就是"简要信息"要在"第一时间"发布。这可以被理解为，遇到重大的突发事件，官方至少要在第一时间内"认领"，代表有人"负责"。

重大突发事件官方及时发声、回应的重要性，无须再做过多的阐述。李克强总理曾说过，一些突发事件发生后，如果政府能即时全面发布信息，就能最大限度消除人们的疑虑、赢得各界的理解；反过来，如果相关负责人不出面，甚至找不相干的部门负责人"答非所问"，就会给后续工作带来巨大的被动，直至影响政府的形象和公信力！这样的现实教训其实很多，尤其是在信息传播以秒计的互联网时代，政府发声、回应应该要有与互联网信息传播速度赛跑的意识，满足公众对社会知情权持续增长的需求。

当然，对于政府发声而言，及时只是最浅层的要求，更重要的是做到有质量。客观地说，近些年在互联网信息传播环境的"浸染"下，官方回应速度在整体上有明显提升。但我们也时常看到，不少算得上及时的回应，明显有套路化、打哈哈之嫌。

比如，此前就有媒体报道，"正在调查"被指成为官方应对舆论监督的万能回应。再比如，习惯性辟谣先行，而不是直面舆论的关切和诉求；习惯性给结论，而不是给信息和真相。类似的官方发声，速度是保障了，但效果不敢恭维。甚至近些年还出现一些官方回应"被打脸"，乃至回应本身引发二次舆情的事件。显然，这样的"发声"，不仅缺乏诚意，而且未发挥该有的澄清真相、消除疑虑的作用。

互联网信息传播速度倒逼官方提高发声效率，但更重要的是，发声的方式和发声的逻辑也要与时俱进。比如，官方回应要有自己的预案和严肃性，但这并不意味着官方发声要完全遵循"通稿"照本宣科。首先，要树立互动姿态，而不是高高在上地单向度发声，要随时对新的舆论疑问和诉求进行有效回应；其次，切忌"自说自话"，只挑自己想说的，而不是公众想知道的。这样的"回应"，再及时，也只会适得其反。

一句话，官方回应，要及时，更要"有料"、有质量，如此才能真正满足社会的知情权需要，也才能展现出官方声音的权威性。而其中的关键就在于，除了遵循发声时间的底线外，"官方发布"更要真正形成一种与舆论及时互动的自觉，而不只是扮演"传声筒"的角色。

（资料来源：《中国青年报》，2020-09-11，有改动）

▶▶（三）政府信息公开是与国际经济接轨的需要

信息经济的一个重要特征是经济的全球化。成功加入世界贸易组织（WTO）是我国迅速与国际接轨及实现国内经济稳步发展和腾飞的重要契机，影响到我国产业结构调整的进程及方向，为我国引进新技术、生产新产品、采用新标准创造了条件，有利于我国发挥潜在的生产资源优势。

但是，WTO 的目标是建立一个完整的、更有活力的和持久的多边贸易体制。它以市场经济为基础，限制各成员方政府对市场的干预力度，降低政府制造不平等贸易的能力，以推动在其成员方范围内的贸易自由化。按照 WTO 规则的要求，各成员方必须接受、负责实施 WTO 的管理贸易协定与协议，并使各自的相关经贸政策与之接轨，不能持保留意见。WTO 的贸易规则对政府管理体制提出了全新的要求，而透明度是 WTO 的主要目标之一，绝大多数的法律文件都规定和贯穿了政府透明度原则。例如，要求成员方政府及时公开对外贸易的各项法律法规，凡未经公布的投资和贸易条例，其内容所载的各种措施、办法，均不得实施。

归纳起来，这些规定主要有以下几个方面的要求：

第一，要求政府有关贸易方面的法律制度贯彻透明度与公开性原则。WTO 成员方有关影响贸易的各项法律、法规、行政规章和决定，成员方政府或政府部门之间缔结的影响国际贸易政策的已生效协议，以及相关的司法判决，都应当迅速予以公布，不公布的不得实行，在公布之前不得提前采取提高进出口产品关税税率等措施；同时还应将这些法律、法规、贸易措施等及其变化情况及时通知 WTO，以便 WTO 其他成员方政府和贸易商得以及时知晓这些法律、法规或有关措施，根据情况做出自己贸易活动的决定。

第二，要求政府尽量公布与贸易有关的政府信息。包括：① 要求成员方政府设立信息查询点，供其他成员方政府和贸易商了解有关法律规定与政府信息，并回答有关服务技术、商业技术程序的合理查询，提供相关文件。② 通过排除法来规定政府公开其信息的义务。政府信息只要不属于所排除的机密资料，则应持续地公开。③ 明确规定成员方政府公开某些市场信息的义务。譬如，当某成员方政府要求许可证用于实施数量限制以外的目的时，应向其他成员方政府和贸易商公布足够的信息，以便使他们了解有关情况。

第三，建立贸易政策审议机制，保持与推进政府的透明度和公开性。根据各成员方在全球贸易中的不同地位，WTO 分别确定了 2 年、4 年和 6 年的审议期限①。审议时，先由被审议方提交报告，然后由 WTO 秘书处准备审议报告。所有其他成员方都可以得到这两份报告及有关的会议记录等材料。通过定期审议成员方的贸易政策和实践，评价被审议方政府透明度的发展状况。

我国加入 WTO 时，已郑重承诺：逐步开放市场；遵循透明度原则、国民待遇原则、无歧视原则、互惠原则及平等竞争国际规则。根据中国入世议定书，在加入 WTO 后的 8 年内，我国每年都要接收 WTO 成员方的审议，其中就包括政策透明度的审议。

（四）政府信息公开是推行引导行政的需要

过去，在计划经济体制的背景下，行政权力扩张，行政职能配置宽泛，政府行政的辐射范围基本囊括社会生活的一切领域。由于政府信息资源分散，部门间缺少沟通和交流，上级机关往往无从了解真实情况，难以利用现代信息技术支持政府决策和市场监管，许多情况下易导致盲目决策和朝令夕改。

如今，在市场经济环境下，以往行政模式的局限性更加明显，因此要树立"有限行政"的理念。政府在经济社会发展中不再扮演"全管政府"的角色，不再无限制地统管社会权力并代为行使，而是一个"有限政府"，即由全能型政府向"小政府、大社会"转变。在全面了解公众共同利益要求的基础上，依循"社会本位"要求和"服务行政"导向，对原有的行政职能进行理性分析、全面清理和界定：弄清哪些应该由政府管理和提供服务，哪些不应该由政府管理和提供服务，以确定职能有限的行政管理范围。将有限职能之外的原先由政府承担的其他社会职能和经济职能，逐步转移和交还给社会，使政府行政职能主要面向市场的宏观调控和社会的公共服务，以确保国有资产保值、增值，缩小社会成员之间的贫富差距，实现共同富裕的目标。同时，加强行政体系的法制建设，规范政府的职能和权限，以利于政府依法管理国家事务、经济文化事务和社会事务，保证国家的各项工作在法治的轨道上进行。

我国传统的粗放式政府管理所适应的是计划经济时代的命令控制型体制，这种体制

---

① 2017 年，世界贸易组织总理事会批准对贸易政策审议机制进行改革，根据成员方的经济体量，从 2019 年起逐步将审议周期从每 2 年、4 年和 6 年分别改为每 3 年、5 年和 7 年一次。

易于导致滥用行政优先权和强制权；行政相对人只是被动地服从政府的决定，其合法权益难以得到保障。加之，一般情况下，政府的决策过程对普通公民是保密的。因此，即使政府做出了正确的决定，公民因不清楚决定的原委和依据，还是有可能对行政决定及行政管理人员的管理行为不理解、不接受，甚至产生抵触情绪。结果是不但加重了行政机关的负担，降低了行政效率，还损害了政府形象和权威。

因此，有必要确立"引导行政"理念，强化政府的信息引导职能，实现政府对社会的间接管理。在公共行政事务上，政府不再强制地要求公众干什么或禁止公众干什么，而是通过政府网站的对外宣传主页或电子公告栏发布各种文件和信息，如法律、法规、政策、规划、方案、告示等，让企业和公众了解政府的管理意图，认清哪些"可为"、哪些"不可为"、应该"怎样为"，以引导并规范政府和公众的行为。公众出于自利的本能，会结合自身情况，主动进行权衡和选择，从而使公众的自我目标趋向于政府所预设的目标，达到政府目标与公众目标的和谐统一。

原先的管制型行政方式实质上是强制性驱动管理对象沿着政府划定的路线前进。而引导行政方式并非单纯地依赖行政强制，而是在确认公众主体地位的基础上，引导公众自觉地配合，心悦诚服地朝着政府所引导的方向前进。

引导行政的实施必须注重"四个符合"，即符合时代发展的要求和规律，符合党和政府确定的发展方向，符合社会目的，符合公众的普遍性价值偏好。

引导行政就其导向性功能的实施效果而言，一般情况下可以做到：公众在实现自我目标的同时，也就实现了政府的行政目标，故能收到事半功倍的效果。当政府目标与公众的自我目标出现矛盾时，作为采取行政措施的一方，政府要善于与公众进行沟通，合理地运用经济杠杆和法律手段，努力寻求两者的最佳结合点。作为行政相对方，鉴于已经充分了解了行政信息，知悉行政决定的原委、依据和理由，也往往有助于形成理性的心理预期，从而理解行政行为并心平气和地接受结果，主动地依循行政机关的规定来规范个人的行为。这就避免了因信息不对称造成的判断非理性行为，从根本上保证了行政决定的顺利贯彻实施。

三、政府信息公开的内容、控制与权衡

"以公开为原则、不公开为例外"，是世界各国处理政府信息所奉行的基本原则，也是《中华人民共和国政府信息公开条例》中明确规定的信息公开原则。

▶▶（一）政府信息公开的内容

政府管理活动所涉及的社会领域极其广泛，从政府信息内容考察，涵盖经济、教

育、科学、文化、卫生等各个方面。就总体原则而言，凡法律未明文禁止公开且公开后又不会对国家和社会造成损害的一切与公众切身利益相关的政府信息，均应纳入政府信息公开的内容范围。

从政府行政过程的阶段角度分析，可将行政过程分为行政决策和行政执行两个阶段。而行政决策和行政执行的实施都必须遵循各自的行政程序，即经过一定的方式、步骤、顺序。仅就行政决策阶段来说，又可概括为行政机关的议事活动及其过程和行政决策的结果两个主要方面。

因此，行政公开实质上涵盖以下三个方面：

一是行政决策活动的公开。即向社会公开行政机关就行政事项的决策所进行的议事活动及其全过程，包括行政决策的方式、程序、阶段，行政决策的依据、理由，等等。之所以要公开行政决策的程序，是因为按不同程序进行决策，往往会影响到实际的决策结果，公民和社会组织可以据此评价行政机关的具体行政决策行为的合法性，故程序公开尤为重要。之所以要公开行政决策的依据，是因为行政机关做出相关决策所依据的背景资料、证据等，如果陈旧过时、以偏概全、缺乏关联、有欠缜密，则行政决策的合理性会遭到质疑。

二是行政决策结果的公开。具体来说主要包括：① 在本级人民代表大会和行政机关各种重要会议上就有关事项所形成的重大决策和通过的文件，如政府的施政方案，本行政区域的社会经济发展战略、发展计划、工作目标，政府年度财政预算报告，等等。② 有行政法规、行政规章制定权的行政机关所制定的相关法规、规章。③ 各种行政机关的会议记录。④ 行政机关日常制作的公文中，内容涉及面广且事关全局的规范性文件、政策措施及其他重要文件。⑤ 行政机关针对特定问题所做出的决议、决定。行政机关在做出行政处理决定时，应当主动向行政相对人告知决定部门、决定程序、决定依据和理由、决定结果及救济途径和时限，既使承受行政行为的当事人知情，也让其他公民或组织了解。

三是行政执行活动的公开。具体来说主要包括：① 行政执行的程序。② 行政机关实施决策事项的具体行政行为，如当地重大突发事件的处理，大案和要案的侦破、审讯与判决，政府行政审批的重大项目及其论证，土地出让和政府出资的基本建设项目的招投标，政府投资建设的社会公益事业，重大工程的开工、实施与管理，转业和退伍军人安置、城乡低保、食品卫生监督、环保监测等重点事项，属于政府管理的行政资源和公共资源的配置，重要物资采购，重要专项经费或接受社会捐助的资金、物资的分配和使用，政府承诺办理的事项及其完成情况，评选先进及其条件、程序和结果，公务员的考试、录用、选拔，政府机构改革中的人员分流，等等。上述信息都要予以详尽无遗地披露，并公开进行，规范运作。

对于仅涉及政府内部管理的一些信息，应当在行政机关内部公开，如政府领导成员履历、分工、调整变化情况,领导成员的廉洁自律情况,财务收支情况,内部审计结果,公务员人事管理情况,等等。

从三者关系考察,行政决策活动的公开,是对行政决策活动的依据性资料与行政机关的议事活动及其过程的公开,属于行政活动形式的公开;而行政决策结果的公开,是对决策性文件及行政机关对决策事项的行政执行活动的公开,属于行政活动内容的公开。

从难易程度来看,公开行政行为结果和决策性文件,较容易做到,有一些行政机关已经实施;而公开行政会议的各种记录和决策依据,实际操作难度很大。

此外,对政府信息公开制度的实施情况,也应予以公开。政府各部门必须采取有效的措施,让公众了解政府信息公开制度的内容及本部门贯彻实施的情况。譬如,对政务公开的组织领导、政务事项的公开率、公开内容的合格率、公开形式的规范性、公开程序的科学性、采取的监督保障措施、公开的效果等进行严格检查,对流于形式、不负责任、问题突出的要严肃批评,并限期整改。政府目标管理办公室要建立领导干部责任制,并把政务公开工作纳入年度工作考核的内容,将考核结果送有关部门作为干部奖惩的重要依据。对成效显著的给予表彰奖励,对违反制度的行为、个人予以曝光,并追究行政责任。

▶▶(二)政府信息公开的控制

并非所有政府信息都应当公开,对行政机关所拥有的部分政府信息的公开进行控制,是为了防止以下情形的发生:因公开而损害个人、法人的合法权益或公共利益;因公开而危及国家安全或妨碍行政机关正常完成公务。

政府拥有许多敏感信息,这些信息必须妥善管理,若因处置不当而造成信息失控,被他人获取及不正当地利用,就会损害国家利益或侵犯商业秘密、个人隐私,极易挫伤企业、公众对政府的信心。因此,应当将不予公开的政府信息严格界定在国家秘密、个人隐私、商业秘密及公开后可能危及国家安全、公共安全、经济安全、社会稳定和对第三方合法权益造成损害等方面,实现政府对信息公开的有效控制。

根据世界各国的经验,对政府信息公开的控制主要围绕以下几个方面进行。

1. 涉及国家安全和利益的政府信息

政府要害部门形成的大量涉及国防、外交、国家安全、社会治安、缉私缉毒等秘密事项的信息,不容外泄。美国《阳光下的政府法》、澳大利亚《信息自由法》等,在规定政府文件和合议制会议必须公开的同时,都将涉及国防和外交政策的信息列为豁免公开的第一款,从而被称为"一号免责"。在有关政府信息公开的法律制度中,行政机关不得公开的文件和会议,绝大部分都集中在国防和外交事务方面。

此外,有些文件之所以需要保密,并非由于其所载内容的秘密程度较高,而是因为其内容关系到秘密的信息源或秘密的信息交换方法。凡属该性质的文件，只应让限定范围内的特定人员知悉，不能让当事人以外的人了解。

例如，公安部门收到某线人的报告，报告本身内容可能并未提供走私团伙的重要犯罪线索，秘密等级不高。但从该报告内容中反映的时间、地点、精确的数据、详细的事件经过等细节，可以推知我方打入走私团伙的卧底人员。如果公开这些信息，会暴露其身份，从而危及该秘密信息源及该线人的生命。或者，国家安全局的某密码电报，随着时间的推移、案情的发展、案件的告破乃至已公诸报端，其电文内容本身已无不宜公开之处，但该电文是编译为密码经机要电缆拍发的，如果公开该电原文，可能会危及密码这一秘密交换方法的安全。

2. 涉及个人隐私和商业秘密的政府信息

个人信息是指涉及个人的、已被识别或可被识别的任何信息，包括姓名、民族、性别、年龄、身份证号码、住址、健康状况或伤残与否、血型、指纹、医疗史、犯罪史，婚姻家庭状况、宗教信仰、受教育程度、国籍所使用的语言，职业经历、财产状况、个人所得税记录，个人观点及与政府机构的秘密通信、他人对此人的评价或看法，等等。

政府部门在履行管理和服务职能的过程中，也积聚了大量个人敏感数据。此外，为了将电子政务功能提升到交易层面，以完成在线事务处理，必须建立身份认证机制。身份认证的途径有两条：一条是向企业颁发数字证书，通常由具有公信力的第三方提供；另一条是对公民个人实施数字签名或电子身份编码。其前提有两个：一是对公民个人的基本信息数字化；二是将这种数字化的个人信息集中存储，以备在电子交易中验证申请者的身份。

随着网络化的计算机系统和大型数据库的建立，大量个人信息集中掌握在政府部门手中，随时都有发生失控的可能。这些信息一旦被他人非法获取，或者信息持有者未经公民本人授权擅自将其用于职责以外的其他目的，就易对公民的隐私权甚至人身安全造成侵害。

对公民隐私实施法律保护的基本要求是：公民有权知道自己被行政机关记录的个人信息，并有查询自己档案的权利；如果公民认为其中有错误、遗漏或已过时的信息，应准许其提出修改意见。任何采集、保有、使用或传播个人信息的机构，都必须保证该信息可靠地用于既定目的，合理地预防该信息被滥用。

政府部门应公开其管理个人信息的政策和过程，在采集、使用、修正、处理和持有个人信息时，须严格遵守以下原则。

（1）个人信息的采集

对个人信息的采集权限和范围应依照法律，视其职责和工作需要而定。个人信息的采集者和持有者必须依法进行登记，事先向法定的主管部门申请授权，并报告采集的目的和方式；在实施中须向被采集者说明信息采集的目的和法律依据。如果不是法定的强制性信息采集行为，公民有权予以拒绝。当信息采集行为可能对信息主体不利时，应尽可能地直接向本人采集，并附带说明不提供信息的法律后果。

（2）个人信息的使用

使用和披露个人信息不能同采集和持有该信息的目的相违背。除了常规性使用或法律特许的情况外，未经信息主体许可，不得任意公开个人信息。转让个人信息必须事先取得信息主体的授权，并明确受让部门或个人的保密义务。滥用个人信息导致信息主体的权利受到侵害的，个人信息的使用者须承担相应的法律责任。

（3）个人信息的存储

必须明确规定个人信息的使用和保存期限，并保证所采集与拥有的个人信息的准确性、完整性和适时性。公民有权了解本人信息的存放地点、存储内容和使用情况。此外，对个人信息公开的时间、性质、目的和对象也须做完整的记录，并按法定的期限保存。

政府信息中涉及商业秘密的信息也属于控制范畴。所谓商业秘密，是指在商业事务中不为公众所知悉，具有商业价值，并经权利人采取相应保密措施的技术信息、经营信息等商业信息。商业秘密主要涉及技术信息和经营信息两大类。

1993年9月，我国颁布《中华人民共和国反不正当竞争法》，首次以立法的形式确立了权利人对其商业秘密享有权利并禁止他人侵犯。侵权人除了停止侵权行为外，还必须赔偿权利人的财产损失。由此可见，权利人依法对其商业秘密享有专有使用权。与有形财产的所有权人一样，作为无形财产的商业秘密的权利人依法对其商业秘密享有占有、使用、收益和处分的权利。

因此，在构建政府信息公开制度时，必须将那些具备合法理由而不能公开的信息确认为不公开信息。出于种种考虑，政府有可能不愿公开某些信息，抑或延迟公开某些信息。为了预防政府工作人员借口保护个人隐私或国家秘密而否定合理的公开要求，变相剥夺公民的信息公开申请权，对于哪些是不公开的信息，法律应该尽可能做出明确的规定。同时，凡属公开豁免之列的信息，政府应负举证责任。

《中华人民共和国政府信息公开条例》把属于免责范围的政府信息大致厘定为：其一，依《中华人民共和国保守国家秘密法》规定，应当保密的政府信息；其二，其他法律（如《中华人民共和国商业银行法》等）、法规明确规定不予公开的事项；其三，与公民无直接关联的机关的内部规定，如交接班作息时间等日常办事制度的信息；其四，不应公开的公民个人隐私；其五，企业的商业秘密；其六，刑事案件中不应公开的相关信息；其七，政府部门正在研究，尚未形成的决议。

就政府信息公开的原则而言，公开与控制既是一对矛盾，又是相反相成的统一整体。从总体上把握，应当做到"二者并重，宽严有理，收放有力，互动有方"，即确立公开与保密同等重要的指导思想；力戒滥、纵，"公开"掌握在最大限度和数量，"保密"掌握在最小范围和数量；既以法规、制度和技术手段有效推动"公开"，又恰如其分地保护不能公开的信息；根据时间推移、工作进展、变化形势，将超过期限的保密信息还原为公开信息。

▶▶（三）政府信息公开的权衡

除了行政机关主动公开的政府信息外，公民、法人或其他组织也可以向有关行政机关申请获取相关政府信息。依申请公开的政府信息公开有可能导致第三方利益受到损害。这里的"第三方利益"，包括其他个人、法人的正当权益或公共利益，国家安全及行政机关完成公务活动的效率，等等。但无论是申请者因公开而获得的利益，还是因不公开而受到保护的国家、社会、他人的利益，都包容于国民整体利益。基于这一出发点，对公民、法人或其他组织申请公开的政府信息，具体是公开还是控制，就可以据此适当调节。

政府信息公开的权衡包括取舍与救济两个方面。

1. 政府信息公开的取舍

取舍是指当满足申请者知情要求与第三方利益发生冲突时，就要由被申请的政府部门以国家整体利益为最高准则，就该部分信息是否公开做出判断和决定：或者决定公开，从而对第三方利益进行适当调整；或者适用"除外"，即决定切实保护第三方利益，从而拒绝申请者的公开要求。

保护个人隐私不是无条件的。如果某个公民的情况关系到公共利益，他的个人信息就不属于隐私权的保护范围，公众就可以依法获取。此外，政府部门为国家安全、刑事侦查、司法管理、国家税收等目的，专门采集和持有的个人信息，依法享有豁免权。

可见，对个人隐私的保护具有伸缩性：既应对行政机关利用、处理个人信息施以限制，以强调隐私权的保护，又应规定行政机关在某些条件下可以依法不适用那些限制，以维护国家、社会、个人的利益。当保护个人隐私与维护国家安全、保护公共利益相矛盾时，应权衡利弊，依"两利保其大，两害受其轻"的原则予以取舍。

概括地说，在保护公民个人信息时，下列情况应享有豁免权，不属于侵犯隐私权的行为：

第一，个人信息与他人利益、公共利益密切相关，为维护他人利益、公共利益而必须加以公开披露。如加拿大《信息自由法》规定的有：为执行公务在机关内部使用的个人记录；记录的使用目的与其制作的目的相容、没有冲突；由非政府机构或人员存放或以他们的名义存放在公共档案馆、国家图书馆及国家博物馆中的资料；等等。

第二，隐匿真实姓名、身份而进行的披露。如加拿大《信息自由法》规定的有：以不能识别出特定个人的形式，向其他机关提供作为统计研究之用的个人记录；经个人信息主体同意而公开。

第三，依法律特许而进行的披露。如加拿大《信息自由法》规定的有：向国家档案局提供具有历史价值或其他特别意义值得长期保存的个人记录；死亡 20 年以上人员的个人信息；为了执法目的向其他机关提供个人记录；根据法院的命令提供个人记录。

2. 政府信息公开的救济

当申请者、被申请的政府部门和相关的第三方因这种取舍是否恰当而发生争执时，政府信息公开的救济也就自然地被提上了议事日程。

所谓"政府信息公开的救济"，是指围绕政府信息处理机构就公开申请所做的取舍决定，有关当事人认为自己的合法权益受到损害时，依循一定方式和途径寻求帮助，从而求得重新审定。适用"政府信息公开的救济"的情形，具体分为以下两类：

第一类是针对政府信息处理机构做出的拒绝公开的结论（包括拒绝申请者的全部或部分公开请求），申请者认为自己的要求不会损害他人的利益，对该部分政府信息坚持其知情要求。

第二类是针对政府信息处理机构做出的公开决定，相关的第三方认为该部分政府信息涉及自己的个人隐私或商业秘密，满足申请者的知情要求将会对自身权益造成侵害。

政府信息公开救济的途径主要有以下两条：

第一条是行政救济途径。对行政机关决定公开表示不满的第三方，或者对行政机关决定不公开表示不满的申请者，可以根据行政异议审查法，提请该行政机关或其上级机关，乃至专门的信息委员会进行行政复议。

第二条是司法救济途径。当行政救济无济于事时，势必寻求司法救济。具体包括两种情形：第一种，就该部分政府信息，信息委员会做出支持不予公开的结论。申请者对此审定表示不服，而寻求司法救济。第二种，就该部分政府信息，信息委员会做出应予公开的结论。政府部门表示不服，而寻求司法救济。

对于由政府信息公开的"司法救济"引发的诉讼，宜采用特殊的封闭性审理程序，即法官依法审理时，只能有被申请的政府部门和法官在场，而申请者不能在场，只能过后听取法官的裁决。因为发生争议的原因就在于，政府部门坚称该部分信息属于"国家秘密"或侵犯个人隐私，不能让申请者知晓。设想一下，倘若在政府部门向法官展示这项"国家秘密"并举证申述理由时，申请者也在场，那么无论最终法官做出哪种裁决（或则支持申请者的诉求，判令政府部门对其公开；或则不支持申请者的诉求，维持政府部门不公开这项信息的原有决定），这项政府部门称为"国家秘密"的信息，在申请者出庭时就已经被其知晓了，其实际效果等于已经对申请者公开了。然而，这种只有一方能了解其内容的特殊封闭性审理程序，尽管在国外法律已有明确规定，但在我国的行政诉讼法中尚无明文，如何解决此类诉讼是留待今后解决的一项难题。

四、政府信息公开的方式

为便于公众知晓，政府信息公开的方式应该多种多样，如设置信息公开厅（公开栏）、信息公开服务热线等。此外，北京、上海、河南等地还建立了新闻发言会制度，由职务较高的官员担任专门的新闻发言人，定期向社会发布权威的政府信息。随着网络信息技术的快速发展，信息传播的方式和途径更加多样，电子政务环境下的政府信息公开方式也越来越多元。综合国内外有关政府信息公开的理论，结合我国的具体实践，可将政府信息公开的方式分为传统的政府信息公开方式和电子政务环境下的政府信息公开方式两大类。

（一）传统的政府信息公开方式

传统的政府信息公开方式主要有旁听、报道与转播、刊载、查阅等，也可以说是政府信息公开的各种表现形式。

1. 旁听

从字面意思来看，"旁听"是指参加会议而没有发言权和表决权；从政府信息公开的角度来看，"旁听"则是指允许公民和社会组织听取行政机关的各种会议内容。

从理论上的可行性考察，在国内外施政实践中，旁听制度早有先例。开我国人大会议允许旁听之先河的是 1989 年 4 月第七届全国人民代表大会第二次会议通过的《中华人民共和国全国人民代表大会议事规则》，其第十八条第三款明确规定："大会全体会议设旁听席。旁听办法另行规定"。嗣后，全国人大和部分地方人大也做了有益的尝试。而有关行政机关的各种会议允许旁听的制度，虽然也是应有之义，但迄今尚未见诸我国法律。可以比照人大会议的旁听制度，对公开的行政会议设置旁听席。在实施上，可以从各级人民政府的常务会议开始试行。因为常务会议是政府决策重大事项的法定机构，其议题往往构成行政活动的核心内容。行政机关应先期公告上述会议的时间、地点、议题，以便感兴趣的公民参加旁听。美国 1976 年制定的《阳光下的政府法》规定，公众可以观察合议制行政机关的会议进程，取得会议的文件和信息。

但从具体实施的效果分析，尽管旁听方式具有身临其境、直接感受、深入全程的优点，但它仍不能作为政府信息公开的主流方式。与其他公开方式相比，旁听作为公开行政决策活动的传统方式，受到诸多主客观因素的制约。

就主观因素而言，会议作为一种社会行为活动，是在限定的地点和既定的时间范围内群体汇集、议事决策。因此，开放的旁听席通常只对会议所在地的公众才有实际意义，而且行政会议多在上班时间举行，作为上班一族，往往分身乏术。这样，即使是对于会议所在地的公众而言，仍然是象征意义居多。

就客观因素而言，政府常务会议的成员一般不超过十人。为与会议规模相适应，通常在中、小型会议室举行。受场地限制，所能容纳的旁听者数量势必很少。

2. 报道与转播

从政府信息公开的角度来认识，"报道与转播"是报纸、杂志、广播、电视或其他形式的媒体，按照各自的视角，在遵守法律的前提下介绍、评说行政机关的各项活动，以及对各级行政机关的会议现场予以实况播放。

长期以来，我国对全国人民代表大会会议的报道与转播相当重视，无论是报纸、杂志还是广播、电视，对每次会议都要进行比较全面的报道与转播。同时，对地方行政机关及其活动的报道与转播也相当普遍。

从具体实施的效果分析，一方面，报道与转播是现代媒体技术突飞猛进的结果，具有受众广泛的特征。特别是向来为群众所喜闻乐见的电视，其技术日益朝着全方位、大屏幕、高清晰度方向发展。与旁听这种传统方式相比，报道与转播更易达成公开的目的。另一方面，以政府信息公开的目的衡量，这些对会议内容的报道与会议活动的转播，尚欠全面和深入，往往更多地着眼于其"新闻"性。

3. 刊载

从政府信息公开的角度来认识，"刊载"是指在各类出版物上，以文字、图片等形式，公开行政机关的决策内容。这里的"决策内容"，通常是指各级行政机关正式通过的文件、资料等。这里的"出版物"，可以是正式出版的报纸、杂志，也可以是其他适宜的登载形式，如行政机关简报、通讯内刊等。例如，国务院公开刊载行政文件的期刊，称为《中华人民共和国国务院公报》。

与旁听、报道与转播等引发的双向行为不同，刊载是行政机关的单方面行为。由此衍生出"刊载"方式的缺陷，即刊载内容的全面性、恰当性易招读者怀疑。

从客观因素分析，刊载行政决策内容难以做到全面性是显而易见的。由于不同刊物宗旨有异，并非全部篇幅都能用于刊载政府信息。而不同行政活动的决策内容又有多有少，受到刊物本身容量的限制，刊载行政决策内容，势必存在很大的选择余地。

从主观因素分析，个别行政机关工作人员出于保全面子、怕惹麻烦乃至掩盖违规行为考虑，对行政活动的部分内容不愿公开，或暂时不打算公开，就可能借刊载的选择余地来达到规避公开的目的。因其与正常的选择性刊载形式无别、难以辨析，故受众在心理上易对刊物所选择刊载的行政决策内容的恰当性产生怀疑。

4. 查阅

从字面意思来看，"查阅"是指把书刊、文件等找出来阅读有关的部分；从政府信息公开的角度来看,"查阅"则是指允许公民和社会组织查阅各级行政机关的文件、档案、信息、资料。

与旁听、报道与转播、刊载相比,查阅所触及的公开程度更为深入,但实际公开面较为狭隘。所谓"程度更为深入",其义有二:一是指查阅方式更倾向于公民个人关注的切身事项,有利于其知情权的实现,更贴近政府的信息服务,必将发展为主流途径。二是指查阅所指向的公开对象主要是那些从其他途径尚无法得知的政府信息。譬如,与刊载方式相比,由于刊载的政府信息内容已经公开,到图书馆的期刊阅览室等就可以自由查阅,因此查阅该部分内容已成为纯粹的资料检索与收集工作。而查阅方式固然也包括查阅已经登载在有关刊物上的该部分内容的原件,但更多的是利用者到政府查阅尚未刊载的各级行政机关的信息资料,包括会议纪要、简况及反映行政机关内部管理、运作的信息资料。

所谓"公开面较为狭隘",是指尽管从理论上说,查阅方式是将所有属于公开范围的政府信息对全体公民开放;但严格辨析,"开放"与"公开"的效果并非完全相同。从具体的查阅处理考察,行政机关每次满足了某一利用者对某一文件的查阅要求,实质效果仅是将该文件向该利用者公开。对于没有查阅该文件的公民而言,并未达成公开效果。

根据《中华人民共和国政府信息公开条例》的规定,各级人民政府应当在国家档案馆、公共图书馆、政务服务场所设置政府信息查阅场所,并配备相应的设施、设备,为公民、法人和其他组织获取政府信息提供便利。行政机关可以根据需要设立公共查阅室、资料索取点、信息公告栏、电子信息屏等场所、设施,公开政府信息。

▶▶（二）电子政务环境下的政府信息公开方式

自电子政务实施以来,政府信息公开的方式更加多元,其中政府信息赖以传播的网络渠道包括政府网站、政务微博、政务微信、政务 app 等,后三者也常常被称为政务新媒体。

1. *政府网站发布*

从实施"政府上网工程"开始,政府网站就成为电子政务环境下政府信息公开的主要平台。政府网站发布实质上是对传统的刊载和查阅方式的一场革命。如前文所述,传统的刊载方式,优点是具有受众广泛的特征,缺点是刊载内容的全面性、恰当性易招读者怀疑。传统的查阅方式,优点是"程度更为深入",缺点是"公开面较为狭隘"。而政府网站发布恰恰发挥了两者之长、弥补了两者之短。它可以防止政府信息被少数人专用或有选择性地公开,从而使刊载和查阅这两种公开方式发生了划时代意义的重要变革。

自 1993 年美国提出建设"信息高速公路"的构想以来,建设电子政务形成了一股世界潮流。各国竞相在互联网上建立功能强大的各类政府网站，向社会公开了大量政府信息。

我国从中央到地方的各级政府网站是公开政府信息最便捷、最全面的平台，通过主动公开、依申请公开等方式及时公开政府信息，为公众快速地获取政府信息打开方便之门。各级行政机关应当编制、公布政府信息公开指南和政府信息公开目录，并及时更新。政府信息公开指南应当包括政府信息的分类、编排体系、获取方式，政府信息公开工作机构的名称、办公地址、办公时间、联系电话、传真号码、电子邮箱等内容。政府信息公开目录应当包括政府信息的索引、名称、内容概述、生成日期等内容。

除此之外，还要充分调动其他专业网站在政务信息公开中的积极作用，如行业管理部门网站、专业或行业信息网站、政策研究室网站、各地信息港或社区及论坛网站、报社网站、电台网站、电视台网站、图书情报档案机构网站等。

2. 政务新媒体发布

除了各级政府网站外，近年来兴起的政务新媒体平台也成为政府信息公开的重要途径。所谓政务新媒体，是指各级行政机关、承担行政职能的事业单位及其内设机构在微博、微信等第三方平台上开设的政务账号或应用，以及自行开发建设的移动客户端等。

政务新媒体是移动互联网时代党和政府联系群众、服务群众、凝聚群众的重要渠道，是加快转变政府职能、建设服务型政府的重要手段，是引导网上舆论、构建清朗网络空间的重要阵地，是探索社会治理新模式、提高社会治理能力的重要途径。因此，国家的政策法规中对政务新媒体信息公开都有相应规定和要求。

首先，要积极运用政务新媒体传播党和政府声音，做大做强正面宣传，巩固拓展主流舆论阵地。围绕中心工作，深入推进决策公开、执行公开、管理公开、服务公开、结果公开。做好主题策划和线上线下联动推广，重点推送重要政策文件信息和涉及群众切身利益、需要公众广泛知晓的政府信息。做准做精做细解读工作，注重运用生动活泼、通俗易懂的语言及图表图解、音频视频等公众喜闻乐见的形式提升解读效果。要把政务新媒体作为突发公共事件信息发布和政务舆情回应、引导的重要平台，提高响应速度，及时公布真相、表明态度、辟除谣言，并根据事态发展和处置情况发布动态信息，注重发挥专家解读作用。

其次，严格内容发布审核制度，坚持分级分类审核、先审后发，明确审核主体、审核流程，严把政治关、法律关、政策关、保密关、文字关。规范转载发布工作，原则上只转载党委和政府网站及有关主管部门确定的稿源单位发布的信息，不得擅自发布代表个人观点、意见及情绪的言论，不得刊登商业广告或链接商业广告页面。建立原创激励机制，按照规范加大信息采编力度，提高原创信息比例。发布信息涉及其他单位工作内容的，要提前做好沟通协调。建立值班值守制度，加强日常监测，确保信息更新及时、内容准确权威，发现违法有害信息要第一时间处理，发现重大舆情要按程序转送相关部门办理。政务新媒体如从事互联网新闻信息服务或传播网络视听节目，须按照有关规定具备相应资质。

此外，各级人民政府在国家档案馆、公共图书馆、政务服务场所设置政府信息查阅场所，并配备相应的自助式的电子设施、设备，为公民、法人和其他组织获取政府信息提供便利。行政机关除了原有的公共查阅室、资料索取点、信息公告栏外，还利用公共场所、设施设立电子信息屏等及时公开政府信息。

五、我国政府信息公开的实践现状

自1999年实施"政府上网工程"以来，尤其是2008年5月1日《中华人民共和国政府信息公开条例》施行以来，我国政府信息公开已走过十多年的发展历程，其在推进社会主义民主政治建设、规范政府行为、从源头上预防和减少腐败方面发挥了重要作用。结合国家发布的政府信息公开政策与学界对政府信息公开的理论研究，梳理我国政府信息公开的发展历程，可以发现以下几个方面的特点。

▶▶（一）政府信息公开的内容在不同时期各有侧重

2008—2013年，我国政府信息公开的内容不断丰富，但整体的系统性和归类的清晰度不高。2008年，国务院办公厅发文强调把公共企事业单位的信息公开纳入本部门（单位）信息公开工作的总体部署，要以涉及人民群众切身利益、社会普遍关心的内容为重点，切实做好信息公开工作。政府对公开内容的界定较为宽泛。2010—2011年，政府切实加强主动公开工作，重点做好财政预决算、公共资源配置、重大建设项目、社会公益事业等领域的信息发布工作。公开内容的领域性开始突显。2012年，政府在前期工作的基础上，积极推进"三农"工作和社会保障、教育、医药卫生等保障和改善民生各项政策措施的公开。2013年，政府增设行政审批、环境保护、安全生产、价格和收费、征地拆迁的信息公开。政府对公开内容的细化程度有所提升。

2014年以后，我国政府信息公开的内容不断细化，并与国家政策紧密结合，与时俱进。政策中对公开内容的界定较前期更为系统，分类也更加清晰，主要分为行政权力运行信息公开、公共资源配置信息公开和公共监管信息公开三大类别。2015年，政府进一步细化主动公开范围和公开目录。在公共资源配置信息公开领域，增设土地供应计划、出让公告。此外，明确表示重大建设项目信息公开重点围绕涉及公共利益和民生领域的政府投资项目展开。2016年，政府大力加强政务服务信息公开，并且在公共资源配置领域推进减税降费信息公开。2017年，政府积极推进"放管服"改革信息、农业供给侧结构性改革信息、财税体制改革信息、发展新产业和培育新动能工作信息、化解过剩产能工作信息、推进消费升级和产品质量提升工作信息公开。公开内容与国家政策紧密结合。2018年，政府推进决策信息公开，并且加大社会公益事业建设领域重大决策公开力度。以社会公益事业为重点，着力推进脱贫攻坚、社会救助和社会福利、教育、基本医疗卫生、环境保护、灾害事故救援、公共文化体育等领域政府信息公开。2019年，政府增设行政处罚相关信息公开，明确实施行政处罚、行政强制的依据、条件、程序及行政机关认为具有一定社会影响的行政处罚决定应当主动公开。2020年，政府着力推进就业和社会保障信息公开。向社会公开各项社会保险参保情况、待遇支付情况和水平，社会保险基金收支、结余和收益情况等信息，并及时公开提高养老金、低保、最低工资等保障标准的政策文件。2021年，政府强调要聚焦重点领域信息公开。总体来看，我国政府信息公开的内容不断丰富，并且始终保持先进性。

（二）政府信息公开的渠道日益多元

公开渠道是指政府信息公开的义务主体通过何种途径公开相关信息。2008—2012年，传统媒体、政府网站和线下服务方式在我国政府信息公开渠道中占据主要地位。2008年，政府主要利用现有的行政服务大厅、行政服务中心等政务服务场所，或者设立专门的接待窗口和场所进行信息公开，政府公报、报纸、广播和电视也是此阶段重要的公开方式。2010年左右，政府网站已经成为各级人民政府及其部门发布政府信息、提供在线服务、与公众互动交流的重要平台和窗口，档案馆、公共图书馆等公共设施也开始逐步成为政府信息公开的渠道。2011年，政府开展试点工作，建立和完善统一的电子政务平台，随后，逐步完善政府公报、门户网站、新闻发布会、报刊、广播电视、信息公开栏等公开方式。

随着信息技术的发展，微信、微博等新媒体在政府信息公开中逐步发挥重要作用，且呈现出传统媒体与新兴媒体相结合的态势。2013年左右，政府着重加强舆情收集和回应机制、主动发布机制和新闻发言人制度建设，统筹运用新闻发言人、政府网站、政务微博和微信等发布信息，充分发挥广播电视、报刊、新闻网站、商业网站等媒体的作用，同时进一步加强政府热线建设和管理。随着政府网站、微信、微博的成熟及公众对政府信息公开需求的加大，政府开始逐步加强集成的综合信息平台建设。2016年，政策中强调"互联网+政务服务"，政府积极推进网上政务服务平台建设，实体政务大厅与网上政务服务平台融合发展，加快推动政务信息系统互联和公共数据共享，并开始在移动客户端公开政府信息。2017年，政府提倡构建分类科学、集中规范、共享共用的全平台统一信息资源库。推进政府网站向移动终端、自助终端、热线电话、政务新媒体等多渠道延伸，同时也更加注重政府公报的数字化工作。2018年，政策中要求建立以中央、省、市三级为主的政府公报体系，加快推进全国一体化在线政务服务平台建设。

2019年，国务院办公厅明确提出政府信息公开平台是发布法定主动公开内容的公开平台，强调各级人民政府应当加强依托政府门户网站公开政府信息的工作，利用统一的政府信息公开平台集中发布主动公开的政府信息。政府信息公开平台应当具备信息检索、查阅、下载等功能。2020年，政府提出要不断深化对政府信息公开板块改版升级，强化政策解读、回应关切、公众参与等板块建设，充分体现"五公开"要求。2021年，政府提出要利用大数据、云计算、人工智能等技术，加强门户网站、微博、微信、app"四位一体"的政府信息公开平台建设。总体来看，政府信息公开渠道具有较好的开放性。政府信息公开渠道不断增加，随着信息技术的发展不断更新。预计政府信息公开渠道不断增加的趋势会随着信息技术的发展继续保持。

（三）政府信息公开的监督与保障不断加强

政府信息公开的监督与保障主要通过保密审查、组织领导机制、评价考核机制、监督举报投诉机制、业务培训等途径实现。2008—2015年，我国在政府信息公开的监督与保障方面较为注重制度的建立和完善。2008年，政策中主要强调制定和完善政府信息公开工作考核办法，建立社会评议制度、信息发布协调机制和分层级受理举报制度，落实业务经费，加强队伍建设，对拟公开的政府信息进行保密审查。2010年，政府进一步完善政府信息公开保密审查机制。2011年，各地区、各部门通过举办培训班、开展交流研讨等多种方式，对政府网站工作人员进行经常化的管理和业务培训。2012年左右，政策中主要强调加强机构和队伍建设。2014年，政府多次强调加强工作考核、社会评议、责任追究、举报调查处理等制度建设，建立健全政府信息公开监督保障机制。2015年，政策中要求建立政府信息公开举报办理工作制度，并进行第一次全国政府网站普查。此后，每季度对政府网站进行抽查，政府信息公开状况被列入检查范围。

近些年，我国在政府信息公开的监督与保障方面逐步强调工作的标准化、信息安全和隐私及相关法律法规的确立。2016年，政策中要求逐步创新信息公开体制机制，健全标准规范，加强信息安全，保护公民隐私，强化"一号一窗一网"信息化支撑的安全保障体系建设，并建立政务舆情回应激励约束机制。2017年，政府网站信息数据安全保护制度开始逐步确立。2018年，政府逐步推行主动公开基本目录制度，加快完善相关法规制度，建立监督举报投诉机制。2019年，政府提出要明确责任，各行政机关分管政府信息公开工作的领导人员是第一责任人，各行政机关政府信息公开工作机构是法定责任主体，负责推进协调政府信息公开平台建设和管理工作。2020年，政府强调要充分发挥考核促进工作的良性作用，围绕政府信息公开重点工作、薄弱环节和瓶颈问题加大政府信息公开绩效考核力度，提高主动公开等工作的考核分值比重。2021年，政府指出要加强网上政府信息公开服务能力监测，确保政府信息公开工作取得实效。总体来看，我国政府一直较为重视对政府信息公开的监督与保障，采取的措施也相对较为明确，未来可以考虑在各种监管方式上进行方法创新。

随着时代和技术的不断进步与发展，大数据、云计算、区块链等新一代信息技术越来越多地被应用，政府信息公开也将从注重公开共享向注重数据利用转变。一方面，政府信息公开逐步迈向政府数据开放，两者相互依存。多年来，政府信息公开主要集中在公共企事业单位、财政预决算、公共资源配置、重大建设项目、社会公益事业、民生保障等领域，并随着国家政策的发布与实施，增加新的内容。另一方面，政府信息公开从注重公开形式向注重公开利用转变，以人民利益为出发点，确保政府信息公开满足人民群众的信息需求。起初，政府主要集中精力建设政府信息公开体系，规范政府信息公开的内容，保障公众的知情权，担负起政府公开信息的职责。后来，随着政府信息公开的发展和公民权利意识的增强，政府在信息公开的过程中更加注重保障公民高效利用公开信息，通过提供高质量的信息来保证公开服务的质量。

【本讲小结】

本讲重点介绍了政府信息公开的概念，电子政务环境下政府信息公开的必要性，政府信息公开的内容、控制与权衡，政府信息公开的方式及我国政府信息公开的实践现状。

【课后练习】

1. 电子政务环境下政府信息公开有何意义？
2. 政府信息公开的必要性有哪些？
3. 如何理解政府信息公开的原则？
4. 政府信息公开的内容包括哪些？
5. 如何区别政府信息公开的取舍与救济？
6. 政府信息公开的方式有哪些？
7. 我国政府信息公开的实践现状如何？
8. 如何看待政府信息公开的未来发展趋势？

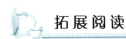

宿迁打造信息公开国家级"样本"

2021年5月21日，宿迁市人民政府网站发布《宿迁市2021年政务公开工作要点》，明确2021年全市政务公开工作将着力聚焦重点领域信息公开、提升政策发布解读回应质效、夯实政府信息公开工作基础、加强政务公开工作保障。

作为全国唯一获批政府信息公开标准化国家级试点的地级市，宿迁市在编制主动公开、依申请公开、不予公开"三项清单"基础上，着力构建层次分明、系统科学、覆盖广泛的政府信息公开标准体系，使"公开什么、谁来公开、向谁公开、怎么公开、何时公开"等方面变得更加有章可循、有标可量、有据可考。

全面公开，提高政务运行"透明度"

宿迁市仅2020年就向社会主动公开政府信息20万余条。2021年以来，通过市政府网站群已累计公开各类政府信息10.7万余条。其中，宿迁市人民政府网站公开各类政府信息10 900余条，"宿迁之声"微博发布各类政府信息4 666条，"宿迁之声"微信推送各类政府信息253组527条。

借助门户网站、微博、微信、app"四位一体"的政府信息公开平台，宿迁将市政府常务会议、人大专题询问会等全市性重要政务活动纳入网络直播范畴，进一步扩大政府信息公开的受众范围和传播度；在用好"政在公开"线上新闻发布会、"星期三政民互动""宿问速答""第一发布"等公开载体的基础上，标准化打造"政策简明问答"等政策解读品牌栏目，累计制作政策简明问答198期，让群众不仅看得到、听得懂，更记得住、用得上；高质高效做好依申请公开案件办理工作，2020年全市共办理依申请公开政府信息案件1 062件，同比增长39.7%，所有案件均在法定时间内办结，办结率继续保持100%，做到"办结一件申请、解决一个问题、温暖一颗民心"。

数据跑腿，跑出惠企便民"加速度"

2分13秒！6月3日下午，市民汤洪亮在市政务服务大厅通过政务服务一体机自助办结了契税缴纳，全程不排队、零等待。

对于企业和个人来说，便捷、高效是高质量政务公开给他们带来的最直观感受。为了让这些"躺"在系统里的数据"动"起来，用政府信息"多跑路"换取企业、群众"少跑腿"，宿迁市委、市政府做了大量"幕后工作"。

宿迁市应用大数据、云计算、人工智能等技术，统筹打造全市统一的大数据共享交换平台、超级管理员工作室，强力推进全市各类政府信息归集和互联互通，实现各类公开平台形式、资源、功能的深度融合和对各类政府信息系统的实时调阅，初步形成"一站上车、全站通达"的政府信息公开与服务体系。目前，全市累计汇集了71个部门15.6亿条数据。

以公开促改革，宿迁市指导各县区、各功能区围绕本地主导产业、特色产业梳理工业企业生产经营环节"一件事"，形成市县乡村四级1 003项"一件事"事项清单，推进"放管服"改革事项信息公开规范化、标准化。全市通过"全链通"推行企业开办"一件事、一个环节、立即办"，实现0.5个工作日办结。

2020年，宿迁市制定《全市政务服务"一网通办"工作推进方案》，梳理并公布100个首批"全域通办"事项清单。全省网上政务服务能力监测2021年4月份通报显示，在35项指标考核中，宿迁市事项入库完整率、办事指南完整度、事项办理时限压缩度、即办件事项情况等12项指标领跑全省，21项指标位居全省前列。其中，宿迁市事项办理时限压缩度达92.5%，压缩比全省第一。

为民公开，提高人民群众"满意度"

"社区有哪些固定资产、账上有多少钱、每月钱花在哪儿，俺们心里清清楚楚。"在宿豫区新庄镇振友社区，65岁的陈辉说起社区的"家底"头头是道，他的准确信息来自社区党群服务中心门口的"三务公开栏"。社区每月都将党务、村务、财务等信息及时公开，接受群众监督。

社区还将居民需要办理的32个高频事项所需的申请材料，以表格形式公开在智慧乡村公共信息服务平台等政务公开平台上。社区网格员定期把各类政策文件编写成通俗易懂的信息发布在网格微信群里。

为了破解决策执行"中梗阻"，宿迁要求相关部门主要负责人带头解读，履行好主动发声、精准推送、舆论引导等职责，保证政策内涵透明、信号清晰、落地见效。

各乡镇（街道）在江苏政务服务网站开通政务服务旗舰店，全面公开赋权基层的政务服务事项，接入系统1 178个，配置专线981条，组织培训1 179人次，所有乡镇（街道）为民服务中心都能够通过江苏政务服务网站访问业务平台，加快推进"一网通办、四级联动"不见面审批工作。

在宿迁市公安局出入境服务大厅里，政府信息公开自助服务区及电子大屏等标明业务办理指南，填表机、照相机、发证机等自助设备一应俱全，办理业务有工作人员全程陪同。政府信息公开标准化绝不是把政策文件冷冰冰地挂在墙上，而是要线上让政府信息主动找人、线下打造"五星级"公开服务窗口，始于群众需求，终于群众满意。

（资料来源：宿迁市人民政府网站，2021-06-08，有改动）

第六讲 电子政务公众参与

【学习目标】

掌握公众参与的概念与内涵；了解电子政务公众参与的发展；领会电子政务对公众参与的促进作用及影响电子政务公众参与的因素；掌握网络问政的概念及其要素，并结合实践案例进行分析；掌握电子民主的概念与内涵，并结合实践案例领会电子政务对民主政治的促进作用。

【关键术语】

公众参与；电子政务公众参与；网络问政；电子民主

北京推动公众参与重大决策 确保真问、真听、真办

据北京市政务服务管理局介绍，《北京市深化政务公开扩大公众参与工作办法》（以下简称《办法》）近日出台，该《办法》对重大行政决策公众参与的原则、范围、程序等做出明确而具体的要求，在推动问需于民、问计于民、问效于民的制度探索上迈出重要一步。

该《办法》按照政策制定出台的全过程提出了五个参与阶段的硬性要求，在政策措施拟订前，要求开展政策需求征集工作，提升政策措施的民需契合度；在政策措施制定中，细化了公开征求意见的内容、方式、时限等，明确除法律、法规对公开征求意见的时限另有规定的外，公开征求意见的时间应在5个工作日以上；在政策措施审议中，细化了政府和部门会议邀请公众代表列席的方式、人数、次数等；在政策措施执行中，提出了公众体验反馈、社会组织参与、基层群众参与、政务开放、网络问政等多种参与形式；在政策措施落实后，要求开展政策措施执行效果评价、根据评价意见修订政策措施等。

北京市政务服务管理局政务公开处处长表示，《办法》的出台就是要确保公众参与真问、真听、真办，形成"公众点菜、政府端菜"的互动协同良好格局。

（资料来源：《人民日报》，2020-08-04，有改动）

案例思考：

1. 什么是公众参与？
2. 电子政务环境下的公众参与有何优势？

我国《宪法》明确规定，中华人民共和国的一切权力属于人民。人民依照法律规定，通过各种途径和形式，管理国家事务，管理经济和文化事业，管理社会事务。因此，公众参与是人民行使当家做主权利的体现。

一、公众参与的概念

关于公众参与的概念，目前学界的说法多种多样，有的把公众推动起来的公共事件型的公众参与叫作"公民参与""政治参与"，有的把一些地方政府改革创新带动的公众参与称为"基层参与""人民参与"，还有的认为公众参与是公民与政策制定者之间共同分享政策与提案的行为，等等。虽然说法多种多样，实践的种类也不同，但其所指的参与行动的含义和意义基本相似，一般是指社会群众、社会组织、单位或个人作为主体，在其权利义务范围内所进行的有目的的社会行动。

公众参与的定义有广义和狭义之分。从狭义上讲，公众参与是公众在代议制政治中参与投票选举活动，即由公众参与选出代议制机构及其人员的过程。这是现代民主政治的一项重要指标，也是现代社会公民的一项重要责任。从广义上讲，公众参与除了公众的政治参与外，还必须包括所有关心公共利益、公共事务管理的人的参与，要有推动决策过程的行动。在实际活动中，公众参与泛指普通民众作为主体参与，推动社会决策和活动实施等。

随着网络信息技术的迅速发展，电子政务的开展大大促进了公众参与的发展。1999年，韩国汉城市政府率先开发运营"民政申请处理在线公开系统"，让每位市民都能够通过网络24小时监督信访处理情况，不出家门就能够随时了解行政处理过程。在各国电子政务发展的同时，公众参与也得到了进一步的发展，不少学者纷纷对电子政务背景下的公众参与现象进行了研究。

资料阅读

公民参与，通常又称为公共参与、公众参与，就是公民试图影响公共政策和公共生活的一切活动。公民参与有三个基本要素。一是参与的主体。公民参与的主体是拥有参与需求的公民，既包括作为个体的公民，也包括由个体公民组成的各种民间组织。二是参与的领域。社会中存在一个公民可以合法参与的公共领域，这一公共领域的主要特征是公共利益和公共理性的存在。三是参与的渠道。社会上存在着各种各样的渠道，公民可以通过这些渠道去影响公共政策和公共生活。

——俞可平，《公民参与民主政治的意义》，《学习时报》，2007年公民参与在经典意义上主要是指公民通过政治制度内的渠道，试图影响政府的活动，特别是与投票相关的一系列行为。公众参与从政治选举、影响政府决策的一切行为，发展到公共事务的民主治理。

——贾西津，《中国公民参与：案例与模式》，社会科学文献出版社，2008年

公众参与是指在行政立法和决策过程中，政府相关主体通过允许、鼓励利害关系人和一般社会公众，就立法和决策所涉及的与利益相关或涉及公共利益的重大问题，以提供信息、表达意见、发表评论、阐述利益诉求等方式参与立法和决策过程，进而提升行政立法和决策公正性、正当性和合理性的一系列制度和机制。

——王锡锌，《行政过程中公众参与的制度实践》，中国法制出版社，2008年

作为一种制度化的公众参与民主制度，公众参与应当是指公共权力在进行立法、制定公共政策、决定公共事务或进行公共治理时，由公共权力机构通过开放的途径从公众和利害相关的个人或组织获取信息，听取意见，并通过反馈互动对公共决策和治理行为产生影响的各种行为。它是公众通过直接与政府或其他公共机构互动的方式决定公共事务和参与公共治理的过程。公众参与所强调的是决策者与受决策影响的利益相关人双向沟通和协商对话，遵循"公开、互动、包容性、尊重民意"等基本原则。

——蔡定剑，《中国公众参与的问题与前景》，《民主与科学》，2010年第5期

所谓公众参与，是指政府之外的个人或社会组织通过一系列正式的和非正式的途径直接参与到权力机关立法或政府公共决策中，它包括公众在立法或公共政策形成和实施过程中直接施加影响的各种行为的总和。

——王周户，《公众参与的理论与实践》，法律出版社，2011年

电子政务背景下的公众参与，其定义可以从两个方面表述：一是实行网络双向互动，以增进公众对公共组织的做法与过程的了解；二是实行政务在网络上的公开，将项目、计划、规划或政策制定和评价活动中的有关情况随时完整地通报给公众。

与传统的公众参与相比，电子政务背景下的公众参与的优势在于：一是便捷性。政策酝酿和讨论的过程不断简化，从而提高了政治参与的有效性。许多发达国家之所以把公众参与作为电子政务的重要绩效指标，是因为互联网为政府与公众之间的沟通创新提供了新机会，有利于满足公众对政务参与的需求。互联网已经缩短了时空距离，把大国变成了小家，将地球连成了村落，一项国家重大决策的产生，可在互联网上讨论、调查，不再需要决策者们无休止地讨论，也不再需要频繁地进行网下"民意调查"。二是丰富性。在电子政务环境下，通过政府门户网站，公众可以轻松获取相关资讯，也可以在线申请一些服务项目，还可以参政议政、网上信访、电子投票等。网络信息技术在政府治理领域的应用，极大地拓展了公众政治参与的空间，改变了公众参政环境，丰富了公众政治参与的手段和形式，使公众政治参与的广度和深度不断延伸，同时也进一步提高了政府效能。

二、电子政务与公众参与

(一) 电子政务公众参与的发展

20世纪90年代以前,在电子政务的办公自动化阶段,偏重电子文件的制作、传送和储存,无公众参与的机会,与今天的电子政务有着明显的区别。从电子政务建设的角度来看,政府上网工程是外网建设,办公自动化工程是内网建设。办公自动化工程是政府上网工程中的重要一环,有了办公自动化,政府上网才有意义,否则政府上网工程就会变成无源之水。因此,在这一阶段,虽然公众没有参与机会,但电子政务建设为将来的公众参与打下了一定的物质、技术和环境基础。

从1993年我国启动"三金工程"开始到1998年,我国政府信息化不断发展,但整体水平仍然较低。电子政务建设呈现出自上而下的管理特征,主要是政府内部的网络建设,外部的公众参与较为缺乏。这一时期尚处于电子政务的起步阶段,公众参与的实践案例较少,即使有也仅是个例。

1999年起,我国实施"政府上网工程",电子政务建设和公共管理职能转变也越来越引起政府和公众的广泛关注。2002—2003年的"非典"事件让人们更加意识到电子政务建设必须以"政民互动"为起点。电子政务工作的重心转移到"应用"上,政府系统链接到在线网页,让公众和政府对相关事务进行电子处理,因此这一时期的电子政务也被称为"基于事务"的电子政务。公众参与的形式主要有市长(省长)信箱、网上论坛、网上信访等。政府与公众之间的双向互动可以在网上完成,政府可以根据需要,经充分的内部征求意见或论证,并经起草单位把关后,把一些决策草案放到网上征求公众的意见,使公众有机会参与政府的公共管理和决策等。这一时期,公众参与在客观上还存在"数字鸿沟"问题,即东西部地区差距、城乡差距、人群差距。

2008年5月,《中华人民共和国政府信息公开条例》开始实施,政府信息公开实现了公众的知情权,为公众参与提供了前提和条件。之后,"政务微博"的出现,使电子政务下的公众参与得到了前所未有的关注。截至2011年年底,在新浪网、腾讯网、人民网、新华网4家微博客网站上认证的政务微博客已达50 561个,"微博问政、微博议政"逐渐成为广大网民的共识。2012—2022年,我国电子政务平台的数量不断增加、质量明显提升,这为公众的政治参与提供了全新的渠道和途径,广大群众可以借助网络通过政府网站、政务微博、政务微信公众号、抖音和快手政务视频号及政务app,进行政务咨询、信息获取与意见表达,更便捷地参与政治活动。

总之，电子政务背景下的公众参与是一个不断演进的过程。随着互联网技术与信息技术的应用越来越普及，公众参与从无到有、从少到多、从无序到有序不断完善，公众参与的广度和深度也在不断加大。

▶▶（二）电子政务促进公众参与

从我国电子政务几十年的发展历程可见，实施电子政务有力地促进了公众参与，主要原因有以下几个方面。

1. 电子政务提高了公众参与的积极性

公民的参与热情往往与政治功效感相关，它会影响公民个人对自身政治能力、政治参与效果的评价。在传统的行政模式下，公众只能盲目被动地接受政府的行政决定，以至于行政违法、行政不当及政策执行的畸宽畸窄现象层出不穷。即使痛感自己的合法权益遭受不法侵害，也不知如何得到保护和进行申诉。在就具体事项与政府工作人员进行人际交往、信息交换乃至发生冲突时，中国公民往往具有政治功效上的无力感，从而严重挫伤了公众参与政治的积极性和热情，也造成了公众对政府的冷漠。网络界面的双向互动性，可以让利益相关者实现即时信息交流和直接思想沟通。借助这种互动性、即时性和直接性优势，以电子政务交互平台的接口为纽带，能构建政府与社会之间、政府与公众之间的"电子直通车"。通过发送电子邮件或登录政府网站，公众能适时地与行政机关取得联系，与政府工作人员进行直接的政治沟通和思想交流。这样就将以往公众与政府的"迂回沟通"变为"直接沟通"，增强了公众参与的有效性和实效性，能在一定程度上缓解公众的政治冷淡和消极参与，激励公众关注重要政治事件和一系列施政问题，大大提高公众参与政治的兴趣和积极性，培养现代公民的主人翁意识和参政议政意识。

从技术上考察，网络是一个没有边界的世界，提供了一个无中心的自由领域。在这里，人人都是信息中心，每个信息点既可以接受信息，也可以发布信息，各个权利主体相互平等，创造了以自由对话方式达成共识的良好氛围。这为公众提供了广阔的舞台，有利于唤醒、激发并充分发挥他们政治参与的自主性，从而变被动参与为主动参与。企业、社会团体、公民个人等，可以通过网络广泛地参政议政，而不再仅仅局限于一次性投票。譬如：① 通过 BBS 发表政务言论，就代表竞选、人事任免发表个人的看法和主张；对特定事项表达自己的意见、设想，以引起行政机关的注意。② 参加"网络听证会"，对政府职能部门或主管官员提出质询并与之对话，影响政府决策过程，监督政府施政方针与具体执行效果。③ 提出改进公共服务的意见和建议：大到关系国计民生，小到具体的柴米油盐，向政府工作献计献策；反映情况、问题和利益诉求，维护自身的合法权益，及时获得政府的帮助，以解决个人问题或享受更多的便民服务。

2. 电子政务降低了公众参与的成本

电子政务为公众的政治参与提供了良好的信息环境，解决了政府与公众之间的信息不对称问题，这也是电子政务促进公众政治参与的独特优势。

电子政务减少了人们实际参与政治的不安全感，使人们可以抛开种种现实的顾虑，真实地表达自己的见解，乃至进行网上举报。由于网络参政没有中间环节，公民与政府之间的沟通、交流更加直接和有效，从而能使经多层过滤导致信息失真的情形免于发生，以利于化解矛盾，确保社会稳定和团结。

电子政务借助信息技术的优势，为公民直接、广泛的民主参与创造条件。一些公民政治参与冷漠，在一定意义上是其理性计算的结果。公民扮演"经济人"的角色，计算政治参与的成本与收益。当参与的成本很高，而影响有限和收益不明显时，很多公民就不热心政治参与，而宁愿选择"搭便车"的行为。因此，鼓励公民政治参与的基本途径之一，就是降低参与的成本，提高参与的收益。

信息改变未来的主要原因之一在于降低政治沟通的成本。低价位、具有亲和力的个人计算机科技提供了政府与公民之间的绝佳联系，更使公众参与的本质发生了革命性的变化。电子政务为公民的政治参与提供了一种低成本、高便捷性的手段。例如，公民表达意见可以使用电子邮件，还可以直接登录政府相关网站，无须邮寄或打印的成本，而且非常迅速。此外，在传统政务工作中，原先需要在多个部门往返奔走、重复劳动的情况得到了根本性的改变，利用电子政务，只要进入相关的政府网站，在网上沟通、办理，就能轻松解决问题，避免了传统参与在时间和金钱上的浪费。

3. 电子政务拓展了公众参与的途径

随着网络信息技术的诞生和发展，大量政务信息的实时共享和双向交流在技术上成为可能，从而促使传统政务方式发生根本性的改变和政府管理创新的实现，电子政务应用的广度和深度不断加大，电子政务的应用形式和内容更加丰富与完备。电子政务依托的网络所具有的点对点、点对多点、多点对多点、双向、交互式、高速运行的模式及其所具有的穿越时空障碍、汇集来自无限途径的大量信息的能力，使政府组织结构完善、业务流程优化与网络化政务服务成为可能，使政府管理更加以公众为中心、更加透明、更加富有责任心与效率成为可能。

电子政务充分利用网络的信息交互方式，使政府以电子方式广泛而深入地同企业、公众及其他服务对象建立联系，及时获取信息并快速做出反应；同时，各种服务对象也以电子方式广泛而深入地参与到政务活动中，使公民具有更多的政务信息和参与途径，从而构建起一个全新的、双向沟通的参与体系，形成政府与公民之间更为密切的动态交互效应，为社会各界共同参与社会管理提供了新的推动力。

4. 电子政务提高了公众参与的能力

公民的参政能力主要取决于三个方面的因素：一是信息——知道政府在做什么或没

有做什么。公民对政府活动的充分了解，是其具有能力参与政府决策的前提条件。在电子政务环境下，通过推行政务公开，可以提高政府对公民的"可视化"程度，通过互联网，公民可以随时随地了解政府的活动情况。二是信念——判断政府应该做什么或不应该做什么的价值标准。公民参政能力的一个重要表现就是公民政治信念的稳定和成熟。公民获取政治知识，除依托国民教育外，另一个重要的途径是"社会网络"，互联网作为新的大众传媒工具，在公民政治知识的普及和传播方面发挥着独特且日益重要的作用。三是知识——关于社会问题的解决之道。公民就社会问题在互联网尤其是政务论坛上发表意见、参与讨论，在充分交流各自观点的同时，也极大地丰富了每个公民的专业知识，从而提升公民的参政能力。

电子政务将建立起一种协作更加紧密、关系更加和谐的新型政民关系。政府与社会各界资讯互通，便能以更快捷、更经济的方式，有效地获取、传递并共享信息。在动态交流中，彼此了解对方需求，从而构建起一个全新的、双向沟通的参与化管理体系。管理主体与客体之间形成更为密切的动态交互效应，也有助于增进政府与民众之间的信任，并会使民众真正感受到：政府是自己的政府，自己已融入施政过程中，政府的施政就是实现自己利益的过程。

▶▶（三）影响电子政务公众参与的因素

与一些发达国家相比，我国电子政务建设起步较晚、发展不平衡，在公众参与过程中难免存在一些不尽如人意的地方，如电子政务公众参与的发展相对滞后于信息技术的发展、电子政务中对公众参与的回应力度不够等。造成这些问题的原因不乏中国传统文化中消极因素的影响，也有现实社会中制度、环境、效果等多重因素的影响。

1. 文化因素

公众政治参与意识在很大程度上受政治文化和氛围的影响。我国传统政治文化中的臣民文化和官本位思想在一定程度上影响着政府工作人员和公众的网络参与。一方面，政府部门的一些工作人员"唯上"心理严重，迷信领导、专家的意见而忽视普通民众的意见，致使公众因建议不受重视而对网络问政失去兴趣和信心。另一方面，历史上参与型公民文化的长期缺失导致公众参与网络问政的意识淡薄，认为"此事与我无关"，或"担心言论被屏蔽或招惹是非"而不参与。由此可见，传统文化中的消极因素在很大程度上影响着公众参与意识的形成。

2. 环境因素

电子政务提供的网络参与环境包括各种网络设施、资源、平台、工具等，是公众参与网络问政的前提条件。然而，不同地区的公众接触网络的机会呈现出失衡状态，不同阶层的公众使用网络的频率存在显著差异，不同人群借助网络关注政治的程度也有异，从而造成网络参与的不均衡,理论上平等的网络政治参与权利和机会在实际上呈现出严重的不平等状态。那些在网络参与中处于弱势的群体(如年龄偏大、家庭收入偏低、受教育程度不高的人群)的利益诉求相对较难进入政治决策系统。由此,这种因信息落差引起的知识分隔和贫富分化成为当前制约公众参与的重要因素。除此之外,政府门户网站提供的公众参与渠道不健全、公众参与的网络空间混乱等都会对公众的网络参与行为产生影响。

3. 制度因素

在电子政务公众参与的实践中,制度化的保障不可或缺。然而,在我国,公众参与与快速发展的网络技术相比略显滞后,其中制度供给不足的因素十分明显。公众参与是保障公民的知情权、参与权、表达权和监督权的有效方式,但在政府决策过程中,政府与公民之间信息占有的极不对称,致使一部分公民失去了表达权。据调查,对于当前公众参与中存在的主要问题,很多人认为是政府管得太多,信息公开不够;也有不少人认为网络表达存在风险,缺乏必要的制度保障。可见,政府信息公开方面的制度供给不足成为公众参与的现实障碍。

4. 效果因素

有调查发现,当公众通过网络问政平台反映的问题没有得到解决时,有43%的公众选择了放弃,这说明网络问政的失败或无效会直接影响公众进一步的网络参与。当公众抱着极大的热情和期待参与网络问政却遭遇政府部门的冷漠时,公众的参与热情会急剧下降,他们会对自己影响政府的能力产生怀疑、对政府回应公民网络参与需求的信念产生怀疑,由此网络参与也可能演变成一种虚设。解决实际问题的效果不明显极大地抑制了公众进一步参与的热情和愿望。正因为如此,一部分公民认为网络参与对政府决策没有实质影响,从而也就失去了主动参与的积极性。

三、网络问政

随着电子政务的发展,网络问政作为网络时代公众参与的主要形式,越来越成为人们关注的热点。在社会各界不断推动网络问政实践的同时,学界对网络问政的理论研究也逐渐丰富和深入。

(一)网络问政的定义梳理

厘清网络问政的概念与内涵是对其进行理论研究的基础和前提。目前,学界对网络问政的定义尚没有统一的界定。学者们从不同的角度对网络问政进行了理解和阐释，但若从问政的行为主体角度来看，网络问政的定义可概括为三种类型。

一是政府主体型，即政府是网络问政的主体，发挥主导作用。如樊金山（2010）认为，网络问政是指各级党委、政府及领导干部通过网络与网民交流，进而收集民意、汇集民智，创新执政方式和提高执政能力的过程。①

二是公众主体型，即公众是网络问政的主体，主动参与网络政事。如黄月琴（2010）认为，网络问政是指公众通过互联网平台了解国家事务，了解和公众利益相关的信息，并发表自己的看法，在特殊的情况下公众还作为公民记者发布某些信息，进行制度外参政议政。②

三是互动型，即网络问政是双向互动的过程，问政的行为主体既可以是政府，也可以是公众。如郭芙蓉（2010）认为，网络问政一方面指政府通过互联网做宣传、做决策，了解民情、汇聚民智，也就是政府问计于民；另一方面指普通网民作为社会的一分子向政府官员献言献策，表达民意，问责、监督政府施政过程中的各种行为，从某种意义上说网络问政也是网络政治参与的一种表达方式，即网民问事于政。③

在网络问政过程中，政府和公众围绕"政"展开"问"与"答"，这是一个双向互动的过程。公众可以向党政部门及其领导人提问，表达各种诉求和意愿；党政部门及其领导人也可以向公众提问，即问政于民、问计于民，实现民主决策。政府与公众互为"问"与"答"的主体和客体。因此，互动型的定义更准确地阐述了网络问政的内涵。

（二）网络问政的要素分析

美国传播学先驱哈罗德·拉斯韦尔（Harold Lasswell）认为，传播过程的构成要素主要包括谁（Who）、说了什么（says What）、通过什么渠道（in Which channel）、对谁（to Whom）、取得了什么效果（with What effect）。这就是著名的拉斯韦尔"5W"模式，在今天，它已经成为研究信息传播过程的经典模式和方法。下面尝试采用信息传播的这一模式即从传播者、被传播者、渠道、内容、效果五个方面来解读网络问政。

1. 网络问政中的信息传播者与被传播者

如前文所述，在网络问政中，政府与公众的角色因传播信息的内容和目的不同而相互转化，即互为传播者和被传播者。通过网络平台，政府和公众一问一答，循环互动，构建了一种双向的平等的沟通反馈模式。

一方面，当政府作为信息传播的行为主体时，传播者不但包括各级党政部门，还包

---

① 樊金山. 网络问政及其发展态势探微［J］. 前沿，2010（17）：16.
② 黄月琴. 网络媒介的政府治理：对"网络问政"现象的分析［J］. 东南传播，2010（6）：23.
③ 郭芙蓉. 论网络问政的兴起及其理性限度［J］. 中国青年研究，2010（9）：60.

括领导干部。各级党政部门通过网络向社会发布信息，征询民意、引导舆论，进而实现决策的科学化和民主化。网络问政是政府执政为民的全新课题，而在这一过程中，政府以积极主动的姿态回应网络民意，则是构建网上官员与网民良性互动格局的关键，也是切实推进政府网上信息公开、打造阳光政府的基本要求。广大网民作为信息的被传播者，在被动接收政府信息的同时，还可以积极参与进来，与政府进行互动。

另一方面，当公众作为网络问政的行为主体时，传播者主要是指网民，各个地区、各个阶层、各个群体的公民都可以平等地参与到网络问政中，参与主体呈现出多元化的特点。网络问政是我国广大网民参与公共事务讨论和表达自身利益诉求的有效方式，他们通过网络平台直接向各级党政部门甚至高层领导人自由表达自身的正当利益诉求，直接接收政府发布的信息并及时反馈信息，积极参政议政。在广东网民论坛上，曾经有几位知名网友联名发起成立了"南方民间智库"，目的在于分享信息、汇聚民智、建言献策。和个体网民不同的是，智库可以对公共话题进行专业的政策研究并提出建设性的对策，而不是只有批评。公民积极、有序地参与网络问政，充分享有当家做主的权利，也是我国民主政治发展的重要表现。而相对于网民发出的各种信息，政府作为信息的接收者，在面对千差万别的海量网络信息时，则需要及时转变角色，进行科学的判断和处理。

2. 网络问政的渠道

飞速发展的网络信息技术为网络问政提供了必要的技术保障和物质载体，它在满足个体信息需求的同时，也在深入发掘着每一个生命个体的信息创造与信息传播能量，从而推动了问政渠道的多样化。各种现代的问政渠道不断地进行着功能整合，以满足人们多种问政渠道的需求。

一是在线问政。这是网络问政最直接的形式。主动在线问政有助于拉近政府与公众之间的距离，增强政治合法性。自2008年以来，领导人在线问政逐渐成为越来越多地方政府的共识，各级党政部门领导人纷纷与网民进行在线交流。

二是网站留言板。各级政府依托自己的政府网站或在其他网站上开辟留言板，发布信息、征询民意。公众可以登录留言板给有关部门或领导人留言，或建言献策，或表达意愿，或发表评论。人民网2006年创办的"有话网上说"栏目，为地方政府领导人开通了专属留言板，在政府和网民之间搭建了信息交流平台，其品牌效应和社会影响力逐步扩大，越来越多的省级领导人和地市级领导人通过这一栏目与网民互动。

三是网络新闻发言人。政府发言人制度在我国早已建立，近年来互联网在政府信息公开和政务活动中的广泛应用催生了网络新闻发言人。他通过整合各类政府信息资源，以文字、图片、视频等多种形式，在互联网上发布政务信息，并就公众关心的问题，以"网络新闻发言人"的名义发帖或跟帖予以答复。这样既直接地传达了政府信息和权威声音，又及时地对网络民意做出反馈。网络新闻发言人不仅是政府发言人制度的延伸，更是网络时代政府与公众互动的良好范式。

四是电子邮件。在信息时代，人们出于联系的需要拥有一个或几个电子邮箱早已不足为奇。网络问政的兴起促使政府部门也纷纷设立电子邮箱，以便于同公众进行沟通交流。2009年5月4日，最高人民法院开通民意沟通电子邮箱，随后最高人民法院办公厅发出通知，要求各级人民法院通过中国法院网尽快开通民意沟通电子信箱并投入使用，由此全国多家法院及其他一些政府部门也相继开通电子邮箱，从而进一步拓宽了问政渠道。

五是网络论坛。网络论坛是网民分享心情、发表观点、进行评论的网络场地。在这个虚拟的网络空间，网民们围绕各种话题展开讨论，对一些关乎民生社稷的公共事件尤为关注。他们自觉或不自觉地扮演着评论员、记录员、审判员等多重角色。人民网1999年创办的"强国论坛"，是中国新闻网站中最早开办的时政论坛。类似的政务论坛还有新华网的"发展论坛"及各级政府网站开设的政务论坛。除此之外，还有百度贴吧、天涯社区等综合性论坛。这些网络论坛为网民建言献策、畅谈国事民生搭建了广阔的平台。

六是即时通信。即时通信是指能够即时发送和接收互联网消息等的业务平台，分为客户端即时通信（微信、QQ、陌陌、钉钉、飞书等）和浏览器即时通信（Website Live、Live800等），可以即时实现两人或多人之间的信息交流。近年来，即时通信已从最初的网络聊天工具逐渐发展为集网聊、邮件、音乐、游戏、搜索等多种功能于一体的综合性信息平台，在我国各级党政部门的工作中也得到了广泛应用，成为网络问政的重要渠道之一。

七是博客、微博。博客是20世纪90年代末兴起的一种网络交流方式。它是以网络为载体，能够简易迅速便捷地发布自己的心得，及时有效轻松地与他人进行交流，集文字、图片、影像、各种链接、相关主题等丰富多彩的个性化展示为一体的网络日记。在某种意义上，博客可以理解为个人思想、观点、知识在互联网上的共享，是一种基于个人知识资源的网络信息传递形式。对于各级党政部门及领导人来说，开通博客是更好地了解社情民意的重要渠道。尤其是2009年兴起的微博更是深受网民的推崇，微博以其快速的信息传播和良好的互动功能，吸引了很多政府机构和官员进驻。2011年的全国两会更是把"微博问政"推向了高潮。截至2022年，我国绝大部分地区都已开通政务微博。作为网络时代的问政渠道，微博正以其强劲的生命力迅速崛起。

八是专门的问政网站。如奥一网（https://www.oeeeee.com）就是网络问政平台的先锋和典型。通过奥一网，网民可与广东省委常委、省政府主要领导，多个省直机关、地市负责人，县委书记及县长直接沟通交流。2006年全国及省市两会期间，奥一网全国首推"有话问总理""有话问省长""有话问市长"等互动栏目，三年后在此基础上推出了全国第一个以"网络问政"为名称的系统化平台。奥一网作为系统化的问政平台，在打造阳光政府、塑造网络公民、回应网络民意、构建官民良性沟通机制方面发挥了重要作用，得到了政府和普通民众的一致认可。

3. 网络问政的内容

网络问政的内容落在"政"上，孙中山认为"政是众人之事"，网络问政中政府和公众通过各种问政渠道问的自然就是众人之事。各种问政平台上问政的内容极为丰富和广泛，主要涉及公众和社会广泛关注的热点和焦点问题。

以奥一网为例，问政的内容主要包括微观、中观和宏观三大类：微观问政类，主要关乎发帖人个人利益，从局部角度提出问题、建议、投诉等，问题的解决可以惠及个别人，能解民忧、纾民怨，缓解社会压力；中观问政类，问题表面上看是某个人的事，但具有广泛性和行业性，问题的解决可以惠及多数人；宏观问政类，主要是指基于公众利益的诉求，关注的是社会公共价值，为大多数人的利益呼吁，并且是理性、合法的表达，闪耀着民间智慧的光芒。

而从网络问政内容涉及的社会领域来看，不仅仅是政治问题，还包括经济、文化、教育、医疗、卫生、交通、就业、养老、保险等诸多社会问题。在这个平等、开放、互动的网络空间，只要符合法律规定，任何一个参与的个体都有充分表达自己意见的自由。现实生活中的一些问题在网络社会可以原版复制甚至得到放大或缩小，从而折射出现实生活中的各种利益关系。这些网络民意反映社会各阶层不同群体的利益，是政府捕捉舆情、挖掘民智的"信息库"。在网络时代，网络民意对政府决策的影响已不容忽视。

4. 网络问政的效果

自2008年以来，"网络问政"一词频频见诸媒体，这一年也被媒体称为"网络问政元年"。几年间，网络问政在全国各地迅速发展，在不知不觉中改变着人们的生活。从理论上说，网络问政在促进政府职能转变，实施网络监督，引导网络舆论，保障公民的知情权、参与权、表达权和监督权等方面都产生了积极的影响。从实践上说，网络问政的实际效果则是它的生命力所在。

网络是一个虚拟的空间，不管公众的网络参与热情有多高、讨论有多激烈，也不管政府的网上态度有多亲和、言语有多完美，所有的问题都必须通过现实落地，都要回到现实中解决。如果各级政府官员仅仅停留在上网发布信息、织织"围脖"等网上活动，而不深入基层解决问题的话，网络问政势必沦为政府官员作秀的T台。只有采取措施把网络中发现的群众最关心、最直接、最现实的问题转入现实工作渠道加以研究解决，才能真正做到"网上听取民声，网下解决问题"，达到网络问政的效果。广东省委、省政府为确保奥一网问政平台反映的民意能够得到及时回应，采取了一些富有成效的措施，如将网络民意汇总、分类、整理，编辑成"网络内参"，交由相关职能部门以便落实；定期集中讨论，落实网络民意，进而实现网络问政与现实政治的对接。唯有将"问"

落实到"办",才能真正"问"出成效,"广式"网络问政为其他各地网络问政提供了有益借鉴。

如今,网络问政正以其强大的生命力不断地向前发展,它已经从一种社会现象发展成为一种政治现象,影响着人们的政治生活。面对网络问政这一社会进步的产物,人们在惊喜它带来各种好处的同时,也应该冷静地思考和理性地分析。如何在法律和道德约束相对薄弱的网络环境中,规范网民的行为,提高网民的素养?如何在信息泛滥的网络环境中,保持政府的公信力,塑造政府良好的形象?如何充分发挥网络新媒体在拓展网络问政渠道方面的积极作用?如何实现网络问政与现实政治的真正对接?如何保障网络问政的规范化、制度化和常态化?……诸如此类问题伴随着网络问政的发展接踵而来,亟须我们进一步探讨和研究。相信网络问政的内涵也必将随着实践的发展、研究的深入而不断丰富。

(三)我国网络问政的实践

随着互联网的普及,网络问政渐成常态,老百姓只要点点手机、敲敲键盘,就可直接与相关部门沟通对话。网民来自老百姓,老百姓上了网,民意也就上了网。网络舆论场成为至关重要的民意集散地,网络问政成为提高行政效率、更好联系群众和服务群众的方式。求助有渠道、诉求有回应,网络问政成为社会管理的常态,其形式更丰富,作用也更重要。与此同时,社交媒体的发展让网络问政的形式越来越丰富。以往各级党政领导到网络直播间、论坛跟网民互动,通过网络收集网民意见。进入移动互联网时代,尤其是"两微一端"发展起来以后,政府与民众信息交流的方式发生了新变化。

"政府上网工程"启动二十多年来,我国大力推进政务公开透明。网络问政作为政府与民众之间的沟通桥梁,一方面可以帮助政府部门及时发现工作中的问题和不足,另一方面可以畅通民众发表意见的渠道。从2002年开始,人民网每年都会在全国两会召开前,通过在线调查请网友投票建言,人民网"两会调查"上线后,关注度逐年上升,两会调查已成为官方决策的重要参考和网络问政的新亮点。

网络问政大幅提高了政府部门的办事效率,增加了政府工作的准确性。通过网络问政,政务工作的上传和下达实现了"去中介化",加速了信息的流转。政府部门可以收集更多、更细致的民意,直接传达信息。网络问政以较低的成本打通了政府与民众交流沟通的渠道。中间层的减少有效提高了交流的效率,降低了成本。目前,中国已建成31个省级政务服务平台,重庆市、浙江省等多地政府相继推出"掌上办公"平台。

尽管网络问政已成常态,但在其发展过程中也应注意一些问题,不能因为走得太快而"迷了路"。

一是精选网络问政平台。如今,"两微一端"等新的传播方式为网络问政提供了新平台,抢占阵地成为不少部门和机构的选择。但是,网络问政平台建设不能铺张浪费,要避免重复建设。虽然可供选择的平台越来越多，但网络问政新媒体平台求"精"而不能求"多"。政府部门要求真务实、精选平台，从民众的实际需求出发。

二是兼顾新旧问政渠道。近几年，网络问政已经成为民众生活中的"必需品"，但不能因此抛弃传统的问政和互动。既要重视"键对键"的方法和手段创新，也要重视面对面等"老办法、土办法"的传承和弘扬。政府部门要从事实层面、从根本上解决问题，网络问政只是政府与民众交流的一种方式，不能把希望全部寄托在网络问政上。

资料阅读

依托网路，广开言路　立足揭阳，服务民生

揭阳市委网信办与《南方日报》、"南方+"共同推出《揭阳 e 评》栏目，现上线试运行，将聚焦揭阳老百姓关心的热点问题，观察揭阳城乡发展变化，为人民群众发声，为揭阳发展鼓与呼。

揭阳市是粤东人口第一大市，有 700 多万户籍人口，户籍人口比丹麦、新加坡的全国人口还多，每个人每天都可能遇到烦心事、操心事，可想而知，揭阳市做好基层治理绝非易事，对党员干部的综合能力和服务意识提出了很高的要求。揭阳"急难愁盼我来办"网上群众工作平台作为揭阳市 2022 年度民生实事项目的"第一号"，正是揭阳市响应人民群众呼声、落实揭阳市委"三个最"要求、密切党群关系、优化政务服务的创新举措。

平台为群众打开了与党政领导直接对话的"窗口"。在网上群众工作平台上，群众能自主选择留言对象，既可以选择直接给揭阳市委书记、市长留言，也可以选择给各县（市、区）党政领导留言。揭阳市绝大多数的市民与各级党政领导素未谋面，但在平台上，任何一位市民都可以与党政领导成为平等交流的"网友"，这一大胆创新之举极大地缩小了干群距离，拉近了党群关系。有了直接向党政领导反映民意的"路子"，群众的积极性和能动性被调动了起来，主人翁意识和参与感自然增强了，有力推动了揭阳市"共建、共治、共享"社会治理新格局的构建。

（资料来源：《南方日报》，2022-05-16，有改动）

四、电子民主

随着网络信息技术的不断发展，电子政务背景下的公众参与需要同政府政治改革结

合起来，有序地推进民主进程。网络只是手段，民主才是目的。利用电子信息技术来增进政治民主被学者形象地称为电子民主。

（一）电子民主的出现

电子民主是随着计算机技术和互联网的发展而兴起的一种新型的政治参与手段和模式，越来越多的国家把倡导电子民主、吸引公民参政议政作为电子政务的实施目标之一。当前比较常见的电子投票、电子论坛等都属于电子民主的范畴。

电子投票是电子民主较为常见的一种形式，主要用于选民的在线选举或者就某项政治议案表达意见（同意或者反对）。一般情况下，公众可以通过网络中心申请投票号码，然后根据自己的选择用该号码进行投票登记。

电子论坛是电子民主的又一种常见形式，它是网络媒体为用户在互联网上就新闻和社会问题发表和交换意见所提供的场所，是在相互传递和交换信息过程中形成的一种无形的用户交流网。广义的电子论坛，包括邮件列表、在线聊天室、新闻组、BBS电子公告牌等。人们可以通过电子论坛就自己感兴趣的话题进行交流，发表自己的见解。

电子政务勾起了人们对雅典式民主的渴望，因为信息技术和互联网使人们跨越时空的障碍进行信息交流成为可能。当互联网被作为信息沟通的基准时，人们就可以坐在电脑前，通过网络聚集在一个虚拟的广场上，像古代雅典人一样面对面地了解情况、发表看法、交流意见、行使权利。网络所具有的去中间化、去中心化、及时沟通等特性，让人们不需要借助中间人就可以获取充足的信息与表达意见，这不禁让人们开始认真思考以电子民主为代表的直接民主的可能性。网络为每个人提供了接近信息和权力的渠道，参与社会、经济、政治方面决策的人数将会增加，政治的透明和实质的民主成为可能。在高新技术使世界变得越来越小的现代社会，人们期待电子民主能够带来更加完美的民主政治生活。

（二）电子民主的概念与内涵

1. 电子民主的概念

马克思主义认为，民主是特定的上层建筑，以特定的社会经济为基础，同时又服务于特定的社会经济关系。卡尔·科恩（Carl Cohen）指出，民主是一种社会管理体制，在该体制中社会成员大体上能直接或间接地参与影响全体成员的决策。约瑟夫·A.熊彼特（Joseph A. Schumpeter）认为，民主是某些人通过争取人民选票而取得做出决定的权力。通过总结以上学者对民主的定义，我们可以得出，民主是上层阶级以一定社会经济为基础，对下层阶级的一种管理，在这种管理中，社会的所有成员都可以通过一定的方式（主要通过选票的方式参与到社会政治活动中）直接或间接地参与到影响整个政治阶层的决策中。

民主可分为直接民主和间接民主，无论是直接的还是间接的，它们的主要内容都是人民群众的参与，民众需要通过一定的渠道参与政府管理及社会公共事务。

直接民主是指全体社会成员直接参与政府管理或决定社会公共事务。直接民主的实现方式包括全民表决、全民讨论、群众自治等。全民表决是指全体社会成员对国家的政治决策进行表决；全民讨论是指全体社会成员对社会中的公共事务进行讨论；群众自治是指社会个人、群体对自身进行教育和管理。

间接民主一般是指代议制民主，是与直接民主相对的概念。在间接民主中，公众不能直接参与政府管理，而是选举出代表参与政府管理。我国的人民代表大会制度就是一种间接民主，公众选举出的代表将维护公众的利益，政府将在代表的监督下进行政府管理。

简单地说，电子民主就是利用信息和通信技术所体现的民主。具体地说，电子民主是指在实现民主的过程中，通过利用信息和通信技术进行关于价值理念、政治立场或其他个人意见等的电子交流。电子民主包括的内容和涉及的范围很广，其主要表现形式有在线民意调查、在线投票、在线选举、在线立法及选举人与被选举人的电子交流等。此外，政府通过网络向公众公开政府信息及公民个人以电子形式提请查询政府信息，都属于电子民主的范畴。

2. 电子民主的内涵

电子民主的内涵可以从以下两个方面来理解：

首先，电子民主可以理解为一个民主工具的集合。利用计算机、互联网、信息安全等技术，可以开发出各种民主工具，如信息发布、在线交流、民意调查、电子申诉、电子咨询、电子选举、电子投票、电子计票等。借助这些工具，公众可以更快地了解政府政策制定过程中的最新信息，更公开地表达自己的政治主张，更直接地向政府部门反馈信息和提供经验，足不出户地选择自己的政治代表和满意的政策方案，等等。这些工具的共同价值在于可以降低民主过程的成本，提高公众参与、协商与自主管理的能力。

其次，电子民主可以理解为一种民主形态。电子民主并不是一种独立的民主形态，而是现代信息技术与民主的新的结合形态。具体来看，这种新形态又可分为两个层次：第一个层次的特征是原有民主过程中信息处理的效率得到了提高。比如，用互联网、移动终端代替张贴纸质公告或出版宣传书籍来发布信息；公众可以利用互联网向政府工作人员咨询相关业务，代替了直接前往相关部门咨询；政府可以通过电子手段调查公众对公共政策的意见、建议，代替了召开相关会议；利用电子投票器或读卡器投票、计票，代替了人工计投票；等等。第二个层次是出现了新的民主过程，其中最突出的就是互联网提供了一个直接的对话机器。对话不仅建立在政府与公众之间，而且也建立在公众与公众之间，从而使公众能够直接参与政策制定过程。比如，政府官员通过网络聊天室与

公众直接对话，通过电子论坛、博客、微博等社交工具与公众就政治和政策问题展开广泛讨论，政府部门也可以利用这些工具与公众进行实时互动。

在网络社会，这种全新的电子民主模式，既是直接民主的具体体现，也在一定程度上改善了代议制民主的效能。在可以预见的将来，选民与代表或议员间的关系会更加密切。

网络征民意，民主更有"烟火气"

盛世逢盛会，盛会连民心。2022年即将召开的党的二十大，是党和国家政治生活中的大事、喜事、盛事。党的二十大"网络征民意"，是党的历史上的"第一次"，充分彰显以习近平同志为核心的党中央发扬民主、集思广益的优良作风，充分展现中国共产党自信开放、守正创新的良好形象。这"第一次"，更是触摸全过程人民民主脉搏、感受全过程人民民主力量的宝贵契机。

网络征民意，走的是"网上群众路线"。善为治者，贵在求民之稳，达民之情。10亿多公民上了网，公共治理体系和治理能力自然就要走好新时代的"网上赶考之路"。"网上群众路线"开启了"键对键""点对点""心对心"的沟通与交流，流程更少、效率更高，谈问题、聊想法、谋发展，"金点子"越来越多，好想法越来越密。党的二十大"网络征民意"，就是新时代的"从群众中来、到群众中去"，真正体现了"一切为了群众、一切依靠群众"的世界观与方法论，有助于最终把党的正确主张变为群众的自觉行动。

网络征民意，奏响全过程人民民主强音。党的十九届六中全会通过的《中共中央关于党的百年奋斗重大成就和历史经验的决议》强调，发展全过程人民民主，保证人民当家做主。全过程人民民主，是把人民当家做主具体地、现实地体现到政治生活与社会生活的方方面面，让人民群众看得见、摸得着。这样的民主，因真实而行稳致远，因广泛而一呼百应，因管用而立竿见影。比如，《人民日报》通过人民网"领导留言板"开设"我为党的二十大建言献策"专栏后，短短数日已收到有效网友留言近2万件。留言量前五位的省（自治区、直辖市）分别是：广东、江苏、河南、河北、四川。可见，网络征民意，好用管用，深得民心。

网络征民意，协力画出最大"同心圆"。集思广益才能顺民意、察民情，广开言路才能集民智、聚民心。前路越是曲折、情况越是复杂，就越需要信心与决心，越需要共识与合力。此次网络征求意见的内容主要包括八个方面，领域皆是"国之大者"，议题多为重中之重。根据安排，对收集的意见和建议，有关部门将进行汇总整理和分析研究，为党的二十大相关工作提供参考。可以预言的是，将10亿多网民的意愿形成最大"公约数"、协力共绘"同心圆"，这为社会各界开辟了一条参与国家政治生活的便捷途径，也必将扎扎实实提升人民群众的获得感、幸福感、安全感。

花开潮起，春风十里。在广阔网络天地问政于民、问需于民、问计于民，这本身就以铁一般的事实证明"中国式民主在中国行得通、很管用"。就像网友说的，通过网络建言献策让民主的"烟火气"更浓。涓涓细流汇江海，磅礴民意有党听——听民声、汇民智的党的二十大，必会不负新时代、启航新未来。

（资料来源：南通网，2022-04-17，有改动）

（三）电子民主对政府管理的促进作用

电子民主促使行政组织积极转变管理理念，从内部和外部两个方面，实现政府管理、运作方式的民主化和行政决策的科学化，避免、减少和纠正失误，推动政策实施，取得具体的政策效果。同时，方便相关事务的处理，有效地改善服务质量，不断提高公共服务水平，达到改进政府工作的目的。概括地说，电子民主对政府管理的促进作用可以从内、外两个方面来看。

1. 行政组织内部运作方式民主化

首先，电子民主下的决策由信息技术支持，采用现代决策机制、原则和方法，严格遵循科学的决策程序，能够有效避免传统民主决策的种种缺陷。在决策过程中，信息管理系统以多个数据库和控制系统对信息进行加工整理，为决策提供全面、准确、即时的信息资源；专家系统以完备的知识体系为决策出谋划策，提供有力的智力支持；监督反馈系统以迅捷的信息反馈渠道为支点，监督决策执行过程，保证决策执行不偏离方向，最终实现决策目标。因此，尽管决策权还是掌握在决策中枢系统的少数人手里，但实际上他们可选择的范围已经被限定在有限的空间内，个人因素已无法在决策中发挥关键性作用，不能实际左右决策结果，带有浓厚个人主观色彩的经验决策、直觉决策受到极大限制。网络状态的政府管理，使上下级政府之间、政府部门之间、政府部门内部充分的信息资源共享成为可能；跨地区、跨部门的电子交互使行政组织之间的信息差距日益缩小。如电子邮件、办公自动化、电子公文处理等技术手段的具体运用，提高了基层政府的行政能力。

其次，近年来，我国公务员队伍新陈代谢效果显著：一方面，各级政府机构改革、裁减冗员、人员分流；另一方面，全面推行规范的国家公务员考试制度，从而使政府工作人员总体素质提高并呈现年轻化、知识化趋势。这为行政权力分散或下移给不同的权力主体创造了必要的条件。赫伯特·考夫曼（Herbert Kaufman）认为："在更多的情况下，行政分权被解释为大众对政府工作的有效参与。"

信息网络的非中心化特征，打破了行政组织中只有一个中心的现象。在信息网络结构中，人人都可以享有信息，对政府的政策、计划、方案、措施提出意见和建议，从而发挥公务员参与行政管理的自主性和能动性，调动下级部门的积极性，把行政决策权力的运行置于民主监督中，使民主行政得到充分扩展。

2. 行政组织外部运作方式民主化

罗伯特·A.达尔（Robert A. Dahl）认为，民主首先是有效的参与，即政策实施之前，所有的社会成员应当拥有同等有效的机会表述对政策的看法。电子民主缩短了行政组织与社会、企业、公众之间的距离，政府可以通过网络渠道向社会公开政府信息，及时传达政府的方针、政策、施政意图或决策倾向；就一些问题对企业、公众及其他服务对象开展网上民意调查，更直接、更广泛、更及时地收集群众意见，全面了解社情民意；对公众意见和需求迅速做出反应，及时处理公众提出的各种要求，提供各种政策咨询及更具体、更个性化的服务。

政府在履行行政管理职能过程中，必须摒弃传统行政文化中的特权思想，更加重视公众参与在行政管理尤其是立法和决策中的重要作用。对于涉及公民个人或社会组织重大利益或有深远社会影响的一些行政事项，应建立重大决策的公众听证、提案、表决等制度。在制定政策或做出决定之前，政府可以在网上向社会公布预案，通过各种方式（如专门的网上信箱或在政府网站开辟论坛）与公众高度互动，切实听取各方意见，特别是来自不同层面的意见，让更多的公众通过网络就政府所拟决定及其理由参与讨论、发表意见、提出建议，以便有效汇集群众智慧，在民众意愿的基础上，经过反复充分的博弈，最后做出正式决策，制定相应的公共管理政策，以便真正地依民意行政。在必要的情况下，政府甚至可以举行网上电子投票或公决，而网络媒体的高容纳性能使集体决策的参与范围扩展到所有能使用网络终端的公民。

以前的民意调查以电话、邮政信函为主。随着电子民主的发展，现在网上民意调查越来越受到政府的重视。

政府部门的服务质量，在某种程度上取决于工作过程中双方合作的程度，而不仅仅取决于政府单方面的服务提供。成功的行政举措往往建立在对民众需求的充分理解上。一项真正具有效率、效能的服务，需要行政组织中各级员工和服务对象的主动广泛参与。譬如，实施前，在公众中充分酝酿和征求建议；实施中，通过各种渠道（包括网络的虚拟渠道）反馈措施实效和群众意见，并对决策进行局部调节和完善。这样方能在实施后获得最佳绩效。

【本讲小结】

本讲主要介绍了公众参与、电子政务公众参与的概念，电子政务公众参与在我国的发展情况，电子政务对公众参与的促进作用及影响电子政务公众参与的因素；对网络问政的概念和要素进行解读，分析了网络问政实践的发展情况；讲述了电子民主的出现，分析了电子民主的概念与内涵及电子民主对政府管理的促进作用。

【课后练习】

1. 如何理解公众参与、电子政务公众参与的概念与内涵？
2. 我国电子政务公众参与的发展历程如何？
3. 电子政务对公众参与的促进作用表现在哪些方面？
4. 影响我国电子政务公众参与的因素有哪些？
5. 如何理解网络问政的概念及要素？
6. 如何理解电子民主的概念与内涵？
7. 结合实践案例，分析电子民主对政府管理的促进作用。

网络问政　办事不用跑

"路上的窨井盖没了谁来管？""出租车乱收费怎么办？""三伏天公交车上怎么没开空调？"……在网络问政平台上，群众的"小问题"成为各级领导干部的"必答题"。随着网络问政渐成常态，老百姓只要点点手机、敲敲键盘，就可直接与相关部门沟通对话。求助有渠道、诉求有回应，随着网络问政成为社会管理的常态，其形式与作用也更丰富、更重要。

百姓省力

山东省推行电视问政和网络问政，每周安排一名省直部门主要负责人，公开向社会和群众答疑。网民来自老百姓，老百姓上了网，民意也就上了网。网络舆论场成为至关重要的民意集散地后，网络问政便成为提高行政效率、更好联系群众和服务群众的方式。与此同时，社交媒体的发展，让网络问政的形式越来越丰富。清华大学新闻与传播学院教授说："过去，各级官员到网络直播间、论坛跟网民互动，通过网络收集网民意见。进入移动互联网时代，尤其是'两微一端'发展起来之后，政府和民众信息交流的方式发生了新变化。"北京市昌平区委宣传部部长指出，要精准打通与群众沟通的"最后一公里"，搭建地方党委、政府与群众沟通的平台，整合各类政务信息的发布，畅通网络问政渠道，及时收集和整理本地群众在环境卫生、生态环保、教育医疗等方面的现实诉求，促进网民与党委、政府互动交流。

民意畅通

过去十几年，中国大力推进政务公开透明。网络问政作为政府与百姓之间的沟通桥梁，一方面可以帮助政府部门及时发现工作中的问题和不足，另一方面可以畅通百姓发表意见的渠道。网络问政大幅提高了政府部门的办事效率，增加了政府工作的准确性。目前，中国已建成31个省级政务服务平台，重庆市、浙江省等多地政府相继推出"掌上办公"平台。在成都，2018年该市网络理政平台受理群众来电来信318万余件，诉求解决率达86.97%。

平台务实

尽管网络问政已成常态，但在其发展过程中也要注意一些问题，不能因为走得太快而"迷了路"。如今，"两微一端"等新的传播方式为网络问政提供了新平台，抢占阵地成为不少部门和机构的选择。但网络问政平台的建设不能铺张浪费，要避免重复建设。虽然平台的选择越来越多，但网络问政新媒体平台要求"精"而不能求"多"。政府部门要求真务实、精选平台，从民众的实际需求出发。近几年，网络问政已经成为民众生活中的"必需品"，但不能因此抛弃传统的问政和互动。既要重视"键对键"的方法和手段创新，也要重视"面对面"等老办法、土办法的传承和弘扬。

[资料来源：《人民日报（海外版）》，2019-02-25，有改动]

第七讲

电子政务网站建设

【学习目标】

掌握电子政务网站的相关概念、电子政务网站的功能；了解我国电子政务网站的发展历程；领会电子政务网站建设的理念；掌握电子政务网站建设的各项内容，并能够结合实践进行案例分析。

【关键术语】

网站；政府网站；门户网站；政府门户网站；电子政务网站；域名；网页

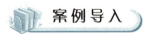

自 1996 年我国第一家政府网站在海南省上线以来，到 2006 年我国各级政府的网站体系基本建成。2015 年，国务院办公厅组织开展了第一次全国政府网站普查，之后全国各地都开展了政府网站普查工作。迄今为止，我国已建成由全国政府网站信息报送系统和全国政府网站基本信息数据库等基础设施构成的动态政府网站监测系统。

2020 年 12 月 16 日，国务院办公厅政府信息与政务公开办公室发布《2020 年政府网站和政务新媒体检查情况通报》（以下简称《通报》），显示 39.5% 的地方政府网站迁入省（自治区、直辖市）集约化平台运行，"一网通查""一网通办"相关工作大大提速；全国政府网站集约共享持续推进，"网上看""指尖办"越发成为常态。经过几年的集约化的平台和资源整合发展，全国政府网站已从第一次普查的 85 890 个缩减到 14 260 个（2020 年 12 月）。

国办政务公开办有关工作人员介绍，"'数据底座'一词首次出现在抽查通报中，对政府网站和政务新媒体建立信息资源库的工作提出更高要求，希望两者在建设过程中能进行深度融合，发挥各自特点，实现功能互补。在试点地区推进后，建立数据底座、政府网站和政务新媒体集约融合发展的工作还将在全国推广。"

各级政府网站和政务新媒体为疫情防控与纾困惠企提供了有力支持。《通报》显示，31 个省（自治区、直辖市）政府门户网站均在显著位置开设疫情防控专题专栏，第一时间集中发布疫情信息。北京大学政府管理学院副院长说，"政府网站和政务新媒体'战时'积累的工作方式、技术支持、规则要求等，更好地维护了社会稳定，保障了公众知情权，将为以后的政务服务工作提供宝贵经验。"

（资料来源：《人民日报》，2020 - 12 - 17，有改动）

案例思考：
1. 什么是政府网站？
2. 政府网站有哪些功能？

电子政务网站是现代信息技术和互联网技术与政府管理和服务相结合的产物，是政府发布政务信息和提供服务的网络站点，也是公众了解政府、获取政务信息的重要渠道，是电子政务系统的重要组成部分，因此，政府高度重视电子政务网站建设和管理工作。从1999年我国启动"政府上网工程"开始，中共中央办公厅、国务院办公厅等部门陆续出台了一系列相关的政策法规，如《关于深化政务公开加强政务服务的意见》（中办发〔2011〕22号）、《关于进一步加强政府网站管理工作的通知》（国办函〔2011〕40号）、《政府网站发展指引》等，明确要求各级政府充分重视电子政务网站建设和管理工作，通过电子政务网站的建设促进行政管理体制改革，以进一步推动服务型政府的建设。

一、电子政务网站相关概念

（一）网站

网站是互联网技术发展的产物，是由网络服务商提供诸如信息查询、搜集、交流、沟通等网络服务的信息空间。按照采用的技术和提供的服务类型划分，网站可分为Web站点、FTP站点、BBS站点、邮件服务站点、博客站点等。其中，Web站点主要提供基于HTTP协议的超文本信息浏览服务，是运用最为普遍的互联网应用，因此，很多人将网站等同于Web站点；FTP站点主要提供文件传输服务；BBS站点提供电子公告服务，后发展成为网民参与话题讨论的电子论坛；邮件服务站点提供电子邮件空间和电子邮件收发服务；博客站点主要提供网络日志记录服务，目前是网民广发言论的渠道。

按照所有者或建设者的情况划分，网站可分为个人网站和组织机构网站。个人网站是指由公民个人拥有或建设的网站，如个人博客就属于这种类型；组织机构网站是指由政府机关、企事业单位、社会组织等拥有或建设的网站，按照组织机构的性质划分，又可进一步分为政府网站、商业网站、非营利组织网站等。

（二）电子政务网站

电子政务网站从本质上讲就是政府网站，是指政府利用现代信息技术与互联网技术开发建设的面向政府业务和公共服务的跨部门的、综合的业务应用系统,使公民、企业、政府工作人员都能快速便捷地接入所有相关政府部门的业务应用、组织内容与信息,并获得个性化服务,使合适的人能够在恰当的时间获得恰当的服务。政府网站拥有独立的域名,以.gov 为标志。

政府网站作为电子政务的基础和电子政务发展程度的主要标志,不仅是宣传政府形象的窗口,政府发布信息、服务社会的主要渠道,更是实现公众与政府沟通互动的载体。政府网站设计的理想情况是公众一次性地将办理业务所需的各种信息通过政府网站传递到政府信息库中,政府各个部门将分别按照自己的需要从信息库中获取这些信息,这样各项业务就可以并行处理,业务之间的衔接和次序由网站系统协调与调整,所有业务处理完毕后,仍然通过政府网站通知用户或直接将处理结果告知用户。

▶▶(三)政府门户网站

门户原意是正门、入口,现多用于互联网的门户网站和企业应用系统的门户系统。广义地理解,门户网站是一个应用框架,它将各种应用系统、数据资源和互联网资源集成到一个信息管理平台上,并以统一的界面提供给用户,使门户提供者能快速建立与用户之间的信息和服务通道。狭义地理解,门户网站是指通向某类综合性互联网信息资源,并提供有关信息服务的应用系统。因此,并非所有的网站都是门户网站。

门户网站通过集合众多内容,提供多样服务,成为互联网用户的首选网站。同时,门户网站引导互联网用户前往其他目标网站,普遍具有鲜明的个性化特征和地域性特征;及时跟踪用户的使用兴趣、爱好和行为,满足用户的需求;通过桌面化组织管理和资源分类,消除信息冗余,使用户能顺利访问多种类型的信息。

政府门户网站是电子政务系统的重要组成部分,是实现电子政务首先要解决的问题。所谓政府门户网站,就是由政府部门统一建立的门户网站,通过高速接入互联网实现资源共享,是电子政务统一的对外窗口,是为公众、企业、下属单位等提供信息和服务,并使用户以最简单的操作方法方便、快速地找到自己所需信息的主要途径。

二、我国电子政务网站的发展历程

1998 年 4 月,青岛市在互联网上建立了我国第一个严格意义上的政府网站"青岛政务信息公众网",标志着中国电子政务工程迈出了可喜的一步。1999 年 1 月 22 日,由中国电信和国家经济贸易委员会经济信息中心牵头,联合 40 多家部,委(办、局)信息主管部门在北京召开了"政府上网工程启动大会","政府上网工程"的主站点开通试运行，揭开了1999年"政府上网年"的序幕。随着政府上网工程的开展，我国各级地方政府普遍重视电子政务建设，纷纷建立了宣传和服务功能比较完善的政府网站，有力地推动了我国电子政务的发展。

我国政府网站的建设和发展经历了技术导向、内容导向和服务导向三个阶段，政府网站从无到有，网站功能从单一到全面，网站信息资源从分散到整合，网站建设理念从管理转向服务。这一发展历程表明以公众为中心是我国政府网站建设的核心理念。

（一）技术导向阶段（1999—2005年）

技术导向阶段的主要特征体现在以下三个方面：一是政府网站建设开始纳入电子政务工作部署，并成为国家电子政务工作的重要组成部分；二是政府网站建设中软硬件系统平台开发比例较高；三是政府网站功能以介绍概况信息和开展基本宣传工作为主。1999年1月"政府上网工程"启动以后，各级各类政府网站纷纷建立，在全国引发了一场规模较大的政府信息化普及活动。2002年8月，《国家信息化领导小组关于我国电子政务建设指导意见》出台，提出要重点建设并整合中央和地方的综合门户网站。2003年11月至2004年3月，国务院信息化工作办公室组织开展了中国政府门户网站发展状况调查，结果显示，我国政府网站尚处于初级发展阶段。

（二）内容导向阶段（2006—2010年）

内容导向阶段的主要任务是将政府网站建设作为推进行政管理体制改革和公共服务方式创新的重要举措，政府网站的功能应定位在"政务信息公开、公共服务和公众参与"上，进一步构建完善的政府门户网站结构体系。2006年1月1日，中华人民共和国中央人民政府门户网站（以下简称"中国政府网"，网址是 www.gov.cn）正式开通，设置了政务信息区、办事服务区、互动交流区和应用功能区四个区域。中国政府网是国务院和国务院各部门，以及各省、自治区、直辖市人民政府在国际互联网上发布政务信息和提供在线服务的综合平台，标志着我国电子政务从技术导向转向内容导向，服务导向初显端倪。2006年年底，我国各级政府网站平均拥有率达到85.6%，比2005年提高了4.5个百分点。其中，国务院部门网站拥有率达96.1%，省级政府网站拥有率达96.9%，地市级政府网站拥有率达97%，县级政府网站拥有率达83.1%。2007年8月16日，国务院信息化工作办公室发布了《关于开展政府网站"百件实事网上办"活动的通知》（国信办综函〔2007〕126号），围绕公众关心的教育、医疗卫生、社会保障、交通出行、公用事业五个重点领域，提出了政府网站应该提供的100项服务事项。2009年4月22日，工信部印发《政府网站发展评估核心指标体系（试行）》，规定政府网站发展评估核心指标体系包括政府信息公开、网上办事、政民互动3项一级指标和9项二级指标。

（三）服务导向阶段（2011年至今）

政府网站服务导向要求通过整合网站资源、整合政务信息资源，为公民和社会提供一站式的、7×24小时在线的服务。服务导向阶段的主要特征表现在以下三个方面：从服务对象角度来看，政府网站已经成为普遍性的服务渠道，内容和功能得到广泛认可与应用；从网站内容角度来看，政府网站的信息和服务已经极为丰富，在线办事能力提高；从电子政务建设角度来看，电子政务促进政府业务流程改造和职能转变的作用得到充分发挥。2015年3—12月，国务院办公厅组织开展了第一次全国政府网站普查。此次普查是为了摸清全国政府网站基本情况，有效解决一些政府网站存在的群众反映强烈的"不及时、不准确、不回应、不实用"等问题。对于普查中发现存在问题的网站，督促其整改，问题严重的坚决予以关停，切实消除政府网站"僵尸""睡眠"等现象。同年12月发布的普查情况通报显示，截至2015年11月，各地区、各部门共开设政府网站84 094个，其中普查发现存在严重问题并关停上移政府网站16 049个。根据第49次《中国互联网络发展状况统计报告》，截至2021年12月，我国共有政府网站14 566个，主要包括政府门户网站和部门网站。其中，中国政府网1个，国务院部门及其内设、垂直管理机构共有政府网站890个；省级及以下行政单位共有政府网站13 675个，分布在我国31个省（自治区、直辖市）和新疆生产建设兵团。经过6年的实践，全国政府网站从84 094个减少到14 566个，缩减了83%。各地区、各部门从政府网站信息内容、服务项目、政民沟通等方面进行整改，实现了政府网站的优化建设。政府网站得到精简，政务服务更加集中高效，"掌上办"成为常态，让企业和群众办事更方便、更快捷、更高效。

三、电子政务网站的功能

电子政务网站是向社会公开政府工作的主要平台之一，也是各部门、各层级政府网站相互沟通与联系的平台。因此，电子政务网站应具备以下功能。

（一）信息发布功能

政府掌握着大量有价值的信息资源，也承担着信息资源的宏观管理职能和具体服务任务，有责任、有义务实时发布必要信息，以满足公众的知情权，更好地为公众服务。因此，信息发布功能以政府主动公开信息为主要模式，相应设置本地概况、机构职责、法律法规、政务动态、政务公开、政府建设、专题专栏、公益信息等栏目。这些栏目可进一步细化，如政务公开可划分为政府信息公开目录、政府信息公开指南、政府文件、政府公报、政府会议、政府公告、领导言论、统计信息、政府采购等子栏目。今后，信息发布还将逐渐增加动态信息，如政策解读、网上直播等。此外，信息发布功能的模式还有依申请公开。例如，2018年12月，江苏省人民政府办公厅发布了《关于规范政府信息依申请公开办理程序的意见》（苏政办发〔2018〕112号），对行政机关办理政府信息依申请公开的程序进行了规范。该意见对申请的接收、登记、补正、拟办、征求第三方意见、审核、做出答复、送达、存档九个节点的流程进行了程序性规范。为了方便群众，还将"政府网站申请"列为政府信息公开申请的主要渠道，将通知申请人更改、补充的时限由15个工作日压缩为7个工作日。为了提高行政效率，还对政府信息公开进行分类规范。对于事实清楚的政府信息公开申请，简化办理流程，减少审核程序；对于复杂、疑难的政府信息公开申请，建立协同办理、会商办理机制，提高政府信息依申请公开办理的质量和时效。

（二）公众参与功能

电子政务网站应该是反映社情民意的园地，是公众建言献策的窗口和民主参政的渠道。政府应将公众参与功能作为网站建设的重点内容予以强化，可以相应设置网上信访、领导信箱、网上听证、网上举报、网上调查、建议提案、民意征集、政务论坛等专题栏目，以充分发挥网络的潜力和优势，强化网上监督功能，进一步扩大网上公众参与的范围，推进社会民主化进程。这样既有利于公众监督政府，又有利于培养公众的主人翁意识和提高公众的参与热情，能帮助政府提高工作的科学性。同时，对于公众通过电子政务网站参与的任何形式的活动，政府都应建立相应的工作机制，及时做出回应或解答，以促进公众参与功能的健康发展。

（三）网上办事功能

网上办事是电子政务网站最重要的功能，也是推行电子政务的根本目的所在。在传统的政府治理模式下，公众对政府提供的公共服务常常处于一种被动状态，根本没有选择的空间，而电子政务网站可以从根本上扭转这种局面。只有实现了网上办事功能，才能真正称得上实现了电子政务；只有提供了具有网上办事功能的门户网站，才能算得上实现了政府与公众的实时互动。目前，我国电子政务网站的网上办事功能建设已取得显著成效。"掌上办""指尖办"已经成为各地政务服务的标配，超过90%的省级行政许可事项已经实现网上受理。抛开其他约束性因素，各级政府网站都应该设置网上办事功能，开发覆盖本区域政府各部门的网上办事平台，面向公民、企业、政府工作人员等提供办事指南、表格下载、在线咨询、在线受理、状态查询等功能专栏。未来发展的方向是：只要是具备条件的办事项目，都应该放到网上运行，并且要求成熟一个办理一个，让被服务者实实在在地感受到网上办事的便利，并由衷地认同电子政务网站的效益。

(四) 经济服务功能

在现代社会，经济实力已经成为衡量一个国家或地区竞争力的关键指标，而在信息社会，要拥有强大的经济实力就必须具备足够的信息实力。为此，各级政府必须把电子政务网站的经济服务功能建设好。唯有凭借电子政务网站建设的统一信息平台，政府才有可能利用自身拥有的信息，整合各部门相关的服务信息，挖掘和整理互联网上的共享信息，以此为公众和企业提供权威性的经济信息服务，以应对迅速变化的市场需求，在监管市场运行、维护市场秩序、创造良好的市场环境等方面发挥重要作用。2015 年，贵阳市出台了《关于深入推进大扶贫战略行动的实施意见》，明确要求运用大数据手段建立贵阳市大数据精准帮扶平台。平台紧紧围绕"扶持谁""谁来扶""怎么扶""如何退"四问来搭建。经过几年的实践探索，贵阳市初步形成了以大数据为引领的创新驱动发展格局。通过大力发展电子政务，推动电商云和交通云的融合，着力培育各具特色的电商主体、高效快捷的物流企业，实现线上线下结合、交通流通联动，给农业和农村带来了新的发展气象、新的发展机会、新的发展势头。

(五) 资源整合功能

电子政务网站建设不只是建设一个网站，更关键的是要将相关部门的资源整合在一起，为公众和企业提供"一条龙、一站式"的服务，实现无缝隙政府。为此，各级政府在电子政务网站功能设计上必须突出资源整合的特点，将资源整合的理念贯穿网站建设、运行和维护的全过程。首先，要将比较分散的各类政府网站综合到一个协调一致的目录下，将政府内部结构很好地"隐藏"起来，根据访问者的需求进行充分的分析和方案的优化，根据特定用户群的需求开发一系列集成的政府服务项目，为公众提供优质的多元化服务；其次，针对当前政府机构网站仍然分离的实际，要积极采用网站地图、站内导航、站外链接等技术手段和措施，使网站栏目内容清晰易用，功能和服务灵活多样。

(六) 信息检索功能

为了提高信息的利用效率，电子政务网站必须提供较强的信息检索功能，以方便公众查询网站内的一切信息，包括静态网页和数据库中的信息。通常可以采用的检索方式有索引检索、逻辑检索、模糊检索、位置检索、截词检索、文献日期检索、关键词检索等。许多高级检索程序还应提供诸如二次检索、渐进检索、历史检索、词根检索、大小写敏感检索等更人性化的功能。《中华人民共和国政府信息公开条例》第二十四条规定:"各级人民政府应当加强依托政府门户网站公开政府信息的工作,利用统一的政府信息公开平台集中发布主动公开的政府信息。政府信息公开平台应当具备信息检索、查阅、下载等功能。"目前,我国电子政务网站大多优化了栏目检索功能,公众可以快速、准确、方便地获取所需的政府信息。

四、电子政务网站建设的理念

(一)以人为本

"为人民服务"一直是我国政府运作的宗旨,"建设服务型政府"理念的提出是对这一宗旨的现实回应,建设服务型政府的实质就是以人为本,构建致力服务公众、服务社会的责任政府。以人为本的理念是对为人民谋利益、为人民服务的高度概括,它坚持人是发展的必然前提和核心动力,是对人在社会历史发展中的主体作用与目的地位的肯定,强调尊重人、解放人、依靠人和为了人,不断满足人的全面需求,促进人的全面发展。建设服务型政府的电子政务网站,就是在以人为本的基本理念的指导下,把为公共利益的服务作为各级政府一切活动的根本出发点和落脚点,在资源配置和政府机构方面强化政府的公共服务职能,实现网站功能设计由以管理为中心向以服务为中心的转型,建立并实施一套完整的、行之有效的公共服务体系,利用现代信息技术不断创新政府服务和管理方式,使政府由政府本位、官本位转向公众本位、社会本位,政府也只有有效提供了公共服务,才能获得自身存在的持续合法性。因此,在电子政务网站设计中要坚持"政务信息公开、在线办事、公众参与"三大服务功能定位。

1. 扩大政务信息公开的广度和深度

互联网的发展在一定程度上增强了公众的信息意识,公众对政务信息的公开提出了更高的要求,政务信息公开成为电子政务中重要的一环,而《中华人民共和国政府信息公开条例》为公众的知情权提供了法律保障。因此,电子政务网站要及时公布法律法规,发布规范性文件、国民经济统计数据、重大工作部署等重要信息;要扩大信息公开的范围,如发改、商务、住建、教育、文化、卫生、农业等部门及政府采购等热点领域的政务信息。此外,应当建立健全政府信息公开制度,明确责任部门、信息公开范围和权限,同时增强信息的时效性、获取的便捷性,确保公众能够及时方便地获取政府的权威信息。

2. 建立"一站式"的在线办事平台

电子政务网站的一大功能就是为公众开设在线办理事务的窗口。与传统事务办理流程不同，电子政务网站能够有效整合资源，将若干分散的职能统一到电子政务网站上进行处理，使其成为多元化社会主题的服务业务处理平台，而这一平台完全可以提供高效、便捷、针对性强、内容丰富的服务。"一站式"服务窗口是目前电子政务网站积极建设的目标。所谓"一站式"服务，就是公众通过一次登录就可以完成诸如申请、审批等各项程序，无须多次在各部门或各网站之间往返，使公众真正体验到办事的高效便利，提高电子政务网站的用户满意度。

3. 为公众参与提供多种渠道，针对问题及时反馈

网络的发展无疑为公众政治参与提供了更为便捷的渠道，政府在推动民主建设进程中，也积极探索互联网背景下公众政治参与的方式，电子政务网站便是目前的主要渠道。在互动服务方面，大多数电子政务网站都提供了咨询信箱、领导信箱或部门信箱、交流论坛等丰富的交流渠道，接受公众的建言献策和情况反映，并积极开展在线访谈，围绕政府重点工作和公众关注热点与公众进行广泛交流；在重大会议召开期间，更是设置专题栏目，征集公众的意见和建议，为决策提供参考。如今，政务微博的兴起使政府回应公众的意见和建议更为及时，因此，强化互动服务意识，及时反馈信息，将使公众与政府之间的关系更加和谐、融洽。

资料阅读

"少跑腿"网上办，就来内蒙古政务服务网

内蒙古政务服务网是全国一体化在线政务服务平台的重要组成部分，是内蒙古自治区人民政府打造的"统一架构、五级联动"的内蒙古一体化在线政务服务门户，覆盖自治区、盟市、旗县（市、区）、苏木乡镇（街道）、嘎查村（社区）"五级"政府服务部门。截至2021年8月，内蒙古政务服务网已建设覆盖知识产权、交通安全、疫情防控、复工复产、跨区域通办等多个领域的主题特色服务专区，接入各类便民应用近400项，为广大企业和群众办事提供了有温度、有速度的便利化服务。

具体使用流程如下：办事者可直接打开浏览器通过百度、搜狗、360等搜索"内蒙古政务服务网"，或者直接访问"zwfw.nmg.gov.cn"进入网站；进入网站后，选择右上角"登录"按钮进行登录（无账号的用户须提前完成注册认证）。网站默认支持通过"蒙速办"app扫码登录，同时支持账号密码登录、国家政务服务平台登录、电子社保卡扫码登录、微信扫码登录、支付宝扫码登录等多种快捷登录方式。各类办件信息一网汇聚，网站提供了个人档案、我的证照、我的办事、我的预约、我的咨询、我的投诉、我的订阅、政策推荐等多项功能，办事者可随时随地登录个人中心，查询相关办事记录。

同时，网站功能齐全，贴心惠民。网站提供多版本办事指南全要素信息展示，事项基本信息、受理条件、收费标准、办理时限、办理流程、到场次数、申请材料（可按情形筛选）、办理地点、咨询投诉方式、常见问题、服务评价情况一目了然，并提供手机扫码、指南下载、链接分享等便捷操作。其中，简版（适老版）办事指南还提供页面放大/缩小、语音播报、指读等老年人关怀模式。

另外，网站还设置了"多维度导航+智能检索"，帮助使用者找到想要办理的事项。办事者可以根据个人需要，按站点、按部门、按个人、按法人、按主题、按证照进行事项查询。

对于满足"材料在线预审、材料在线核验、全程网办"任意条件的服务事项，全部支持通过网站进行在线申办，减少线下办事跑腿次数，真正为办事者节省了办事时间。网站提供了面向办事的全过程咨询投诉服务，内蒙古各部门联动协同受理，快速为办事者答疑解困。同时，办事者还可以通过12345热线、"蒙速办"app等多个渠道进行咨询；办事者还可以通过网站对办事服务进行评价。

（资料来源：正北方网，2021-08-30，有改动）

（二）需求导向

需求导向也称顾客导向，这个概念来源于企业，指企业以满足顾客需求、增加顾客价值为经营出发点，在经营过程中，特别注意对顾客的消费能力、消费偏好及消费行为的调查分析，重视新产品开发和营销手段创新，以动态地适应顾客需求。它强调的是要避免脱离顾客实际需求的产品生产或对市场的主观臆断。电子政务网站所提供的并不是单一服务，而是一种以公众需求为导向的双向互动服务。目前，我国政府部门正处在从"以管理为主"向"以服务为主"转变的重要阶段，所以想要设计出符合公众需求的电子政务网站，就要深入细致地研究公众，从公众角度出发，本着服务公众、以需求为导向的理念提供服务。总的来说，就是要多考虑访问者浏览、使用电子政务网站的便利性，包括要让访问者便捷地进出网站、便利地检索信息、高效地办理业务、轻松地掌握知识，这对网站设计提出以下要求。

首先，对于访问电子政务网站的用户，无论是个人还是企业，都可以看成是网站的客户。以需求为导向的理念要求设计网站时对客户群体进行细分，根据客户的不同特点和需求，提供个性化的服务。比如，网站在内容安排上可以根据客户的身份划分为公民、企业、游客等几类，也可以根据客户所处生命周期的阶段划分为儿童、青年、中年、老年等几类。同样道理，在划分好大类之后，还可以接着进行更为细致的小类划分。一些外国政府网站已经做到对访问者呈现动态的个性化内容，即访问者在注册基本信息后，网站会根据访问者的年龄将其最可能使用的服务放在最显眼的位置，而且会根据访问者在网站上的操作总结出访问者的习惯,当访问者再次访问网站时,网站便会将其最常用的服务放在前列。

其次,要从访问者的角度考虑使用网站的成本,除去连接网络本身所带来的费用,要尽可能地降低访问者在网站上检索信息的成本、办理事务的成本和学习相关业务的成本。检索信息的成本是指访问者在电子政务网站上搜索自己需要的信息所花费的成本,如有些电子政务网站不提供站内信息搜索服务,访问者就要花大量的时间在网站浩如烟海的信息中搜索,这显然会给访问者带来极大的不便。办理事务的成本是指访问者在线办理某些事务所花费的成本,如某个企业办理有关税务的事务,在线办理流程设计得合理与否将直接影响访问者花费在此项事务上的时间成本和金钱成本。学习相关业务的成本是指访问者对某项业务办理不太熟悉,根据电子政务网站提供的相关办理知识或向导流程进行学习所花费的成本,如某人办理有关出国留学的业务,网站所提供的"帮助系统"的直观形象程度会影响到访问者使用网站的成本。因此,设计电子政务网站时应当考虑访问者的使用成本。

(三)特色创新

我国对电子政务网站的定位是政务信息公开、在线办事和公众参与三大服务功能,但由于各级政府职能不同,同级政府文化也各有特色,因此,在实现三大服务功能方面,应当具备特色创新理念。具体要做到以下几点:第一,不断地完善电子政务网站的三大服务功能,使网站功能定位更加清晰、属性特色更加鲜明;第二,打破政府部门职能分工的界限,重组和改造传统的政务业务流程,建设以"用户"为中心的"一站式"服务平台;第三,开发和利用各级政府所拥有的资源,围绕本地文化,提供满足公众各种需求的政务信息和服务产品,形成独具特色的网站形象,用特色资源来打动公众,打造网站的公共基础。

就网站建设的一般规律而言,网站的特色体现在服务内容和呈现形式上。具有特色的网站,访问者的浏览量就会高;没有特色的网站,一般受众就会少,点击率也会偏低。因此,可以说"特色"是网站竞争力的重要标志。对于各级政府网站而言,不参与市场竞争,似乎有无特色都无大碍,但电子政务网站作为各级政府部门在互联网上的窗口,代表着政府形象,履行着政务职能,如果不具"特色",将会受到公众的轻视,进而影响到公众对政府工作的满意度,这是不符合我国提出的"建设服务型政府"理念的。从这个层面上讲,"特色"是电子政务网站的生命线。

首先,电子政务网站的"特色"理念反映在电子政务网站的定位上。电子政务网站的建设主体是政府,政府对电子政务网站的定位是政务信息公开、在线办事和公众参与三大服务功能,因此实现这三大服务功能就是电子政务网站的独有特色。其次,根据电子政务网站的定位,明确了网站的价值就是能够为公众提供有效的政务服务。建设电子政务网站，不是简单地将传统的以政府职能为中心的服务内容和服务方式搬到互联网上，而是对传统的政务业务流程进行重组和改造，消除政府部门职能分工上的组织界限，呈现给公众"一站式"的高效便捷的政务服务内容和服务方式。这一"特色"的主要内涵就是对政务服务内容和服务方式进行创新，以为公众提供高效便捷的政务服务，从而形成网站的"特色"。公众是否认可和满意才是衡量电子政务网站是否合格的标准。最后，就是资源特色。相关数据表明，政府掌握着80%以上的信息资源，开发和利用政府信息资源并创造价值是电子政务网站建设和发展的历史使命，因此资源特色是电子政务网站的重要特征。所谓资源，其实就是庞大的信息，政府现在拥有它却并没有很好地开发和利用它，电子政务网站提供了信息分享的可能，如果电子政务网站能够通过某种方式将政府所拥有的信息与社会共享，那么这些信息资源所产生的价值将是不可估量的。如果电子政务网站仅是效仿其他传播媒体的运作方式，只限于播报新闻类和消息类的信息，不能聚合、梳理信息资源，向公众提供具有特色的政府信息和服务产品，那么它就会失去一大特色，就不能得到公众的持续认可。电子政务网站能面向公民、面向企事业单位、面向政府，分门别类地提供丰富多彩的、满足公众各种需求的政务信息和服务产品，是其资源特色所在，资源特色建设具有相当大的发展空间。

持续创新，广西政府网站焕然一新

2021年，广西政府网站集约化平台上的政府网站优化取得新进展，平台上全区政府网站首页焕然一新，向公众展示了广西政府"新名片"。

由自治区大数据发展局建设的广西政府网站集约化平台解决了全区政府网站管理分散、建设重复、数据不通、保障松懈、运维滞后、使用不便等问题，完成从"一群网站"向"一站式"管理的网站集群转变，统一标准体系、统一技术平台、统一安全防护、统一运维监管、统一服务渠道，实现跨区域、跨部门的数据资源共享，为全区社会经济发展持续赋能。

此前，广西政府网站集约化平台上的政府网站存在页面简单、布局单调、色调单一等不足。优化改造后的广西政府网站首页页面风格庄重大气，视觉效果简约灵动；标题设计样式打破传统约束，把政府网站与地方、部门特色相融合，突显地区或部门特点；中文与壮文双语交融，呈现了广西民族融合发展的新气象；页面背景设计结合地域风情、城市景观，增强了公众的体验感和认同感。相比于旧版政府网站首页，新版更具活力与生机。此次政府网站首页优化提高了集约化服务黏性，促进了政府网站互联互通融合发展。下一步，自治区大数据发展局将继续深化广西政府网站功能优化，充分发挥集约化平台优势，不断改进广西政府网站使用体验，保持政府网站创新活力。

（资料来源：中国电子政务网，2021-12-23，有改动）

五、电子政务网站建设的内容

电子政务网站建设是一个庞大的系统工程，建设的内容涉及诸多方面，首先要根据电子政务规划规定的网站服务对象确定建设目标是内网网站还是外网网站，然后进一步根据政府职能确定是建设门户网站还是建设专业网站。综合职能部门应当开发门户网站，专业职能部门应当开发专业网站。概况来说，电子政务网站建设主要包括以下几个方面的内容。

▶▶（一）电子政务网站的定位

电子政务网站的定位包括确定网站的主题和风格。网站的主题是指要根据国情和各地区、各部门经济、政治、文化、社会、生态等发展情况，结合本地区、本部门特色，确定网站的主要内容和表达理念。网站的风格是指网站的整体形象给浏览者的综合感受，这个"整体形象"包括网站的标志、色彩、字体、标语、版面布局、浏览方式、内容价值、存在意义、交互性、站点荣誉等诸多因素。

▶▶（二）电子政务网站的域名和网名

域名是网站在互联网上的名字，是在互联网上相互联络的网络地址，要严格执行电子政务网站域名规范。国外政府网站域名一般以"gov+国家代码"结尾。根据《关于加强政府网站建设和管理工作的意见》（国办发〔2006〕104号）的要求，我国政府网站英文域名要以".gov.cn"结尾，中文域名要以".cn"结尾，并与本行政机关的合法名称或简称相适应。由事业单位、社会团体等非营利性机构负责的网站，所申请的域名一般以".org"或".com"结尾。域名确定后，网站开办者应根据国家法律法规向国家有关部门申请备案，具体分为ICP备案和公安备案。网站备案成功后即可正常访问。公安备案一般按照各地公安机关指定的地点和方式进行。网站备案的目的是防止在网上从事非法网站经营活动，打击不良互联网信息的传播。

2008年，由中央机构编制委员会办公室批准设立的"政务和公益机构域名注册管理中心"正式成立，并开通了首批政务和公益机构域名，以推动使用专用中文域名。设立专用中文域名可有效防止政务和公益机构的域名被仿冒，防止政务和公益机构的域名与企业和个人的域名相似或混淆，有利于规范政务和公益机构的网上名称，提高政务和公益机构网站访问的安全性，维护其合法权益。同时，设立专用中文域名为公众获取信息服务提供了准确、便捷的渠道。

电子政务网站的网名是指政府对其负责的电子政务网站在互联网上的命名。2017年5月，国务院办公厅印发了《政府网站发展指引》（以下简称《指引》），规定政府门户网站和部门网站要以本地区、本部门机构名称命名。政府网站要使用以 .gov.cn 为后缀的英文域名和符合要求的中文域名，不得使用其他后缀的英文域名。中央人民政府门户网站使用"www.gov.cn"域名，其他政府门户网站使用"www.□□□.gov.cn"结构的域名，其中□□□为本地区、本部门机构名称拼音或英文对应的字符串。例如，北京市人民政府门户网站域名为 www.beijing.gov.cn，商务部门户网站域名为 www.mofcom.gov.cn。部门网站要使用本级政府或上级部门门户网站的下级域名，其结构应为"〇〇〇.□□□.gov.cn"，其中〇〇〇为本部门名称拼音或英文对应的字符串。例如，保定市水利局网站域名为 slj.bd.gov.cn。政府网站不宜注册多个域名，已有域名不符合要求的，要逐步注销。如有多个符合要求的域名，应明确主域名。网站栏目和内容页的网址原则上使用"www.□□□.gov.cn/…/…""〇〇〇.□□□.gov.cn/…/…"形式。新开设的政府网站及栏目、内容页域名要按照《指引》要求设置，原有域名不符合《指引》要求的要逐步调整规范。

▶▶（三）电子政务网站的结构设计

首先是内容结构设计。根据网站的功能定位，罗列出网站提供的信息种类和服务项目，并进行适当的分类或归类，明确其名称，并排定顺序。网站内容结构实际上就是网站的大纲，它揭示了网站内容的内在联系和组织方式，并将各项内容在整个网站中的位置标示出来。层次结构是安排网站内容的一种常见方式，它采用分类的逻辑方法按照从总到分的顺序组织网站内容。电子政务网站可分为两种类型：政府门户网站和政府部门网站。前者是跨机构的入口网，是提供政府信息和服务的总窗口，属于电子政务实现的平台。后者是具体政府部门的网站，主要反映机构本身的信息内容和服务项目。由于两者功能不尽相同，内容也有很大的区别，其结构也应有所不同。政府门户网站的内容按客户需求组织，主要以政府为网站用户提供的服务为主线建立信息结构。它的主要内容应该包括政府与公民、政府与企业、政府与政府、政府与国际用户的关系，政府政务新闻，国家或地方风貌，政府机构构成，政府机构网站地址，等等。政府部门网站的内容以该政府部门的信息和服务为主，是该政府部门职能实现电子化、网络化的窗口。它的主要内容包括政务公开、网上办公、公众反馈信息、信息公布、特色信息、相关链接等。

其次是目录结构设计。网站信息以文件为保存单位，合理设计电子政务网站目录结构，明晰各个文件的存储位置，不仅有利于使用与管理，更有助于提高为用户提供查询和利用服务的质量及网站日后运行的维护与更新。网站目录结构一般采用层次化的树状结构，创建网站文件目录时应注意做到以下几点：第一，勿将所有文件都存放在根目录下，否则会影响上传速度和管理文件的效率；第二，按照内容结构建立目录体系，便于使用与管理；第三，目录的层次不宜过多，便于用户记忆；第四，网站目录及文件的命名应简洁规范，便于用户访问和管理。

最后是链接结构设计。网站的链接结构是指页面之间相互链接的模式。它建立在目录结构基础之上，但与目录结构存在区别，即目录结构是平面的，而链接结构是立体的。电子政务网站链接结构的模式有多种，主要包括线性结构、分级结构、星状结构和混合结构。设置电子政务网站链接时要注意以下几点：一是内部链接。电子政务网站要建立统一资源定位符（URL）设定规则，为本网站的页面、图片、附件等生成唯一的内部地址。内部地址应清晰有效，体现内容分类和访问路径的逻辑性，便于用户识别。除了网站迁移外，网站各类资源的 URL 原则上要保持不变，避免信息内容不可用。二是外部链接。电子政务网站所使用的其他网站域名或资源地址，称为该网站的外部链接。使用外部链接应经本网站主办单位或承办单位负责人审核。原则上不得链接商业网站。三是链接管理。电子政务网站应建立链接地址的监测巡检机制，确保所有链接有效可用，及时清除不可访问的链接地址，避免产生"错链""断链"。对于外部链接要严格审查发布流程，不得引用与所在页面主题无关的内容。严格对非政府网站链接的管理，确需引用非政府网站资源链接的，要加强对相关页面内容的实时监测和管理，杜绝因其内容不合法、不权威、不真实客观、不准确实用等造成的不良影响。打开非政府网站链接时，应有提示信息。网站所有的外部链接均须在页面上显示，避免出现"暗链"，造成安全隐患。

▶▶（四）电子政务网站的网页设计

网页就是我们通过网络浏览器看到的网站页面，由文字、图表、音频、视频构成。根据表现效果和生成方式的不同，网页可分为静态网页和动态网页两种。静态网页是采用 HTML 编写的、显示效果为静态的网页，保存在 Web 服务器中，用户访问时直接从服务器中调出，无须系统实时生成。动态网页是由计算机实时生成，不完整地存储在网站服务器中，只有在接到用户的访问要求后才生成并传输到用户的浏览器中的网页。动态网页技术面向服务器端，包括表现形式动态化的网页和数据内容动态生成的网页。

1. 网页设计的要素

（1）网页的标题

电子政务网站主页的标题应与整个网站的名称一致，可直接使用政府门户网站和政府部门网站的名称。

(2) 网站的整体风格

整体风格是网站向用户展示的形象,以及用户对该形象的综合感受。网站的风格体现在网页的布局、网页的色彩、网页上图片的大小、网页的展示效果、网页上文字的大小与颜色、网页的线条、网页的标题等方面。总之,电子政务网站的风格必须符合政府的特点,倾向于庄重、严肃、规范、平实、简约、亲切、明朗、清新等,并且要配合网站整体,注重一致性。

(3) 网页的可读性

可读性是指网页能在用户端打开,并能够正常输出。要保证网页的可读性,就必须充分考虑带宽、浏览器兼容性、字体兼容性、插件流行程度等,尤其应考虑低端用户的需求。

(4) 网站的可理解性

可理解性是指网站的结构、功能,网页的内容、操作能够为用户所理解。提高网站的可理解性的措施主要包括设立网站指南栏目,提醒用户当前位置,尽量不使用较生僻的词语,对专业的术语、复杂的操作等提供直接的、容易理解的帮助,对网页中的图片添加文字说明,采用本网站之外的内容时标明出处,明确本网站版权的归属。

(5) 网页的可检索性

可检索性是指用户能够通过不同的查找办法快速寻找到所需信息。各级栏目及相关内容有主次之分,将主要的信息放在突出的位置上、常用的功能放在容易操作的位置上,用简洁、规范、概括、有吸引力的词语来撰写网页及文档的标题、关键词,信息分类科学,准确提供明确的导航条和网站地图。当网站页面数目较多时,提供搜索引擎服务,并尽量完善检索功能。

(6) 网站的交互性

保证设计一些具有交互性能的内容和栏目,真正提高与落实公众的参与度。

2. 主页设计

主页是电子政务网站的形象页面,主页设计的质量在整个电子政务网站建设中至关重要。因为主页的设计效果良好有助于吸引用户留在站点上继续点击进入,从而让用户继续了解网站中的相应内容。主页的设计须考虑以下步骤。

(1) 确定主页的功能模块

主页的功能模块应以网站内容结构中的主栏目为主要线索,按照用户需求适当组合网站的栏目,发挥网站的功能,服务用户。必须确定的功能模块包括网站名称、主菜单、新闻、其他网站链接、邮件、站内搜索等。

(2) 设计主页的版面布局

在确定了主页的功能模块之后,版面布局的主要任务是决定信息的展现形式和功能模块的位置。常用的主页版面布局包括"国"字形布局、"T"结构布局、封面式布局等。"国"字形布局也可以称为"同"字形布局,该布局的特点是页面最上面是网站标志、名称、横幅图片及横条主菜单,接下来就是网页的主要内容,左右两边分列两小条内容。中间是主要部分,与左右一起罗列到底;最下面是网站的一些基本信息、联系方式、版权声明等。"T"结构布局又称拐角型布局,这种布局与"国"字形布局比较接近,页面顶部是网站标志、名称、横幅图片,有些页面也设横条主菜单,接下来就是网页的主要内容,区别在于"国"字形布局的这部分分为三个部分,"T"结构布局则分为两个部分,一般布局为左侧较窄,显示主菜单或热键,右侧较宽,显示内容的布局,下面也是一些网站的辅助信息。封面式布局的特点是主页采用了封皮式的布局方式,页面简洁美观,具有较强的吸引力,但是没有太多的实质内容。

(3) 设计主页的色彩

设计主页的色彩是塑造网站形象的重要因素,主页的色彩设计必须根据电子政务网站的总体风格,依照色彩搭配的原则,发挥色彩表达的作用,最好地展现出电子政务网站的内涵。

北京 16 区政府网站改版,首屏有了个性化形象

北京市 16 区政府网站都增加了"一网通查"功能,同时设置了无障碍阅读、智能问答栏目,并优化了手机端登录页面效果。

增加"一网通查"功能

截至 2020 年 3 月底,北京市 16 区政府网站已全部按市政府要求完成网站改版。在 2019 年 11 月初北京市新版政府门户网站"首都之窗"上线时,北京市政务服务局相关负责人曾介绍,北京市正在大力推进一体化网上政府建设,各区、各部门网站将在 2020 年 3 月底前按照统一规范完成设计改版,进一步优化栏目设置、网站功能,突出服务便民,全市政府网站统一整体风格,增强政府网站权威性、公信力,打造具有首都特色的整体协同的一体化网上政府形象;北京市民登录政府网站将可实现全市搜索,网上查询、办事将更加便捷。

改版后,各区政府网站均把搜索栏提到最高位置,方便网民按需求搜索信息。在搜索栏的左侧,有"搜本网"或"站内搜索"字样,如果直接填入关键词,搜索到的就是本网站的信息;如果将光标悬浮其上或点击它,会出现"一网通查"字样,选择"一网通查"后,搜索的将是北京全市政府网站的信息,方便市民更加简便快捷地在全市范围查阅相关政府信息和政策。

设置无障碍阅读、智能问答

打开朝阳区政府网站发现,网站上端左侧有"首都之窗"链接按钮,上端右侧设置了登录个人中心、智能问答、长者版、无障碍等按钮。其他15个区政府网站，也都在首屏上端左侧或右侧显著位置，设置了这些功能。点击"智能问答"，会进入智能咨询栏目，栏目智能机器人可根据关键词提供政策信息。点击"无障碍"，页面启动读屏模式，可方便视障人士阅读。

2019年第四季度末，北京市政务服务局曾对全市政府网站与政府系统政务新媒体进行检查，要求各区、各部门坚持从用户需求出发，不断完善网站各项功能，加快解决栏目设置不合理、检索信息不准确、注册登录不顺畅等问题，不断推动公开、互动、办事三位一体均衡发展，进一步提升政府网站便捷性、易用性。

2019年12月，北京市政务服务局曾要求，各区、各部门加快完成网上与办事服务相关的业务系统、专题专栏等移动端适配改造工作，解决无法访问、显示异常等问题，提供流畅的"掌上服务"。

在手机上登录西城区政府网站移动版发现，网站主要栏目均在手机屏幕上以纵向的方式排列出来，而非像以前登录政府网站那样，观看栏目内容，需要将页面左右移动、不停缩放。

10个区政府网站首屏使用特色形象

此次改版，16区政府网站均参照北京市政府门户网站"首都之窗"的色调，页面以红色装饰。同时，东城、西城、海淀、丰台、石景山、门头沟、房山、通州、怀柔、密云10个区政府网站网页首屏借鉴"首都之窗"使用天坛祈年殿一角的形象，增加了能体现地区特点的建筑、雕塑等形象。

有4个区政府网站使用了古建筑形象，有楼、塔、桥。其中，东城区政府网站首屏右侧使用了故宫角楼一角的形象；丰台区政府网站首屏上方是一座桥——卢沟桥；门头沟区政府网站首屏上方是云海，右侧显露出永定楼的一部分；通州区政府网站首屏上方是大运河照片，左侧是燃灯塔的形象。

有2个区政府网站使用了现代建筑、场所的形象。其中，石景山区政府网站首屏右侧使用了石景山游乐园的城堡和摩天轮形象；怀柔区政府网站首屏右侧使用了雁栖湖国际会展中心的形象。

西城区政府网站使用的形象较多，包括红墙、白塔、正阳门、国家大剧院等多个建筑形象。

有3个区政府网站使用了雕塑、标识等相对抽象的形象。其中，海淀区政府网站首屏右侧使用中关村DNA双螺旋结构"生命"雕塑，左侧辅以清华园牌楼的剪影形象；密云区政府网站首屏右侧使用了密虹公园的雕塑"密之水"的形象，左侧是长城的剪影；房山区政府网站首屏右侧使用了为打造房山中央休闲购物区（CSD）而设计的Funhill品牌标识，左侧是一组高楼大厦剪影。

(资料来源：《新京报》，2020-04-01，有改动)

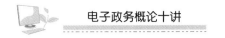

(五)电子政务网站的管理

电子政务网站建设不是一项单纯的技术工作,而是与政府各部门的业务工作紧密联系,因此,不仅要在技术层面,更要在行政业务层面加强领导,以保证电子政务网站政务信息公开、在线办事、公众参与三大服务功能的有效实现。良好的管理机制是电子政务网站发展的必备条件之一。

1. 制度管理

电子政务网站的制度管理主要包括以下内容:一是建立分工明确的政府网站管理体制。进一步明确主管部门、承办单位、内容保障单位和信息提供单位的职责分工。二是制定网站栏目开设、管理和监督制度。明确网站栏目信息保障责任分工,明确网站每个栏目的内容来源、责任单位和更新频率,定期抽查监管各栏目运行情况,督促问题整改。三是制定网站信息审核和发布制度。明确分类分级审核把关机制,强化栏目负责部门主要负责人审签职责。四是建立常态化抽查监管工作机制。强化网站考核通报,定期通报网站栏目抽查情况和网站信息简报报送情况,形成报送、审核、通报等常态化监管机制,进一步提升网站的内容质量。此外,若能将网站运维情况纳入政府绩效管理,并将这一措施作为一项制度予以实施,这将对提升网站建设和管理水平具有极大的促进作用。

2. 组织管理

电子政务网站的建设和管理不仅涉及信息技术的应用和系统的创新,而且跨越多个政府部门。网站建设和管理的协调工作量大,甚至在未来的发展过程中还会涉及政府改革、机构设置、业务重组、流程再造等体制层面的问题。要将高层领导的政府制度创新职能与建设和管理职能分开,将流程梳理和机构协调功能与系统技术协调功能分开,将核心政务管理、非稳态政务管理、支撑政务管理分开,将系统需求分析职能与系统建设运维职能分开,将电子政务建设和管理职能与项目过程管理职能分开,将临时授权与长期授权分开,将协调职能与领导职能分开,将机构变动与知识积累分开,防止一些高度抽象、词义模糊的管理用词混淆网站管理的既定安排。

3. 内容管理

电子政务网站的建设重在内容,网上信息要及时更新并体现权威性、准确性、全面性和严肃性。电子政务网站要及时公布国家重大决策、法律法规和规范性文件,实施政务公开;要增进政府与公众的沟通交流,接受公众监督;要充分发挥网站的功能和作用,积极开展网上公共服务。电子政务网站内容管理工作要遵循的原则有:合力共建,资源共享;及时准确,公开透明;强化服务,便民利民。

电子政务网站的内容管理包括政务信息的采集、编审、分类、共享、发布、检索、服务等环节,重点在于完善信息采集制度。信息采集主要依靠各级政府,要逐步建立在政府部门间合理的信息采集分工负责和相互协作制度,明确主要采集部门和协作维护部门;同时,要适当放宽采集权限,允许和鼓励非政府机构和公众在一定范围内进行信息采集,为电子政务网站服务。在网络信任逐步发展到一定水平以后,对于公众提供的信息内容,可以经过验证确定为网站信息来源。要逐步完善信息报送、信息抓取、深度链接、栏目共建、主子网站等信息采集方式,依靠业务处室稳妥推行政务信息上网的分布式审核机制,扩大政务信息的来源,并科学编排政务新闻。

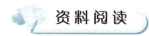

中山市财政局完善政府网站系统应用层面安全防护

为进一步加强网络意识形态安全保障建设,中山市财政局积极做好局政务网网站建设管理工作,确保政府网站规范、安全、有效运行。

一、充分认识政府网站建设管理的重要性

政府网站作为网络意识形态工作的一个重要阵地,发挥着政务公开第一平台和政务服务总门户作用,必须提高政治站位,筑牢"四个意识"。中山市财政局根据习近平总书记有关意识形态和网络意识形态工作的重要论述要求,进一步提高思想认识,切实增强政府网站规范化建设管理的紧迫感和责任感,依照相关文件,规范建设标准,完善运维机制,加强监管自查,提高网站管理水平,建立健全网络安全保密责任制和有关规章制度,实现中山市财政局政务网有序健康发展。

二、进一步优化调整网站功能

中山市财政局政务网主要在互联网上发布财政政务信息和提供在线服务,包括信息公开、网上咨询、互动交流等栏目。中山市财政局围绕中共中央、国务院关于"互联网+政务服务"的工作标准要求,对政民互动交流栏目进行进一步优化,"网上调查"栏及文件征求意见项在保留原有功能的同时新增文字输入选项及文章发布功能,做到听民意,了民愿,聚民智。

三、建立健全常态化保障机制

中山市财政局严格按照国务院办公厅、省政府办公厅、市政府办公室定期开展的全国、全省、全市政府网站普查通知要求标准,结合《中华人民共和国网络安全法》对政务网站进行日常维护和管理。一是"监控+防护"双结合,通过7×24小时网站安全监测及Web应用防护,提升整体安全防护能力。二是严格落实内容发布"三审制"。对所有信息发布及互动交流栏目中的信息均进行前台人工校验及后台关键字过滤,同时对筛选出的敏感关键字再手工核查,确保不留安全死角。三是定期对后台开展安全风险隐

患排查和安全加固工作,对扫描发现的漏洞及时进行补丁安装,修复漏洞,消除隐患,提高安全防护水平,对过期信息及时进行处理,确保信息的时效性。四是定期开展网络安全培训活动及网络突发情况应急演练。加强管理人员及技术人员的安全运维能力,降低人为因素引发的风险,减少突发事件造成的损失,保障政府网站安全稳定运行。

(资料来源:财政部网站,2019-05-21,有改动)

4. 运维管理

电子政务网站的运维管理是指在网络基础设施建设完成之后,采用相关的管理方法,对运行环境(包括物理网络、软硬件环境等)、业务系统等进行维护管理。电子政务网站管理单位要建立网站链接审批制度,严格审核把关;运行维护单位要定期检查链接的有效性,发现链接错误,要及时查明原因,加以更正。网站管理和运行维护单位要建立值班读网制度,安排值班人员每日登录网站读网,检查网站运行和页面显示是否正常,特别要认真审看重要稿件和重要信息,及时发现和纠正错情。要不断完善电子政务网站防攻击、防篡改、防病毒等安全防护措施,做好日常巡检和监测,发现问题或出现突发情况要及时妥善处理。对于缺乏技术保障力量的电子政务网站,上级政府部门和主管单位要主动协调有关方面提供技术支持,帮助其做好网站的安全防范工作。网站运行维护单位要按照信息安全等级保护的要求,定期对网站进行安全检查,及时消除隐患。

5. 经费管理

要将电子政务网站运维费用逐步纳入各级政府的经常性支出管理。在建设期,电子政务网站建设费用通常是纳入项目支出。项目支出的特点是一事一支出,支出不能超出预算金额,使用范围必须在项目规定内容中。进入常态化的运行维护阶段后,内容保障、软件升级、后台整合和版面调整任务比较繁重,需要较为稳定的工作经费支持,可将其列入经常性支出的行政管理支出子项或单独申请日常运维项目经费。

此外,还要抓好评估、监控、安全、备份等其他方面的管理工作。按照国家政策要求,各地区、各部门要对电子政务网站管理工作开展经常性的督促检查,并使之制度化、常态化,及时发现并妥善解决存在的问题。

【本讲小结】

电子政务网站建设是电子政务工作的重要组成部分。本讲介绍了网站、电子政务网站、政府门户网站等相关概念;对我国电子政务网站的发展历程进行分阶段梳理后,进一步明确了电子政务网站的功能;重点讲述了电子政务网站建设的理念和内容。

【课后练习】

1. 简述电子政务网站、政府门户网站的概念。

2. 我国电子政务网站建设经历了哪些阶段？
3. 电子政务网站有哪些功能？
4. 如何理解电子政务网站建设的理念？
5. 电子政务网站建设的内容包括哪些？
6. 电子政务网站的管理包括哪些方面？

黔南州政府网站建设管理喜结硕果

在清华大学国家治理研究院、清华大学公共管理学院发布的《2020年中国政府网站绩效评估报告》中，黔南州政府门户网站在全国301家地市级政府门户网站中位于"优秀"梯队，居第13名，是贵州省唯一进前20名的地市级政府门户网站。至此，黔南州政府门户网站已连续3年跻身全国前20名。近年来，黔南州认真贯彻落实国家、省政府关于政府网站建设的决策部署，逐步健全和完善政府网站管理机制和功能设计，抓好政府网站建设管理，推动"整体联动、高效惠民"网上政府建设。

一是建章立制夯实网站建设管理。制定印发《黔南州政府网站建设管理办法（试行）》，明确主办单位、承办单位及信息提供部门和各单位的职责分工；规范政府网站开设整合流程，对政府网站的名称、域名、备案等要求进行详细说明；规范政府网站常态化监管机制，对全州政府网站开展常态化监测并按月下发整改通知和工作提示；按照"一个单位一张清单"为每个内容保障单位制作内容保障分解表并不定期更新。同时印发《黔南州门户网站信息审核发布管理制度》，规范网站信息审核发布管理，强化信息内容"三审三校"。

二是构建平台完善政务公开载体建设，全面提升数字政府综合水平。2019年全州政府网站在贵州省率先完成集约化迁移改版上线，新建成的州政府门户网站平台包含16个部门网站和12个县级门户网站，平台页面设计层级清晰、内容丰富、分类合理、功能实用，通过统一基础平台、统一技术支撑、统一运维服务，实现全州政府网站资源整合相互融合，有效推动全州政务公开工作标准化、规范化，助力各部门提升信息公开、解读回应、政务服务、互动交流工作水平，打造全州政务信息统一的权威发布平台。

三是完善功能提升网络问政服务，畅通便民互动服务渠道。州政府门户网站持续完善信息检索功能，为公众提供更加精准、高效的全站检索服务；接入集约化平台个人空间，实现12345政府服务热线平台与省政府网站集约化互动交流平台数据互联互通，通过"一个平台、一套机制、一管到底"的工作模式，为公众提供优质的网络问政服务。围绕州委、州政府中心工作及公众需求，引入专业团队开展州政府政务新媒体运营管理，做好政策解读，及时回应社会关切，让群众及时了解政府工作动态及相关惠民政策，同时探索开发政务新媒体办事服务功能，围绕利企便民，推动更多事项"掌上办"。

四是抓好政府网站常态化监管。严格落实国家、省相关工作部署，抓好信息内容建设管理，持续开展政府网站常态化监测，加强信息巡查与审核，加大定期抽查、不定期复查力度，不断提升全州政府网站建设水平。

（资料来源：中国电子政务网，2020-12-24，有改动）

第八讲

移动电子政务

【学习目标】

掌握移动电子政务的概念与内涵、四种类型及发展移动电子政务的意义；正确认识移动电子政务与电子政务的相同之处及移动电子政务的优势所在；了解移动电子政务的安全问题和目前我国关于移动电子政务的理论研究；熟悉目前我国移动电子政务的应用和发展，并能结合实践案例展开分析。

【关键术语】

移动电子政务；G2G；G2B；G2C；G2E；政务新媒体

2021年11月26日，2021（第十六届）中国电子政务论坛暨首届数字政府建设峰会在广州召开，大会期间，围绕政府专区、一网统管、数据要素、数字经济、网络与信息安全五大主题举办数字政府建设成果发布展览，广东省21个地市和15家省直单位的政务信息化建设优秀成果集体亮相。广东近年来打造出"粤省事""粤商通""粤政易"等粤系列移动政务服务品牌，网上政务服务能力连续三年位居全国第一。广东将省、市、县、镇、村五级政务服务事项纳入标准化、规范化管理，全省事项网办率达到95.54%；"最多跑一次"达到99.88%；"零跑动"事项占比达到93.14%；免证办事项达到50.07%；移动政务服务平台建设领跑全国。广东所推出的"粤省事"微信小程序将分布在各业务部门办理业务量大、受众范围广及群众重点关注的服务事项，整合到全省统一的服务平台，不断提升用户体验，实现服务个性化、精准化和一站式"指尖办理"，方便群众办事，打造整体型政府。同步开通"粤省事"微信公众号进行贴身服务，通过与微信小程序联动，实现通知提醒、政务咨询、投诉建议、政策解读等功能，让政府与公众的沟通更顺畅。

（资料来源：中国发展网，2021-11-25，有改动）

案例思考：

1. 什么是移动电子政务？
2. 移动电子政务与传统电子政务相比有何优势？

一、移动电子政务的兴起

办事大厅水泄不通、行政窗口前条条排队长龙、部分行政人员服务意识缺乏早已成为大众广为诟病的"痛点"。电子政务就是把这些最具有痛点的业务搬到线上，改造办理流程，提升服务体验，像交罚款、挂号这种在线下费时费力的事情，现在通过手机客户端很快就可以完成。

从2002年开始，我国全面发展电子政务，经过二十年的努力，不仅移动电子政务的理论在实践中趋于完善，而且政府职能机构在4G时代背景下逐步实现信息化、智能化、效率化。近几年，移动互联网的快速发展对移动电子政务的兴起和发展产生了深远的影响。

对于地方政府来说，公众服务需求的迅速膨胀与线下服务能力提升的相对滞后之间的矛盾日益突显，通过互联网寻求解决办法的呼声也越发强烈。业内人士曾说："互联网在未来将辐射、渗透到各个行业和领域，不光企业应当拥抱互联网，政府也应该拥抱互联网，跟互联网隔绝就是跟时代隔绝。"现代信息技术的应用优化和重塑着政府内部流程，各级政府部门也不断尝试应用现代信息技术实现公共服务的提供。在此背景下，政务服务接入移动端口的时机已然成熟。政府部门逐步通过移动互联网提供便捷的政务服务，促进了移动电子政务的快速兴起。

2017年1月，中共中央办公厅、国务院办公厅印发了《关于促进移动互联网健康有序发展的意见》，强调要全方位推进移动互联网健康有序发展，更好服务党和国家事业发展大局，让移动互联网发展成果更好造福人民。这为移动互联网的发展及促进移动互联网与相关领域（尤其是公共服务领域）的深度融合提供了重要的政策指导。

为了应对移动互联网时代政务服务方式的变革和挑战，越来越多的地区和部门开始加强移动政务服务建设。据腾讯统计，截至2016年1月，中国政务微信公众号已突破10万个，政务新媒体实现了突飞猛进的发展，"两微一端"在很多政务民生领域已成为常态。2019年7月21日，中央党校（国家行政学院）电子政务研究中心发布的《2019移动政务服务发展报告》显示，截至2019年7月1日，全国31个省、自治区、直辖市和新疆生产建设兵团已建设31个省级政务服务移动端，"app+小程序"正在成为移动政务服务的主流模式。数据显示，约有3万个政务小程序为微信用户提供服务。2019年6月，"中国政务服务平台"微信小程序正式上线运行后，接入了46个国务院部门、32个地方政府的142万项政务服务指南，用户可在线办理查询、缴费、申领证件等近200项政务服务。

2021年9月29日，为进一步加强和规范全国一体化政务服务平台移动端建设，推动更多政务服务事项网上办、掌上办，国务院办公厅印发了《全国一体化政务服务平台移动端建设指南》（国办函〔2021〕105号），提出建成国家政务服务平台移动端、国务院部门政务服务平台移动端和各省（自治区、直辖市）省级政务服务平台移动端三级移动政务服务平台架构，为我国移动电子政务的深入发展指明了方向。

第49次《中国互联网络发展状况统计报告》显示，2021年我国网民总体规模持续增长。一是城乡上网差距继续缩小。我国现有行政村已全面实现"村村通宽带"，贫困地区通信难等问题得到历史性解决。我国农村网民规模已达2.84亿人，农村地区互联网普及率为57.6%。二是老年群体加速融入网络社会。得益于互联网应用适老化改造行动持续推进，老年群体连网、上网、用网的需求活力进一步激发。截至2021年12月，我国60岁及以上老年网民规模达1.19亿人，互联网普及率达43.2%。

另外，截至2021年12月，我国网民使用手机上网的比例达99.7%，手机仍是上网的最主要设备。即时通信等应用广泛普及，在线医疗、办公用户增长最快。此外，以支付宝、微信、滴滴等为代表的商业客户端（app）向公众提供着便捷的服务，涵盖新闻资讯、社交、理财、交通等多个领域。从基础的娱乐沟通、信息查询，到交易、网络金融，再到教育、医疗、交通等公共服务，移动互联网塑造了全新的社会生活形态。这些相关领域的探索和创新为政务服务发展提供了理念和技术支撑，也带来了新的需求，并培养了用户基础。

移动电子政务的兴起，促进了传统电子政务服务的创新。政府部门应用先进的移动通信技术，借助各种配套的硬件设施，积极主动地通过移动互联网等方式提供公共服务，以满足公众对政务服务日益增长的需求，已经成为当前发展的趋势之一。

二、移动电子政务的定义及类型

（一）移动电子政务的定义

随着无线网络技术和移动设备的迅速发展，21世纪被称为移动计算和移动事务（移动商务和移动政务）的时代，政府为适应新技术的发展趋势也需要通过多种渠道为企业和公民提供信息服务。移动电子政务的英文名称为Mobile Government，简写为M-Government。目前，针对移动电子政务的研究还处于起步阶段，理论界尚未对移动电子政务的定义形成统一的认识。关于移动电子政务的定义，理论界主要有两种观点，一是将移动电子政务视为电子政务的延伸，二是将移动电子政务作为一种为公众提供服务的新的技术手段。但不管是哪一种界定，它们都未能深入认识到移动电子政务所具有的典型技术特征及为用户提供服务的特性。

移动电子政务作为政府为公民、企业或其他组织提供信息和服务的手段，主要包含以下四部分内容：第一，移动便携装置，如手机、平板电脑、笔记本电脑及那些能将用户从台式电脑的物理连接束缚中解放出来的设备；第二，无线网络技术；第三，移动中间件，即连接无线网络和移动设备以实现移动政务应用的软件（如手机操作系统）；第四，移动服务，即政府为利益相关者提供的移动服务，利益相关者包含公民、企业或其他组织。

概括地说，移动电子政务是指政府利用各种移动便携装置，通过无线网络技术和移动中间件为参与政府事务的利益相关者提供便捷的信息和服务的一种活动。从本质上讲，移动电子政务就是政府利用移动政务系统为公民、企业或其他组织提供信息和服务的一种活动。

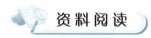

资料阅读

吉林省打造政务服务移动端"吉事办"

为了真正实现让数据多跑路、群众少跑腿、办事更便捷，吉林省打造了政务服务移动端"吉事办"，开启为民服务新窗口。"吉事办"是由吉林省政务服务和数字化建设管理局打造的政务服务移动端入口，提供政务服务、便民服务、业务咨询等多项功能。进入"吉事办"小程序，首页的"高频服务"可进行高频事项查询办理，"我的证照"可查询医保、社保信息，"主题服务"按照主题包含3类24项高频查询服务（截至2022年11月底，动态更新）；点击"服务"进入服务查询办理页面，可按照"个人服务"和"法人服务"对各部门政务服务事项进行检索查看办理；点击"我的"进入个人中心页面，有查询办件进度、评价办件结果、管理个人信息等多项功能。

为了做好疫情防控服务工作，吉林省政务服务和数字化建设管理局会同省卫健委于2020年1月30日启动了"吉事办"小程序的"吉林省新冠肺炎疫情防控服务专区"，并依托国家防疫健康信息大数据核验接口创建"全省统一人员流动登记备案智能管理平台"，设计推出移动端个人健康码——"吉祥码"，率先在省政务大厅投入使用。在重点公共场所全面启动"人人有码、码上行动"健康码信息管理，进一步提升疫情防控精准性，加强疫情溯源和监测。截至2020年3月12日，"吉事办"实名注册人数已达到51.9万人，已累计产生扫码登记记录近8万条。目前，"吉事办"app也正式上线，为民众提供更加稳定、高效的政务服务移动端办理功能。

（资料来源：《吉林日报》，2020-03-15，有改动）

▶▶（二）移动电子政务的类型

在电子政务中，政府借助互联网来改进管理效率和提高服务水平。在移动电子政务中，政府则在电子政务的基础上充分利用移动网络技术和移动终端设备在任何时间和地点为组织和个人提供信息和服务。移动电子政务包括四种类型：政府对政府的移动电子政务（G2G）、政府对企业的移动电子政务（G2B）、政府对公民的移动电子政务（G2C）和政府对雇员的移动电子政务（G2E）。四种移动电子政务类型可以按政府服务范围（对外、对内）和政府服务对象（个人、组织）两个维度进行描述。

1. G2G

G2G 主要是指各级政府之间、政府各部门之间利用移动终端和移动传输技术实现政府内部信息传达和处理的移动电子政务。G2G 的应用主要包括：公文流转，即各级政府之间、政府各部门之间应用移动政务系统传送通知、公告等政府公文；日常办公，即政府公务人员应用移动政务系统进行需要审批的日常事务处理；绩效评估，即应用移动政务系统对政府公务人员设定科学的绩效评估指标。G2G 的应用打破了政府部门各自为政的现象，实现了政府内部信息的共享，简化了政府公务人员的工作流程，从而提高了政府内部行政效率。

2. G2B

G2B 主要是指政府和企业之间利用移动通信技术实现信息发布和沟通的移动电子政务。G2B 的应用主要包括：发布商业信息，即政府相关部门通过移动网络发布采购和招标信息以及相关政策，提高中小型企业的参与度；移动税务，即税务机关通过移动网络向企业传递与纳税相关的信息，企业通过移动网络向税务机关反馈相关纳税数据。G2B 的应用有效地降低了企业在与政府部门打交道时的运营成本，同时也节约了政府部门在提供公共管理和服务时产生的支出成本，为打造节约型政府做出了贡献。

3. G2C

G2C 主要是指政府机构利用移动通信技术实现"为公民提供全天候、全方位的服务"宗旨的移动电子政务。G2C 的应用比较广泛，以下仅列举一二：公民信息服务，即公民利用无线通信技术将个人移动终端接入政府相关移动政务系统，提出个人对政府公共服务的意见和建议、享受政府为其提供的个性化服务（如获取对口的就业信息、就业培训等服务），实现与政府的有效沟通、交流及互动；医疗社保服务，即政府为公民提供医疗、养老等社会保障类服务。G2C 的应用将给政府公共服务方式带来重大的创新，为政府提高公共服务质量、打造服务型政府添砖加瓦。

4. G2E

G2E 主要是指政府公务人员利用移动通信技术实现移动办公的移动电子政务。政府公务人员通过网络服务提供商提供的 GPRS、5G 等方式把自己的手机、平板电脑、笔记本电脑等移动终端接入政府部门内部的局域网，实现移动办公。G2E 的应用主要包括：行政办公，即公文收发管理、信息综合管理和应用、日程安排管理等；个人办公，即电子邮件收发管理、个人信息综合查询等。G2E 的应用提高了政府公务人员的办公效率，有效地加强了政府公务人员之间的合作与交流。

三、移动电子政务的优势

从关系上看，移动电子政务可以说是电子政务的延伸，是电子政务发展的新方向，将为政府开展电子政务活动带来更大的便利和价值。移动电子政务与电子政务不是完全不同的两种事物，而是相互联系、密切相关的。移动电子政务是电子政务与移动通信技术相结合的产物，包含在电子政务范围之内，伴随电子政务的发展而发展，是电子政务的拓展和延伸，是电子政务走向移动化、便利化、普及化的新手段。将移动电子政务从电子政务中分离出来，是为了挖掘其移动性、随机性、灵活性、广泛性等特点和优势，促进电子政务的整体发展。移动电子政务与电子政务的关系如图 8-1 所示。

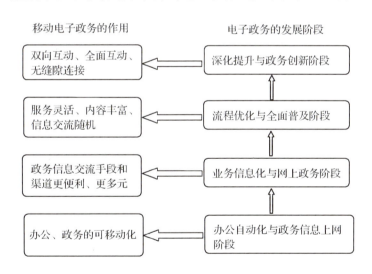

图 8-1 移动电子政务与电子政务的关系图

移动电子政务与电子政务的相似之处在于：

第一，政府采用电子政务和移动电子政务的目的都是顺应新技术的发展趋势，改善自身管理和提高服务水平，增强公民或企业对政府的信任，实现社会融入、社区重建、社会福利、可持续发展等社会目标。

第二，两者在处理事务的类型上存在一致性，即包括政府对公民（G2C）、政府对企业（G2B）、政府对政府（G2G）和政府对雇员（G2E）四种类型。

移动电子政务与电子政务的不同点在于：

第一，两者实现目标所采用的技术手段不同，电子政务基于有线网络技术和固定装置，移动电子政务基于无线网络技术和便携装置。

第二，与电子政务相比，移动电子政务具有移动性、便携性、位置性、个性化等特征，突破了时间和空间的限制，能在任何时间和地点为政府事务的各参与方提供便捷的、实时的、个性化的信息和服务。

移动电子政务与电子政务的比较如表 8-1 所示。

表 8-1 移动电子政务与电子政务的比较

比较对象	移动电子政务	电子政务
依赖的技术	无线网络技术	有线网络技术
技术标准	标准形式多样	公用性，标准广为接受
使用载体	移动便携设备	台式电脑、笔记本电脑等
传递内容	内容传递受限，个性化信息	内容传递容易，容量不限
接受方式	主动推送服务	被动接受服务
交流方式	根据具体的终端设备差异较大	不同群体间交流方式统一
使用成本	价格较高，在网时间受限	价格低廉，基础设施覆盖广
提供部门	政府或其他非营利组织	政府或其他非营利组织

与传统电子政务相比，移动电子政务具有以下几个方面的优势。

（一）群众基础好，简单好用

依据中国手机网民快速增长的态势，移动通信模式俨然已被公众广泛接受，手机、平板电脑等移动设备具有体积小、质量轻、菜单界面简洁、操作简单、可以随身携带等优点。使用者不论男女老幼、文化水平高低，都能够较快掌握，尤其是中老年人，有很多对电脑上网比较生疏。相反，他们对手机上网更加熟悉。这就要求电子政务必须适应发展需要启动移动模式。

（二）不受"线"与"时空"的困扰

传统电子政务基于桌面办公装置（台式电脑），采用的是有线网络通信方式及现场操作模式，流动办公性较差。而移动电子政务利用的是无线局域网，只要政府公务人员在无线网络信号覆盖区域内，便可利用各种移动终端，摆脱有线网络的束缚，实现在任何时间、任何地点办公，为公众提供实效服务。同时，公众也可以随时随地通过移动终端接收政府发布的政务信息和办理各种事务。

（三）信息传递更便捷

由于移动电子政务比较显著的特点是移动灵活性，因此移动电子政务可以充分利用公众的"碎片化时间"，随时随地为公众提供政务信息服务。移动电子政务在信息发布和搜集上有着天然的优势，尤其是在处理突发自然灾害、人为灾难等紧急事件时，手机等移动终端的便携性和普及性使各种紧急通知、指引的传递迅速。

（四）更高的弹性与灵活性

无线网络通信方式使移动电子政务相比于传统电子政务具有更高的灵活性，这也加大了政府工作流程的弹性。对于公民来说，他们不但可以利用电脑通过互联网访问政府网站，也可以通过各种移动终端来获知信息和获取服务。而对于政府来说，移动电子政务使政府公务人员处理工作事务更加灵活，提高了办事效率。

（五）个性化定制服务

手机等移动终端的普及，使电子政务平台能够通过各种移动终端收集用户大量的数据，并可以在数据的基础上根据公众的不同需求，个性化定制政务服务，同时接收公众反馈的信息，以极大地提升公众对政务服务的参与度和满意度。

（六）经济成本较低

移动设备的硬件集成性和通用性都比较高，它所需要的软件比计算机要少，对升级和维护的要求也低。因此，对于公众来说不需要对通信设备做额外的投资，移动电子政务在某种意义上可看作移动通信的增值业务，在使用资费上也不需要很大的投入，比较容易为用户所接受。移动网络建设在费用投入上要比固定网络建设经济不少。

四、发展移动电子政务的意义

移动电子政务相比于传统电子政务所具备的独特优势，使其对政府、社会、公众的意义显得尤为重要，具体有以下几个方面。

（一）创新政府管理方式，树立服务型政府形象

随着公民本位理念的逐渐强化，在整个社会民主秩序的框架下，通过法定程序，按

照公民意志组建起来的以为公民服务为宗旨的政府也越来越受到公众的热捧。政府的宗旨是为人民服务。如何高效地为公众提供优质的服务是政府工作的目标之一。相对于台式电脑、笔记本电脑，移动终端更便于携带，能够更好地实现随时随地的信息处理。无论是普通公众还是政府工作人员，移动电子政务实时传输信息这一特性可以有效提高办事效率，这一点对执法部门、应急服务部门尤为重要。由于移动电子政务无疑会改变政府发布信息的方式，并丰富公众接收政府信息的渠道，所以移动电子政务的发展势必创新政府管理和服务职能，成为有效实现政府目标的重要工具。移动电子政务不仅可以加强政府内部的沟通，使各职能部门之间能更好地配合，而且能使公众对政府各项工作有更全面、详细的了解，从而促使政府努力改善服务水平，提高工作效率，树立服务型政府形象。

▶▶（二）有效解决数字鸿沟问题

目前，在我国，由于不同地区的经济发展水平、互联网建设水平等，不同群众的受教育程度、语言交流、年龄特征等存在明显的差异，数字鸿沟问题一直是电子政务发展迫切需要解决的难题。中国互联网络信息中心发布的第 34 次《中国互联网络发展状况统计报告》显示，截至 2014 年 6 月，我国手机网民规模达 5.27 亿人，手机上网比例达 83.4%，首次超过传统 PC 上网比例，成为第一大上网终端。到 2021 年 12 月，我国网民使用手机上网的比例达 99.7%，而使用台式电脑、笔记本电脑、平板电脑上网的比例分别仅为 35.0%、33% 和 27.4%。由此可见，作为移动电子政务最主要的终端——手机的普及率大大超过了计算机终端，这一现象在欠发达的中西部地区尤为明显。计算机价格相对较高、计算机操作能力有限、实际家庭计算机使用需求不明显等原因使我国个人计算机的普及率仍然较低，作为现有电子政务的主要接入手段，个人计算机的这种低普及率状况无疑把相当部分的公众挡在了电子政务的门外。移动电子政务提供了手机等计算机之外多样化的电子政务接入手段，这大大缓解了上述计算机普及率过低造成的问题。一方面，相对于个人计算机而言，手机等移动终端在价格、操作技术要求等方面具有明显的优势；另一方面，相对于相当部分的公众对计算机缺乏明显的使用需求，手机等移动终端由于可以提供语音通话功能，公众对其的需求较为明显。这也充分说明移动智能手机、PDA 等信息终端由于操作简单、方便易用，具有良好的群众基础，可以大大增强公民与政府之间的沟通互动，提高政府管理和服务的受益范围，让更多公民能平等地享受到电子化服务，从而有效解决数字鸿沟问题。

▶▶（三）节约成本，建设节约型政府

建设节约型政府不仅是建设高效政府、廉政政府的必要前提，更是对我党科学执政、民主执政、依法执政能力的重大考验。移动电子政务可以实现政府内部移动办公用

无线局域网组网，政府工作人员可以随时随地接入办公系统；在外办公人员也可以通过Wi-Fi、4G/5G网络，利用移动终端接入办公系统，不受地点的限制；另外，可以用短消息进行各种即时通知，实现手机收发电子邮件、移动信息发布、移动电子审批、移动个人信息管理等多种功能。从节约型政府的内容来看，主要包括两个方面：一是行政效率上要高，要求"低成本、高效率"；二是在行政成本上节约，要求"既廉洁又廉价"。对于政府而言，首先，移动电子政务的发展可以使政府工作人员更加方便快速地处理日常事务，使工作流程更加灵活和富有弹性，提高了办公效率，从而大大节省了政府日常运营成本；其次，移动终端的普及和发展成熟可以减少硬件设备的投入和重新布线的成本，同时可以减少对计算机的购置和维护费用，节约了政府采购和日常维护成本；最后，移动电子政务的移动性与灵活性，降低了政府对办公环境的依赖，使政府办公移动化，从而在很大程度上节约了人力成本和办公成本。

▶▶（四）增强政府与公民的沟通互动，促进公民参与

随着公民参与成为信息时代政治社会生活不可或缺的一部分，我国的公民参与也呈现出快速发展的势头。然而，透过热闹纷繁的参与表象，我们发现现阶段我国公民参与公共政策制定的总体水平还比较低，尚有极大的拓展空间。而移动电子政务的发展，使公民可以不受时空限制，利用移动终端访问政府移动门户来获取服务、办理业务和了解政府活动信息，这有利于促进公民积极主动地与政府沟通，加快信息的传递速度，增强政府工作的透明度，并提高政府对公民的回应能力，为公民参政议政、更广泛地实现民主权益提供新的可能：第一，全民参与式民主的成本大大降低。公民可以通过各种移动终端直接对国家的大政方针、官员的任免进行投票，投票结果可以直接交计算机处理，其过程迅速、准确，而且减少了人为操纵的可能性。第二，公民本人（不必通过代表）就能直接参与关系到自身利益的决策过程，从而杜绝了代理人的渎职和集权行为。第三，利用电子公告板和公共讨论区等设施，公民可以直接表达自己的意见，与利用传统大众传媒的方式相比，这种意见的表达自然是更真实的。第四，移动互联网所提供的迅捷资讯使公民有可能在做出决定之前以较低的成本了解到必要的信息，从而避免在资讯不足的情况下做出错误的选择。第五，移动电子政务的形式更有助于政府决策程序的公正、公开、透明，更有助于广大民众对社会事务的积极参与。程序的公正、公开能有效祛除暗箱操作、人治大于法治、腐败等我国政治生活中的顽疾，民众对社会事务的积极参与有助于增强民族和社会的凝聚力。这些都有利于改善政府与公民之间的关系，提升政府在公民心中的形象，增进社会满意度，进而拉近政府与公民之间的距离，培养政府与公民之间的亲切感。而这一切都将大大提高公民参与政府行政活动的积极性和主动性，进而促进公民参与。

五、我国移动电子政务的应用与发展

(一) 移动电子政务的服务方式

一般来说,移动电子政务的服务方式分为三类:第一类是基于消息的服务,典型代表是短信;第二类是基于移动互联网的服务,是指将 Wi-Fi、4G 乃至 5G 数据传输技术等应用于电子政务领域;第三类是基于位置的服务,即利用移动通信网络获取特定物体的地理位置,从而为其提供相应的服务。随着时代和技术的进步,在移动电子政务所应用的众多终端中,智能手机日渐取代其他设备,成为移动电子政务中最重要的应用终端,并在消息服务、移动互联网服务和位置服务中都得到了很大应用。

1. 消息服务

在移动电子政务的消息服务中,短信息(包括彩信)是主要的应用方式。在 G2G 事务中,政府部门内的通知可以通过手机短信下发,比面对面和电话通知都更省时省力,因为非工作时间紧急会议的召开和开会通知涉及不到全体人员,所以传统电子政务的政府内网并不完全适用于此类响应速度较高、针对性较强的事务。在 G2B 事务中,企业证照办理通知和税费缴纳通知也可通过短信有针对性地下发,甚至可以在政府采购招标计划中对一些企业发送通知。此举将解决不方便上网企业信息不通畅问题,并在一定程度上提高政府采购的透明度和公平性。在 G2C 事务中,手机短信发挥了不可忽视的作用,其中,短信预警(如国家反诈中心预警诈骗短信)、短信查询(如电信运营商话费流量查询短信)、短信验证(如登录 app 的身份验证短信)的应用已体现出移动政务的及时性和覆盖性的优势。以短信方式开展的移动电子政务具有针对性强、便利性高的特点。

2. 移动互联网

以无线网络为主要传播方式的移动通信技术是移动电子政务提供服务的主要应用技术。移动通信技术既包括允许用户建立远距离无线连接的全球语音和数据网络,也包括为近距离无线连接进行优化的红外线技术和射频技术。通常用于无线网络的设备包括笔记本电脑、台式电脑、平板电脑、移动电话、寻呼机等。使用笔记本电脑的旅客可以通过安装在机场、火车站和其他公共场所的基站连接到 Internet。在家中,用户可以连接台式电脑来同步数据或发送文件。目前,主流应用的移动通信技术包括无线局域网技术和 GPRS 无线通信技术两种。

（1）无线局域网技术

无线局域网（Wireless Fidelity，简称 Wi-Fi）技术是一种能够将个人电脑、手持设备等终端以无线方式互相连接的技术，目的是改善基于 IEEE 802.11 标准的无线网络产品之间的互通性。使用 IEEE 802.11 系列协议的局域网就称为 Wi-Fi，是当今使用最广的一种无线网络传输技术。虽然由 Wi-Fi 技术传输的无线通信质量不是很好，数据安全性能比蓝牙差一些，传输质量也有待改进，但传输速度非常快，可以达到 54 Mbps，符合个人和社会信息化的需求。Wi-Fi 最主要的优势在于不需要布线，可以不受布线条件的限制，因此非常适合移动办公用户的需要，并且由于发射信号功率低于 100 MW，低于手机发射功率，所以 Wi-Fi 上网相对也是最安全健康的。

（2）GPRS 无线通信技术

当前，我国的移动通信技术已经更新到第五代。第四代移动通信技术（4G）的下载速度达到 100 Mbps，比拨号上网快 2 000 倍，上传速度也能达到 20 Mbps，能够满足绝大多数用户对无线服务的要求。第五代移动通信技术（5G）与早期的 2G、3G 和 4G 移动网络一样，是数字蜂窝网络，在这种网络中，供应商覆盖的服务区域被划分为许多被称为蜂窝的小地理区域。表示声音和图像的模拟信号在手机中被数字化，由模数转换器转换并作为比特流传输。蜂窝中的所有 5G 无线设备通过无线电波与蜂窝中的本地天线阵和低功率自动收发器进行通信。未来，在实现 5G 全覆盖后，政务服务速度将迈上新台阶。

移动互联网已深入人们日常工作和生活的方方面面，正在成为企业和群众办事的主要渠道。从现场办理到网上办理再到手机办理，政务服务搭载"互联网＋"快车不断向移动端延伸，让群众动动手指就可享受"人在家中坐，事情全办妥"的服务体验。与此同时，多地探索实践已经开花结果，涌现出一批以"粤省事""浙里办""随申办""豫事办""渝快办"等为代表的移动政务服务特色品牌，也为其他地区和城市提供了学习借鉴的样板。可以说，政务服务与移动互联网融合的深度，直接关系到政府职能转变、国家治理现代化的程度。

随着移动互联网与政务服务的结合越来越紧密，政务服务不断向移动端延伸，利企便民、亮点纷呈、人民满意的"指尖上的网上政府"正在加速形成。在提高政府服务能力和工作效率的同时，不断推动政务服务从掌上"能办"向"好办"转变，将"随时""随地""随身"的服务体验落到实处，也获得了群众满意度。

3. 位置服务

在移动电子政务的位置服务中，移动通信技术和定位技术在人员追踪与车辆定位上的应用也显示出移动电子政务的优势。近年来，我国 5G 技术日益成熟，工信部于 2022 年 1 月发布的《2021 年通信业统计公报》显示，截至 2021 年年底，我国累计建成并开通 5G 基站 142.5 万个，总量占全球 60% 以上，每万人拥有 5G 基站数达到 10.1 个。我国"5G+北斗"融合发展使移动电子政务的位置服务更上一个台阶。当5G的"快"遇上北斗的"准"时，两者将相互赋能，彼此增强，从而可以满足全覆盖的高精度需求。当前，我国正在推进新基建战略，注重七大领域的高科技产业基础设施的数字化、智能化建设，而基于"5G+北斗"的通信技术与精准时空技术的融合及应用，将是这些领域基础设施信息化、智能化升级改造不可或缺的重要手段。

5G+北斗"智泊南通"引领数智生活新体验

日前，江苏南通移动助力南通市推出"智泊南通"系统，打造全新智慧停车模式，带来数智生活新体验。

2021年4月起，"智泊南通"系统在崇川区试点上线。8月，在南通市市级平台正式上线。该系统依托5G通信网络、北斗定位、云计算、智能巡检车、AI图像识别、ETC无感支付等先进技术，通过整合崇川区现有公共停车资源，将智慧停车管理、交通违章治理、智慧交通大数据治理等结合在一起，构建全新的交通治理解决方案。

"智泊南通"系统在全国首创以5G+ETC智能巡检车为路边停车收费的主要技术方案。通过在市区热点道路部署ETC扣费装置，车主在驶过这些装置时，即可自动完成ETC扣费，真正做到了随停随走，无感支付。同时，通过大数据能力整合全市停车资源，推出面向居民的"智泊南通"智慧停车小程序，通过5G+北斗精准定位实现诸多功能。目前，平台已接入市区近500个停车场、106 051个停车位，注册人数已经超过13万人。

系统的顺利运行切实提升了居民的驾车体验。游客纷纷表示："开车前可以查看目的地旁边的停车场，离开时，直接扣充值余额，都不用再掏手机付费，特别方便。"

(资料来源：《人民邮电报》，2021-10-12，有改动)

(二)移动电子政务的应用媒介

移动电子政务是传统电子政务与移动通信平台相结合的产物，是移动技术在政府公共管理工作中的应用。移动技术包括四类：一是基于无线电的双向无线电通信（专业或公共移动无线电）或广播；二是基于蜂窝电话的移动语音服务、SMS（短信服务）、MMS（彩信服务）、WAP（无线应用协议）、GPRS（通用无线分组业务）、3G（第三代移动通信网络）、4G（第四代移动通信网络）、5G（第五代移动通信网络）；三是基于移动设备的，包括笔记本电脑、平板电脑、PDA（个人数字助理）、寻呼机、RFID（射频标签）和GPS（全球定位系统）终端；四是基于无线网络的Wi-Fi、WiMax、蓝牙等。基于这些移动技术，移动电子政务和公共服务领域出现了多种应用媒介。

1. 政务 app

在移动互联网时代，智能移动客户端（app）逐渐成为人们日常生活中获取资讯、服务和沟通往来的重要媒介。直观地说，app 就是应用软件，现在主要指 iOS、Android 等系统下的应用软件，是我们使用的智能手机上的第三方应用软件，app 的创新性开发，始终是用户的关注焦点，而商用 app 的开发，更是得到诸多网络大亨的一致关注与赞许。与趋于成熟的美国市场相比，我国 app 开发市场正处于高速成长阶段。政务和公共服务类 app 是政府提供移动公共服务的重要平台。

国务院客户端——你身边的中央人民政府

2016 年 2 月 26 日，国务院客户端正式上线（图 8-2）。国务院客户端是国务院发布政务信息和提供在线服务的新媒体平台，由国务院办公厅主办，中国政府网运行中心负责运行维护，第一时间权威发布国务院重大决策部署和重要政策文件，国务院领导同志重要会议、考察、出访活动等政务信息，同时面向社会提供与政府业务相关的服务，建设基于新媒体的政府与公众互动交流新渠道。国务院客户端的开通有利于创新信息公开方式、扩大政务公开参与渠道，也会促进法治政府、创新政府、廉洁政府和服务型政府的建设。

图 8-2　国务院客户端上线当天首页截图

截至2022年9月20日，国务院客户端已开通要闻、总理、政策、部门、地方、服务、数据、专题、图片、视频、访谈等多个栏目，还可以自主添加督查、人事、解读等感兴趣的栏目。除了首页外，国务院客户端还设有国务院、服务、互动、我的四个专项内容。部委服务是服务的主体部分，涵盖税收财务、医疗卫生、教育科研、消费维权、政策服务、环境气象等各项民生项目。在服务专项页面的底部，还设置了"国务院便利贴""下月那些事儿""秒懂国务院"三项专题服务，如图8-3所示。

国务院客户端侧重和强化政务服务功能，这是其主要特色和发展方向。下面选择服务专项页面进行具体展示。首先选择所在城市，以苏州市为例，页面最上方横幅图片的主题是"开学大礼包"，紧跟开学季；接着设置文件搜索、投诉举报、我有建议、应用收藏

图8-3　服务专项页面

四项栏目，为用户提供交互服务，用户可以搜索所需服务内容、反馈使用体验等；部委服务作为页面主要服务内容，涵盖各项与民众生活息息相关的热点问题。同时，国务院客户端也重视用户互动参与，大力推行互动性强的栏目，优化用户体验。

客户端可同时呈现文字、图片、音频、视频，展示形式多样化，严肃专业的政务信息变得轻松活泼、通俗易懂，公众自然喜闻乐见，从而提升政务信息的传播力、影响力，进而增强政务传播的效果。在全国两会期间，国务院客户端会对两会内容进行全面报道，并实时更新国务院总理在两会上的发言，权威性十足。

2016年5月，艾利艾智库（IRI）发布我国省级人民政府政务app评估报告。评估结果显示，在开通服务功能的app中，部分服务功能与第三方应用重合，"政务"属性不突出。艾利艾智库认为，省级人民政府客户端，应以解决本地受众的刚需为主，并扮演"枢纽、中枢"角色，有望成为省内各地、各系统政务app的集大成者，"一端在手而知本省事"。

在"互联网+政务"时代，政务app顺应公民信息需求和办事特点，使大家能随时、随地、随身访问政府服务。从这个意义上说，政务app实际上是政府公共服务理念在互联网上的有效延伸。令人惊喜的是，如今越来越多的地方政府认识到"互联网+政务"的重要性，开始试水政务app。大家所预期的是，通过政务app，将政府服务揣进每个人的"口袋"，渗透到公众生活的各个角落，并逐渐成为公众获取政府信息、资源、服务的重要方式。

然而，这种美好预期在落地时却倍感艰难。2018年1月，《经济日报》刊登的《政务 APP 不能重建轻管　应善做加减法》一文指出，在相关部门对政府网站实行常态化抽查通报，大部分政府网站逐渐告别"僵尸""睡眠"状态的情况下，又出现"僵尸 app"的问题。少数地方政府和部门的政务平台搭建起来却没有真正使用好，甚至以行政摊派、强行推广、篡改数据等手段，打造"手机上的政绩工程"。"僵尸 app"的存在，使政府投入大量人力、物力、财力建设的便民工程成为"应景工程"，不得不说是一种悲哀。

作为政务网络化、现代化的载体，政务 app 适应了时代发展与群众需求，是网络政务的一种新探索，需要支持与肯定。政务 app 虽然有技术、市场和群众基础，但如果重建设轻运营、过度过滥开发的话，就会摊薄相关功能和价值，不仅会让基层单位徒增财政负担，更会由于众多政务 app 需要下载、注册等烦琐程序，增加群众办事的麻烦。

防止政务 app 变成"僵尸 app"，应善做加减法。一方面，应和政务网站一样，在政务 app 开发、运营等方面，出台严格的监管和设置程序，相关单位不能仅靠一时心血来潮就随意开发上线。也就是说，要通过制定明确的设立规则和条件等，做政务 app 的"减法"，避免政务 app 过多、过滥的问题。另一方面，政务 app 如果没有丰富和便捷的服务功能，也同样会沦为"僵尸 app"。这就需要相关部门在政务 app 的实用性上做"加法"，尽量不要设置单一的用途和办事功能，而是整合多部门甚至不同系统内部的更多业务，让群众下载一个 app 就能办成很多事情。

在治理"僵尸 app"方面，有几个地区的经验值得借鉴。

上海——界面简洁，功能齐全。上海"随申办"（7.3.5 版本）界面十分简洁，五个主菜单覆盖了上千项服务。"随申办"菜单下集成所有服务，通过分区方式方便用户查找，"我的"菜单下集成市民个人信息及个性化服务，包括纳税查询、养老金、健康档案等信息查询和出入境、外币预约、交通卡余额等服务。"办事"菜单则是按专题、按部门、按区级将所办事项分层分类，方便用户查找利用。"互动"菜单则主要是诉求提交，设置市委领导信箱与市政府领导信箱，方便基层群众与政府部门沟通交流、提交诉求。还设置"诉求公开"板块将已回复诉求公示供用户参考。"随申办"不是简单地汇总各种链接的"网址导航"，而是可以一站式办理业务，上海成立了统一的大数据中心，实施"一网通办"，将所有政府部门信息系统迁移上云，实现公共数据的汇聚、互联、共享。

江苏——强调个性化服务。江苏"苏服办"（6.0.6 版本）同样覆盖各个层级的政务服务，不过侧重于个性化推荐：首页的常用服务与主题服务所占页面较多，点开后像一个小的"应用市场"，可以看到全省热门或新上架的事项应用，同时还显示该事项的使用人数及用户评价，为该事项的新用户提供参考。首页左上角可以切换所在城市，最下方则可以选择该城市的区县服务，在地理上做出了明显的细分。"苏服办"还针对老年人设置了个性化服务，点击首页右方悬浮的"老年版"三个字，即可进入老年人专用页面，该页面字体放大更加清晰，首页设置了"语音找服务"板块，方便老年人使用，首页推荐的常用服务也是养老机构、尊老金申请、居家养老在线办理等老年人特色事项。"苏服办"针对不同类型的群体提供了高效便捷的服务。

广东——功能全面，应用场景广泛。广东"粤省事"（1.5.0版本）多元包容，支持接入各级各类政务服务平台和政务服务应用，在功能和场景拓展上下功夫，提供更全面的移动政务服务。"粤省事"app上线"个人数字空间"模块，采用全新个人授权用户模式。登录后，用户通过出示"粤省事码"等形式，即可授权对方使用自己的特定数据。在此过程中，数据使用方、使用事由等信息，将通过广东省政务服务数据管理局的"数据资产凭证"生成不可篡改的记录。用户打开"个人数字空间"，就可查到每一次授权使用的内容及时间。"粤省事"app还提供个人服务二维码"粤省事码"，实现"一码通行"，目前已覆盖政务大厅免证办事，酒店民宿一键亮码入住，图书馆、博物馆扫码进场等32个使用场景。"粤省事"app还在全国范围内率先推出"尊老爱老服务专区"，专区内可采用大号字体，支持语音搜索，提供养老服务、粤康码、行程卡等方便老年人生活的高频服务，让老年人线上办事更简单、高效。此外，"粤省事"app与省内多家银行联合打造出数字人民币专区，包含数字人民币钱包开通指引、使用指引、付款码、热门活动等多项内容，扩展了app的应用场景。

在经济转型的大背景下，建设服务型政府是政府职能转变的方向，而发展电子政务是建设服务型政府的重要手段。可充分吸收和借鉴各地区在建设政务app上的先进理念和务实措施，着力打造务实管用的网上政务服务。只有这样，才能使我国服务型政府的构建得以健康、稳定地发展，才能使公众充分享受到服务型政府带来的幸福与便捷。

2. *政务微博*

（1）*政务微博的定义与特性*

政务微博是指由党政机构或党政机构官员开通的经过实名认证的用于发布政务信息、促进政府信息公开、加强官民交流、塑造新型政府、加强公共服务的微博。其目的主要在于通过与公众的良性互动，搭建一个社会化参政、议政、问政的网络交流模式与平台。政务微博体现了"全媒体"政务公开的理念，不仅优化了政府行政流程，提高了行政效率，节约了行政成本，而且在政府信息发布、政务公开、传递正能量、促进官民良性互动等方面发挥了巨大作用，并产生了强大的政务服务、舆论引导聚合效果。

政务微博与普通个人微博的根本性不同在于，政务微博代表的是权威或官方机构，其账号主体代表着"政府"，而普通个人微博账号的主体是个人。政务微博的特殊性主要体现在信息的权威性、公共性、非营利性上。

首先，政务微博发布的信息对于接受者而言更具权威性，这是由微博账号主体决定的。一般而言，政务微博账号的主体是政府机构或官方认证的政府新闻管理团体，负责账号日常运营和维护的是相关政府工作人员。开通政务微博，意味着政府能"放下身段"，到群众中进行实时、平等、广泛地交流，因此公众往往对这类微博寄予极高期望与关注。这意味着代表政府部门的政务微博（政府工作人员的个人微博）在公众眼里具有权威性，它们的发声即是权威的、官方的言论。这种权威性为政府的政务信息公开提供了便利，促进了政府部门信息的流通，同时也向实际运营和维护微博账号的政府工作人员提出了非常高的纪律与技能要求。公众对政务微博的信任，要求政务微博在发布信息前要对信息的真伪、来源、后续影响进行更加严谨的验证。只有发布更为精准的真实消息、反映更为正确的价值引导，政务微博才能把握舆论走向、缓解社会矛盾、维护社会治安及秩序稳定。

其次，政务微博具有公共性。政务微博的公共性主要体现在受众和设立目的两方面。从受众角度分析，政务微博的受众为广大人民群众，每条微博无差别地进行转发，传达给各位粉丝；而普通微博发布的信息有特别针对的人群，一般面向持有微博账号的相关人员或兴趣圈。从设立目的角度分析，政务微博设立的初衷是公开政府决策、传播政策信息，通过实时交流平台倾听民意、解答民众问题，更好地为公民提供政府服务范围内的公共服务；而普通微博开通的目的一般带有极强的个人性或指定性，如宣传某个人、某个公司，发布个人意见和观点，记录日常生活，等等。

再次，政务微博具有非营利性。一般而言，企业、网络"大V"、"网红"等的微博账号或多或少具有营利性，其持有者通过发布带有一定营利目的的微博，借助广告功能赚取利益，达成"流量变现"的目的。例如，网络"大V"在粉丝量达到一定数量时，会以发布企业软广告或者为自己的网店做宣传的方式，获取包括经济利益在内的多重利益；同理，企业微博多通过宣传企业形象、产品获利。而政务微博则大不相同。政府的本质是非营利性的，政务微博的开通也是为了更好地服务广大人民群众，而非为政务微博所代表的部门或集体赚取实质性利益。

最后，政务微博的运营方式和理念不同，更确切地说，政务微博是"实事求是"的。一般企业、网络"大V"、"网红"等的微博，首要追求的都是粉丝数和关注度，甚至会通过购买粉丝或进行抽奖活动的方式，伪造关注人数、提高关注度，借助公众的从众心理增加活跃粉丝。一些"网红"为了吸引其他微博用户转发、评论、点赞，提高自己的曝光率，进一步实现"流量变现"，不惜故意散播吸引眼球的不实信息、发布言辞激烈的看法，乃至上传一些出格的照片和文字，颇有种"臭名昭著也是出名"的偏执。而这些运营方式和理念是完全不适用于政务微博的。如前文所述，政务微博代表着政府的形象、权威与公信力，政务微博的主要目的不是宣传和"吸粉"（吸引群众关注），而是发布真实、公开、透明、准确的信息，与社会民众进行实时、平等的沟通，政务微博所发布的每一条信息都需要再三核实，制造或发布虚假言论、购买虚假粉丝是不可能的，也是不被允许的。

（2）政务微博的兴起与发展

2009年下半年，湖南省常德市桃源县官方微博"桃源网"注册开通，桃源县也成为中国最早开通微博的政府部门。随后云南省委宣传部的官方微博"微博云南"、以"平安肇庆""平安北京"为代表的全国各地的公安微博及各级党政领导的微博相继开通。

2011年被称为中国的"政务微博元年"。2011年4月22日，复旦大学舆情与传播研究实验室发布了中国第一份关于政务微博的评估报告。该报告认为，涉及政府和公共事务的微博统称为政务微博。它包括两种类型，分别是政府机构和政府官员。其中，政府机构涉及党委、政府、人大、政协和纪委五大职能部门。我国政府机构和政府官员微博的数量在"政务微博元年"之后开始高速攀升，政府部门开通实名认证微博出现燎原之势。

根据《2013年新浪政务微博报告》，截至2013年10月底，新浪平台认证过的政务微博总数为100 151个，同比增长66.74%。其中，政府机构微博66 830个，新浪、腾讯、人民网共有258 737个政务微博，同比增长46.42%。随着新媒体和新技术的不断传播与综合应用，政务微博逐渐成熟。

根据《2015年人民日报·政务指数微博影响力报告》，2015年12月31日，新浪平台认证过的政府微博数量达到152 390个，其中，政府机构微博114 706个，公务人员微博37 684个。政务微博呈现出集群化发展趋势，从中央到地方，涵盖不同的职能部门。政务微博的运营对于政府部门而言，优势就在于工作效率大大提高、网络舆论引导能力增强、更加及时地为百姓答疑解惑。

2017年，政务微博规模继续稳定增长，并朝矩阵化、专业化、垂直化的方向发展。2018年8月，人民日报、人民网舆情数据中心和新浪微博联合发布了《2018年上半年人民日报·政务指数微博影响力报告》。根据该报告，截至2018年6月，经过官方认证的政务微博达到17.58万个，其中，政务机构微博数量为13.6万个，公务人员微博数量为3.9万个。在逐步形成政务微博全面覆盖的同时，政务微博让公众得到了更亲民高效的公共服务。

根据《2020年人民日报·政务指数微博影响力报告》，截至2020年12月，经过微博平台认证的政务微博已达到177 437个，其中，政务机构官方微博140 837个，公务人员微博36 600个。政务微博作为政务新媒体之一，已经成为政府与广大民众交流的重要窗口，也进入了更加追求质量的发展阶段。

（3）政务微博的作用

政务微博作为短信息发布工具具有实时更新功能，提供公共信息及进行政务公开是政务微博最基本的职能。政务微博在电子政务发展的过程中，已然成为政府公开政务信息并与民众进行互动交流的主要平台之一，同时也是政府了解社会动态和公众获取有效信息资源的重要途径。对于普通民众而言，政府信息公开是其有效参与社会管理的基本条件和前提。网民只需要在微博平台上搜索或关注相关政府部门的微博，就可以了解到所需要内容。政府部门通过政务微博进行社会管理创新，可以进一步推动政府信息公开。

微博较强的社交属性，使其不仅仅是单向信息传播的工具，更可以是政民互动的新途径。政务微博为政民之间的平等互动和友好交流提供了良好的平台。民众通过政务微博与相关的政府机构、政府官员进行直接对话，讨论他们对某些政府决策或社会事件的看法，提出自己的意见和建议，从而减少了各级报告的烦琐程序，不仅增加了公众的实际参与，而且也对政府机构更广泛、更真实地了解民众的心声和愿望产生了有益的影响。政务微博还促进了政府管理者与民众之间的密切互动，为民众提供了一个话语收集平台，每个人都可以平等地发言。在这里，政府的话语特权被淡化。

及时了解舆论动态，积极引导舆论，是各级政府维护社会稳定、确保公共安全的重要举措。近年来，我国各级政府将政务微博用于突发事件舆论引导的案例越来越多。政府通过政务微博迅速掌握信息传播的主动权，占据主体地位，抓住机遇，主动及时地发布准确的权威信息，遏制谣言的传播并化解舆论危机。国内的相关研究多侧重于食品安全、民生权益、反腐反贪、社会治安等社会热点事件，以及事件发生后政府相关部门如何引导和应对。政府机构通过开通政务微博，能够疏通信息渠道，在事件发生的第一时间迅速占领舆制高点，发布权威信息以澄清事实、平息谣言。微博传播的即时性及良好的互动性都为舆论引导提供了有力的支持。

政务微博在构建服务型政府方面能够发挥巨大的促进作用。政府机构通过开通政务微博，在微博平台上主动发布信息，既保障了人民的知情权，又提高了政府工作的透明度。政府可以通过政务微博听取各行业不同层次的意见，更全面地了解公众的需求，从而提高决策的合理性和科学性。微博互动的即时性又能使政府改进以往的回应方式，做到及时有效地回应网民的诉求，帮助他们解决问题。此外，与网民即时的互动还可以促使政府公务人员转变工作作风，树立起服务意识。随着微博在公众中的普及，政务微博在政府部门的应用日趋成熟。

3. 政务微信

随着智能手机的日益普及和网络条件的不断改善，移动互联应用在人们的生活和工作中发挥着越来越重要的作用。人们对通过手机实时便捷地获取、处理和传递信息的需求在增加，各级政府部门利用微信等新兴渠道面向民众提供信息服务并面向相关业务办理人员提供移动办理业务的需求也越来越明显。

（1）微信的特点与功能

微信具备以下突出特点：一是用户多。微信已拥有超过12亿用户。二是关注方便。无须下载软件，无须记住网址，只要扫一扫或搜索添加账号即可。三是操作简便。微信操作简便，用户体验好，老少皆宜，无须培训即可快速上手。四是功能强大。微信可以传送图片、语音、视频、位置等信息，公众号可群发消息。五是平台开放。微信公众平台后台开放较多功能，可通过二次开发方式叠加整合各类应用。

服务子系统包括：媒介应用、互动交流、行政办事。管理子系统包括：导航管理、知识库管理、粉丝管理、消息管理、统计分析和支撑功能。

（2）政务微信的定义与特点

目前，国内普遍将政务微信定义为中国官方部门所注册的微信公共平台账号。具体来说，政务微信是指各级党政职能部门开通的、服务于该部门职责范围内相关行政事务开展的、经过腾讯对申请主体合法性及相关权利资质审核的微信公众号（订阅号和服务号），包括党政职能部门以单位名义开办的政务微信公众号、政务微信群及公务人员以公职身份公开认证开通的政务微信个人号。它体现国家在社会管理过程中对行政事务的发布和对民众关心的事务的回应。

政务微信是对基于政府部门已有业务系统的权威数据和接口的应用，通过各网络之间的安全防护设备，在互联网部署政务微信服务系统，与微信公众平台之间实现实时交互的数据接口通道，为公众提供实时、便捷的数据查询服务，为政府部门提供实时、百分之百送达的宣传服务。实现文本、照片、语音、位置的实时上传，基于微信服务系统实现媒介应用、互动交流、行政办事等便民服务功能，有利于政民间全方位的沟通和互动，公民通过政务微信参与到国家管理活动中，并获得实实在在的政务服务。政务微信具有以下特点：

一是信息发布的精准性。政务微信与政府网站、政务微博被动阅读不同，微信用户只要关注或订阅了政务微信公众号就可以接收到来自官方机构主动推送的信息。对于不同的用户，政务微信可以对他们进行分组，把信息定点投放给感兴趣的公众，并且不会被别的信息"刷"走，不会像政务微博那样信息极易沉没，用户可以随时查看推送的信息，因此，信息的传达效率非常高。据统计，政务微信的信息送达率为90%（政务微博仅为10%）。政务微信是"点对点""一对一"精准性传播，实现与受众深度沟通、对等互动、精确服务。

二是互动方式的私密性。与政府网站、政务微博公开的互动相比，政务微信作为一个社交工具，采取的是更加封闭的"一对一"的交流方式，信息的传播与交流具有一定的隐蔽性，这在很大程度上保障了网民的信息安全，能够在一定程度上保护服务过程中公众的个人隐私，方便微信用户咨询，也能更好地发挥公众的建议、举报、监督等权利，进而引发公众咨询的需求和愿望，促进政民沟通协作关系的形成，有助于政府更好地满足公众的需求。

三是支付功能的即时性。公众在微信中只要绑定银行卡，设定微信支付密码，就可以方便快捷地实现即时支付，通过关注微信公众号完成水电费、燃气费、交通罚款等费用的缴纳，从而真正实现完整的在线服务。

四是开发建设的集群性。政务微信作为政府公共服务平台，是各地、各层级具有较强公共服务、社会管理、社群工作等职能属性的部门大胆创新和积极探索的结果。一个地区的某个部门开通政务微信，与该部门相关的其他部门也纷纷开通政务微信，从部门效应到层级效应再到地区效应，政务微信发展形成多部门、多层级、多区域的集群联动，促进信息的相互转发和分享，达到良性互动。

（3）政务微信的发展及影响

2013年10月，国务院办公厅印发《关于进一步加强政府信息公开回应社会关切提升政府公信力的意见》（国办发〔2013〕100号），明确了第一批"政务新媒体"：政务微博和微信。此后，政务新媒体如雨后春笋般涌现，从政务微博、政务微信公众号，到政务客户端（app）、政务小程序，从小到大、从单兵作战到矩阵联动，形成了数以十万计的庞大规模。政务新媒体实现了突飞猛进的发展，"两微一端"在很多政务民生领域已成为常态，为本地区群众提供了便捷、高效的移动政务服务。

政务微信出现爆发式增长有以下几个主要动因：一是信息传播效率的需要。由于开发政务发布类app会面临信息发布的及时性与app的普及性问题，所以在微博、微信等网民习惯的移动平台上发布政务信息，能使信息传播更加快捷，通过微信给老百姓提供移动化的政务服务效率也更高。由此产生了电子政务从桌面互联网向移动互联网覆盖、平移的需要。二是微信具有强社交属性。相对于政务微博与政务app而言，政务微信的强项在于点对点传播、精准性和互动性。以微信为代表的移动社交新媒介，正对我国社会舆论格局产生新效应，舆情作用力日趋明显。三是行政部门的号召。2014年8月，国家互联网信息办公室发布了针对即时通信工具治理的"微信十条"，其中第七条明确提出："鼓励各级党政机关、企事业单位和各人民团体开设公众账号，服务经济社会发展，满足公众需求。"上级政府部门以下文件、下指标的形式要求地方基层政府部门推动政务微信建设。总的来说，在信息传播效率的需要、微信的强社交属性、公众的需求、行政部门的推动多种合力作用之下，政务微信的发展已呈燎原之势。

政务微信发展所带来的影响大致有以下几点：

一是政务微信为服务型政府提供了治理手段。中国要建设服务型政府，就必须满足现代社会多元化治理需求，寻求更有效的治理手段来改变传统的管治型治理方式。每一位公民都有话语权，都应该参与到社会治理中来，政府在处理与民众利益相关的公共事务时应该广泛征集各方意见，建立畅通的沟通机制来实现服务型政府所主张的"公共治理"。政务微信作为一个新兴媒体平台能实现政府与民众间的互动和沟通，进而调动民众参与治理的积极性，成为政府与民众进行多元化共同治理的有效途径。其政民双向互动机制能够鼓励公民参与，为政府提供了一种良好的治理手段。

二是便民利民。利用政务微信，政府职能部门设置一套完整的信息流转机制，各级工作人员可以及时掌握管辖区域内的动态变化，并制定科学精准的应对措施，更好地完成工作，打通政民服务的"最后一公里"。例如，企业微信政务版提供特殊人群标注功能，针对社区特殊人群或特殊情况，实现一人一标注，在常态化疫情防控过程中，根据特殊人群的不同需求，及时提供更贴心的服务。借助政务微信，可以大大提高防疫工作效率，节省人力和物力。

三是针对危机事件，更好地提升政府信息引导质量。当前，某些公共部门针对危机事件进行舆论引导时，存在引导质量低的问题，尽管可利用平台很多，但平台之间相互孤立，并不能达到预期效果，并且在全网模式下，信息传递经过的环节越多，信息的真实性就越差。以微博为例，公共部门和微博用户都可以发布危机事件的相关信息，所有微博用户都可以看到，然后进行评论、转发，这就有可能被别有用心的人利用，任意制造热点，煽动民众情绪，形成负面舆情，给舆论引导造成障碍。而微信自带的社交、位置等功能，可以让运营微信的公共部门准确获知用户属性，将编辑好的文字、图片、声音、视频等信息，经过封闭渠道精准地推送给用户，公共部门的权威性和官方媒体的影响力可以直接影响公众，达到引导效果。

（三）我国移动电子政务的实践案例

借助强大的互联网信息技术，移动电子政务快速兴起，在社会各个领域的实践应用非常广泛。移动电子政务在提升政府服务能力、提高公民生活质量、促进业务和经济增长等方面发挥积极的应用价值。

"粤省事"是全国首个依托微信创新推出的集成高频民生服务的移动政务服务平台，于2018年5月21日上线，是广东省"数字政府"改革建设的重要成果。截至2019年11月底，"粤省事"已覆盖公安、人社、教育、税务等近800项高频民生服务，打通了政务服务的"最后一公里"。"粤省事"移动政务服务平台将分布于各业务部门的民生服务以数据开放共享和流程再造实现统一管理，一键实名登录即可随时随地"一键通办"，办事不用再翻找，无须再准备大摞资料，打造了"数字中国"的广东样本，实现了"指尖上"的便民服务。

"粤省事"的最大优势就是通过微信小程序将分布在各业务部门办理业务量大、受众量广及群众重点关注的服务事项整合到全省统一的服务平台，不断提升用户体验，实现服务个性化、精准化和一站式"指尖办理"，方便群众办事，打造整体型政府。同步开通粤省事公众号进行贴身服务，通过与小程序联动，实现通知提醒、政务咨询、投诉建议、政策解读等功能，让政府与公众的沟通更顺畅。截至2020年12月6日，注册用户突破9 000.6万人，2020年累计业务量达47.2亿，上线1 675项服务、87种电子证照，其中1 216项服务实现群众办事"零跑动"。"粤省事"移动政务服务平台是全国首个集成民生服务微信小程序，在全国范围内具有很大的影响力，为全国的网上政务服务树立了新标杆,在"粤省事"之后,各省市纷纷开发了区域性的政务服务小程序,将简单便捷的政务服务工具带给了千千万万的人。

2022年5月13日,全国用户量最大、服务集成度最高、活跃度最热的省级移动政务服务平台"粤省事"正式发布app版本,这是广东数字政府改革进入2.0建设阶段的标志性成果。"粤省事"app上线后,将与小程序并行,通过服务渠道和能力优势互补,更好地满足用户群体多样化需求。原有小程序渠道建设不会弱化,侧重于提供轻量级民生服务应用。app则更加多元,支持接入各级各类政务服务平台和政务服务应用,重点在功能和场景拓展上下功夫,提供更全面的移动政务服务。此外,"粤省事"app自动同步微信小程序的用户信息,下载使用时不需要重新注册,免去了很多认证和核验手续。还创新推出团体码、一键找核酸点、快捷亮码、个人数字空间、粤省事码、老人关怀版、地方特色服务大厅、数字人民币专区八大亮点功能。"粤省事"app着眼于移动政务服务可持续和高质量发展,以更开放的姿态提供更丰富的应用场景,赋能数据要素市场化配置改革。

【本讲小结】

本讲主要从移动电子政务兴起的时代背景出发,引出移动电子政务的定义,介绍移动电子政务的四种类型及各自的优势;通过将移动电子政务与电子政务进行比较,探究两者的相似之处与移动电子政务的比较优势;提出发展移动电子政务对政府、社会、公众的重要意义,同时指出移动电子政务尚且存在的安全问题;介绍移动电子政务基于消息、基于移动互联网、基于位置的三种服务方式及政务app、政务微博、政务微信三种应用媒介。

【课后练习】

1. 简述移动电子政务的含义、主要类型及各自的优势。
2. 简述我国移动电子政务的兴起和发展历程。
3. 移动电子政务与电子政务是什么关系?为什么要发展移动电子政务?
4. 移动电子政务存在安全问题吗?如果存在,应如何解决这些问题?
5. 政府部门在开发政务新媒体时应注意哪些问题?
6. 目前移动电子政务理论研究中应当注意的问题是什么?
7. 未来移动电子政务研究应朝着什么方向发展?
8. 移动电子政务的发展对我国政府定位和职能转变有何影响?

 **拓展阅读**

2022年3月28日,全国信息安全标准化技术委员会秘书处发布《关于征求国家标准<信息安全技术 电子政务移动办公系统安全技术规范>(征求意见稿)意见的通知》。在标准的编制说明中陈述了其修订的背景、目的和主要内容。

1. 修订的背景

第一,信息化发展催生移动政务新应用场景,目前在线政务服务用户规模达6.94亿人,占网民的76.8%。第二,新技术发展,移动办公模式实现方法多样。第三,近几年国家极为重视网络安全问题,先后发布了《中华人民共和国网络安全法》《中华人民共和国密码法》《中华人民共和国数据安全法》《中华人民共和国个人信息保护法》等法律,《信息安全技术网络安全等级保护基本要求》标准修订,《政务信息系统密码应用与安全性评估工作指南》(2020版)和《全国一体化政务服务平台移动端建设指南》发布,对标最新的法律法规和指南,支撑相关要求的落地实施,需要对原标准做出适应性的修订。第四,本标准名称为《信息安全技术 电子政务移动办公系统安全技术规范》,规范类标准都需要对安全技术要求提出相应的测试评价方法,因此需要对原标准进行修订,增加测试评价要求。

2. 修订的目的

标准是对国家标准《信息安全技术 电子政务移动办公系统安全技术规范》(GB/T 35282—2017)的修订,旨在令标准适应新的移动政务应用场景和新技术的发展。

3. 标准修订的主要内容

标准拟主要修订以下内容:

(1)原标准规定了移动终端安全、信道安全、移动接入安全和服务端安全应满足的技术要求。自标准发布后,出于信息系统等级保护技术体系的发展,本标准为保持与等级保护相关标准的一致,将该标准的范围扩展成了对移动终端安全、移动通信安全、移动接入安全、服务端安全、安全管理中心技术要求的规定。

(2)对政务移动办公系统基本结构进行修订,增加对政务办公场景和政务服务类应用场景的支持。政务移动办公系统主要包括两种业务类型:政务办公类和政务服务类。政务办公通常指政务办公人员使用移动终端上安装的政务应用程序,开展流程审批、业务管理、工作协同等办公应用。政务服务通常指公众使用移动终端上安装的政务应用程序,获取政务信息、开展网上办事、进行交流互动等政务服务类办公应用。

(3)补充完善电子政务移动办公系统主要安全风险分析,并修订了电子政务移动办公系统的安全技术框架。

(4)修订完善了移动终端安全、移动通信安全、移动接入安全、服务端安全等各部分的安全技术要求。

（5）按照网络安全等级保护 2.0 技术框架，增加"安全管理中心"一章，修订移动终端管理、移动应用管理、数据安全管理等要求，新增安全监测、安全审计要求。

（6）新增加第十一章"测试评价方法"一章，对移动终端安全、移动通信安全、移动接入安全、服务端安全、安全管理中心的安全技术要求提出相应的测试评价方法。

政务办公类政务移动办公系统应符合本文件规定的全部技术要求和测试评价方法。政务服务类政务移动办公系统不对公众使用的移动终端提安全要求，应符合本文件第 6.2 章节至第 10 章规定的政务应用程序安全、移动通信安全、移动接入安全、服务端安全、安全管理中心等相关技术要求和测试评价方法。

（资料来源：全国信息安全标准化技术委员会秘书处，2022-03-28，有改动）

第九讲

政务大数据

【学习目标】

掌握大数据的概念、特征等基础知识；了解大数据的实践应用、实际价值及未来发展趋势；掌握政务大数据的概念、特征及我国政务大数据的各个发展阶段；领会政务大数据的本质是为人民服务并理解其价值内涵；了解政务大数据的典型应用，并能结合实践案例进行分析；熟悉我国政务大数据建设的现状、常见困难及应对策略。

【关键术语】

大数据；政务大数据；政务数据共享；数据治理

贵州：信用云，让诚信有迹可循

以数据为核心，以共享为驱动，以联合奖惩为抓手，2017 年 12 月 7 日，"贵州省信用云工程建设项目"顺利通过竣工验收，标志着全国第一朵"信用云"在贵州飘起来。通过大数据信用信息采集，建立大数据信用主题库，贵州"信用云"做到了"人在干，云在算，守信不守信，数据说了算。"

这朵"信用云"收集了税务、企业、金融及相关政府部门的海量数据，按数据统筹标准对涉税大数据进行融合整理，对纳税人涉税商业、涉密数据进行脱敏，以精准画像方式，根据使用者需求，提供定制化服务和推送数据应用服务。

税务部门通过开发建设"税务信用云"，将内部掌握的市场主体的涉税信息进行数据化处理、融合、加工、脱敏，并通过"云上贵州"平台将工商、社保等其他部门掌握的市场主体的涉税信息进行整合运用。同时，按照税务信用评价标准，自动评出市场主体信用级别，将市场主体的涉税数据转化为"信用资产"。这样一来，纳税信用资源变成无形资产，从而替代银行过去要求的实物抵押担保等增信措施。

贵州将充分发挥云平台数据集约、管理集约和服务集约能力，利用"云上贵州"资源建设"贵州信用云"枢纽平台，在"云上"实现系统互联和数据共享；创新发展大数据分析模型，推动信息产品和服务在行政管理、公共服务、民生保障、经济贸易和金融服务等领域的广泛应用。

（资料来源：《人民日报》，2018-05-07，有改动）

案例思考：

政务大数据除了在信用领域展现巨大能量外，还在其他哪些领域发挥重要作用？

一、大数据概述

想要系统地认识大数据，就必须全面而细致地分解它，可以从以下三个层面展开（图9-1）。

第一层面是理论，理论是认知的必经途径，也是被广泛认同和传播的基线。在这里从大数据的定义和特征理解行业对大数据的整体描绘和定性；从对大数据价值的探讨来深入解析大数据的珍贵所在；洞悉大数据的发展趋势；从大数据隐私这个特别而重要的视角审视人与数据之间的长久博弈。

第二层面是技术，技术是大数据价值实现的手段和前进的基石。在这里分别从云计算技术、分布式处理技术、存储技术和感知技术的发展来说明大数据从采集、处理、存储到形成结果的整个过程。

第三层面是实践，实践是大数据的最终价值体现。在这里分别从互联网的大数据；政府的大数据、企业的大数据和个人的大数据四个方面来描绘大数据已经展现的美好景象及即将实现的蓝图。

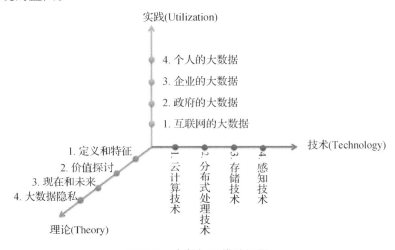

图9-1 大数据三维认识图

（一）大数据的概念

对于大数据的概念，目前并没有一个明确的定义。相关企业、机构和数据科学家对大数据的理解和阐述虽然不尽相同，但存在一个共识，即大数据的关键是从数量庞大、种类繁多的数据中快速获取信息。百度百科将大数据定义为：所涉及的资料量规模巨大到无法透过目前主流软件工具，在合理时间内达到撷取、管理、处理并整理成为帮助企业经营决策更积极目的的资讯。

全球知名IT咨询公司高德纳（Gartner）将大数据定义为：需要新处理模式才能具有更强的决策力、洞察发现力和流程优化能力来适应海量、高增长率和多样化的信息资产。从数据的类别上看，大数据指的是无法使用传统流程或工具处理或分析的信息。它定义了那些超出正常处理范围和大小、迫使用户采用非传统处理方法的数据集。

麦肯锡全球研究院（MGI）将大数据定义为：一种规模大到在获取、存储、管理、分析方面大大超出了传统数据库软件工具能力范围的数据集合，具有海量的数据规模、快速的数据流转、多样的数据类型和价值密度低四大特征。

国际数据公司（IDC）将大数据定义为：为更经济地从高频率的、大容量的、不同结构和类型的数据中获取价值而设计的新一代架构和技术。

▶▶（二）大数据的特征

大数据具有七个重要特征，即海量性（Volume）、多样性（Variety）、高速性（Velocity）、可变性（Variability）、真实性（Veracity）、复杂性（Complexity）和价值性（Value）。

1. 海量性

大数据通常指 10 TB（1 TB = 1 024 GB）规模以上的数据量。当今社会之所以会产生如此巨大的数据量，一是因为各种仪器的使用，使人们能够感知到更多的事物，这些事物的部分甚至全部数据就可以被存储；二是因为通信工具的使用，使人们能够全时段联系，机器–机器（M2M）方式的出现，使交流的数据量成倍增长；三是因为集成电路价格的下降，使很多东西都有了智能成分。

2. 多样性

随着传感器种类的增多及智能设备、社交网络等的流行，数据类型变得更加多样，既包括传统的关系型数据类型，也包括以网页、视频、音频、E-mail、文档等形式存在的未加工的、半结构化的和非结构化的数据类型。

3. 高速性

大数据的高速性主要表现为数据的增长速度和处理速度非常快。在大数据时代，数据的交换和传播大多是通过互联网、云计算等方式实现的，不仅数据生产和传播非常迅速，而且数据处理的响应也很及时。我们现在处理的数据已从PB级增长到TB级。

4. 可变性

可变性指数据的含义在不同场景中是快速变化着的。这意味着相同的数据在不同的上下文中可能具有不同的含义。在进行情绪分析时，这一点尤为重要。分析算法能够理解上下文并发现该上下文中数据的确切含义和值。

5. 真实性

真实性指的是数据的质量，如数据的可信度、偏差、噪声和异常。数据损坏很常见，它可能由多种原因引起，如拼写错误、缺失或不常见的缩写等。但是，忽略这些损坏的数据可能会导致数据分析不准确，最终导致错误的决策。因此，确保数据在数据试听和校正方面是正确的，对大数据分析非常重要。

6. 复杂性

多重数据源通常意味着脏数据，或者遵循着不同的内部逻辑结构的简单的多个数据集。为了确保数据源有统一的数据语言，数据必须被转换或整合到一个中央资源库。数据的复杂性表现为处理大数据或异构数据。

7. 价值性

大数据背后潜藏着巨大的价值。由于大数据中有价值的数据所占的比例很小，所以大数据真正的价值体现在从大量不相关的数据中挖掘出对未来趋势与模式预测分析有价值的数据，通过机器学习方法、人工智能方法或数据挖掘方法深度分析，并运用于农业、金融、医疗等各个领域，从而创造出更大的价值。

▶▶（三）大数据的价值

现在的社会是一个高速发展的社会，科技发达，信息流通，人们之间的交流越来越密切，生活也越来越方便，大数据就是这个高科技时代的产物。业界人士曾提到，未来的时代将不是 IT 时代，而是 DT 时代，DT 就是 Data Technology（数据科技）。

有人把数据比喻为蕴藏能量的煤矿。煤炭按照性质有焦煤、无烟煤、肥煤、贫煤等分类，而露天煤矿、深山煤矿的挖掘成本又不一样。与此类似，大数据并不在"大"，而在于"有用"。价值含量、挖掘成本比数量更为重要。对于很多行业而言，如何利用规模庞大的数据是赢得竞争的关键。

大数据的价值主要体现在以下两个方面。

1. 大数据的使用价值

首先是大数据能促进决策。数据化是指一切内容都通过量化的方法转化为数据，如一个人所在的位置、引擎的振动、桥梁的承重等，这就使我们可以利用这些新数据来开展以前难以完成的活动，充分发挥出数据的使用价值。数据的实时化需求越来越突出，网络连接带来的数据实时交换，使海量数据分析活动的开展日益频繁，找出数据之间的关联性，从而达到支持判断、获得洞察力的目的。伴随人工智能和数据挖掘技术的不断进步，大数据提高了信息价值，促进上层决策科学合理，引导企业获得成功。

其次是大数据的市场价值。大数据不仅在于数据规模大，更在于通过专业化处理产生重大市场价值。大数据在当代社会成为一种人人可以拥有、享受和运用的资产。高质量的数据是业务部门的生命线和所有管理决策的基础,带来的是对客户的深入了解和竞争优势,数据应该随时为决策提供依据。拥有大量数据的公司通过数据交易获得收益,利用数据分析降低企业成本、提高企业利润。目前,数据已成为较大价值规模的交易商品。大数据体量大、种类多,通过数据共享处理非标准化数据可以实现价值最大化。大数据的提供、使用、监管将大数据变成大产业。

2. 大数据的预测价值

全面记录即时系统,可以产生巨大价值。记录数据与获取利益并不直接相关,仅仅是对操作过程的次序和具体内容的采集。在网络时代,不同主体之间有效连接,实时记录会提高每个主体对自己操作行为的负责程度。随着互联网经济与实体经济的融合,网络操作记录已经成为网络经济发展的基本保证。大数据连接个体,简化交互过程,降低交易成本。预测未来是目前大数据最突出的价值体现。考察数据记录,发现其规律特征,从而优化系统,以便预测未来的运行模式,实现价值。无论是企业还是国家都开始通过深入挖掘大数据,了解系统运作,优化流程。

大数据预测则是基于大数据和预测模型去预测未来某件事情发生的概率。让分析从"面向已经发生的过去"转向"面向即将发生的未来"是大数据与传统数据分析的最大不同。实验的不断进行、大数据的日渐积累让人类不断发现各种规律,从而能够预测未来。利用大数据预测可能的灾难,利用大数据分析引发癌症的可能原因并找出治疗方法,都是未来能够惠及人类的事业。例如,大数据曾被洛杉矶警察局和加利福尼亚大学合作用于预测犯罪的发生;谷歌流感趋势利用关键词搜索预测禽流感的散布;麻省理工学院利用手机定位数据和交通数据进行城市规划;气象局通过整理近期的气象情况和卫星云图,更加精确地判断未来的天气状况。

(四)大数据的实践应用

1. 互联网大数据

互联网大数据是指依托互联网产生、传输、使用的各种数据,包括社交数据、交易数据、信用数据等。美国互联网数据中心指出,互联网上的数据每年将增长50%,每两年便将翻一番,而目前世界上90%以上的数据是最近几年才产生的。

简要归纳,互联网大数据的典型代表包括:用户行为数据(精准广告投放、内容推荐、行为习惯和喜好分析、产品优化等)、用户消费数据(精准营销、信用记录分析、活动促销、理财等)、用户地理位置数据(O2O推广、商家推荐、交友推荐等)、互联网金融数据(P2P、小额贷款、支付、信用、供应链金融等)、用户社交等UGC数据(趋势分析、流行元素分析、受欢迎程度分析、舆论监控分析、社会问题分析等)。

另外,提供数据托管服务的大数据平台也应运而生,如"万物云""环境云"等平台。其中，作为智能硬件大数据免费托管平台，"万物云"可无限承载海量的物联网和智能设备数据。通过使用多种协议，各种智能设备将安全地向"万物云"提交产生的设备数据，在服务平台上进行存储和处理，并通过数据应用编程接口向各种物联网应用提供可靠的跨平台的数据查询和调用服务。"万物云"在大幅度降低物联网数据应用的技术门槛及运营成本的同时，也满足了物联网产品原型开发、商业运营和规模发展等各阶段的需求。

2. 政府大数据

在国内，政府各部门掌握着构成社会基础的原始数据，如气象数据、金融数据、信用数据、电力数据、煤气数据、自来水数据、道路交通数据、客运数据、安全刑事案件数据、住房数据、海关数据、医疗数据、教育数据等。这些数据在每个政府部门里看起来是单一的、静态的。但是，如果政府可以将这些数据关联起来，并对这些数据进行有效的关联分析和统一管理，这些数据必将获得新生，其价值是无法估量的。

具体来说，现在城市都在走向智能和智慧，如智能电网、智慧交通、智慧医疗、智慧环保、智慧城市等，这些都依托于大数据，可以说大数据是智慧的核心能源。大数据为智慧城市的各个领域提供决策支持。在城市规划方面，通过对城市地理、气象等自然信息和经济、社会、文化、人口等人文社会信息的挖掘，可以为城市规划提供决策依据，强化城市管理和服务的科学性与前瞻性。在交通管理方面，通过对道路交通信息的实时挖掘，能有效缓解交通拥堵，快速响应突发状况，为城市交通的良性运转提供科学的决策依据。在舆情监控方面，通过网络关键词搜索及语义智能分析，能提高舆情分析的及时性、全面性，全面掌握社情民意，提高公共服务能力，迅速应对网络突发的公共事件，打击违法犯罪。在安防与防灾领域，通过对大数据的挖掘，可以及时发现自然灾害、恐怖事件等，提高安全防范能力和应急处理能力。另外，作为国家的管理者，政府应该有勇气将手中的数据逐步开放，提供给更多有能力的组织或个人利用，以更好地造福人类。

3. 企业大数据

企业大数据是指全面记录企业经营和管理活动的数据，如考勤数据、销售数据、生产数据、财务数据、采购数据、人力资源数据等。它更多关注的是企业内部，是企业自主拥有的、具有"自主产权"的数据，包括企业主动合法采集的、外部采购的、第三方合作的及政府等机构公开的、无偿使用的数据。根据数据所描述的"主体"不同，企业大数据可分为两大类：第一类是资源信息数据。资源信息数据是"静态数据"，记录企业相关内外部资源主体的相关信息。企业的资源包括人、财、物和信息四大类。第二类是资源活动数据，指的是企业经营和管理活动所必然牵动的数据，如考勤数据、销售数据等，这些都是资源活动，具有极强的时效性，我们称其为"动态数据"。

利用好企业大数据，可以增强企业的影响力，带来竞争优势，节省成本和增加利润,娱悦买家,将潜在客户转化为现实客户,打败竞争对手,开拓用户群并创造市场。随着数据逐渐成为企业的一种资产,数据产业会向传统企业的供应链模式发展,最终形成"数据供应链"。这里有两个现象尤其明显:第一,外部数据的重要性日益超过内部数据。在互联互通的互联网时代,单一企业的内部数据与整个互联网数据比较起来只是沧海一粟。第二,能提供包括数据供应、数据整合与加工、数据应用等多环节服务的企业会有明显的综合竞争优势。

4. 个人大数据

简单来说,个人大数据就是与个人相关的各种有价值的数据信息被有效采集后,可由本人授权供第三方处理和使用,并以此获得第三方提供的数据服务。以个人为中心的大数据有以下特性:第一,数据仅留存在个人中心,第三方只被授权使用(数据有一定的使用期限),并且必须接受用后即销毁的监管。第二,采集个人数据应该明确分类,除了国家通过立法明确要求接受监控的数据外,其他类型的数据都由用户自己决定是否被采集。第三,数据的使用只能由用户进行授权,数据中心可以帮助监控个人数据的整个生命周期。

举例来说,每个用户可以在互联网上注册个人的数据中心,存储个人的数据信息。用户可以确定哪些个人数据可被采集,并通过可穿戴设备或植入芯片等感知技术来采集个人数据,如牙齿监测数据、心率数据、体温数据、视力数据、地理位置数据、社会关系数据、运动数据、饮食数据、购物数据等。用户可以将牙齿监测数据授权给某牙科诊所使用,由它监测和使用这些数据,进而为自己制订有效的牙齿防治和维护计划;也可以将个人的运动数据授权给某运动健身机构使用,由它监测自己的身体运动机能,并帮助自己有针对地制订和调整个人的运动计划;还可以将个人的消费数据授权给某金融理财机构使用,由它帮助自己制订合理的理财计划,并对收益进行预测。当然,其中有一部分个人数据是无须个人授权即可提供给国家相关部门进行实时监控的,如犯罪预防监控中心可以实时监控本地区每个人的情绪和心理状态,以预防自杀和犯罪的发生。

▶▶(五)大数据的发展趋势

1. 数据的资源化

资源化是指大数据成为企业和社会关注的重要战略资源,并已成为大家争相抢夺的新焦点。因此,企业必须提前制订大数据营销战略计划,抢占市场先机。《华尔街日报》在一份题为"大数据,大影响"的报告中称,数据已经成为一种新的资产类别,就像货币或黄金一样。Google、Facebook、亚马逊、腾讯、百度、阿里巴巴、360等企业正在运用大数据力量获得商业上更大的成功,并且金融和电信企业也在运用大数据提升自己的竞争力。

2. 重视大数据治理体系的构建

随着大数据作为战略资源的地位日益突显，人们越来越强烈地意识到制约大数据发展的一个最大短板是：数据治理体系远未形成，如数据资产地位的确立尚未达成共识，数据的确权、流通和管控面临多重挑战；数据壁垒的广泛存在，阻碍了数据的共享和开放；法律法规发展滞后，导致大数据应用存在安全与隐私风险；等等。如此种种，制约了数据资源所蕴含价值的挖掘与转化。

近年来，围绕大数据治理这一主题及其相关问题，国际上已有不少成功的实践和研究探索，诸如在国家层面推出的促进数据共享开放、保障数据安全和保护公民隐私的相关政策和法规，针对企业机构的数据管理能力评估和改善，面向数据质量保证的方法与技术，促进数据互操作的技术规范和标准，等等。当前，社会各界已经普遍认识到大数据治理的重要意义，大数据治理体系建设已经成为大数据发展的重点，但仍处在雏形阶段，推进大数据治理体系建设将是未来较长一段时间内需要持续努力的方向。

3. 数据科学的成立

未来，数据科学将成为一门专门的学科，被越来越多的人认知。大数据的出现也将推出一批新的就业岗位，如大数据分析师、数据管理专家、大数据算法工程师、数据产品经理等。具有丰富经验的数据分析人才将成为稀缺资源，数据驱动型工作将呈现爆炸式增长。而由于有强烈的市场需求，高校也将逐步开设大数据相关专业，培养相应的专业人才。企业也将与高校紧密合作，联合培养大数据人才。

4. 数据共享联盟的成立

大数据越关联越有价值，越开放越有价值。尤其是公共事业单位和互联网企业的数据开放将越来越多。我们看到，美国、英国、澳大利亚等国家都在政府和公共事业的数据开放上做出努力。而国内的一些城市和部门也在逐渐开展数据开放工作。从各省公共数据开放平台发展来看，截至2022年6月，包括省、自治区、直辖市及特别行政区在内，我国已有23个省级行政区建立了公共数据共享平台。对于不同的行业，数据越共享也是越有价值。如果每一个医院想获得更多病情特征及药效信息，那么就需要全国甚至全世界的医疗信息共享，从而可以通过平台进行分析，获取更大的价值。相信未来数据会呈现一种共享的趋势，不同领域的数据共享联盟将出现。

5. 数据安全遭到挑战

未来几年，数据泄露事件的增长率会不断提高，除非数据在其源头就能够得到安全保障。可以说，在未来，每个企业都会面临数据攻击，无论它们是否已经做好安全防范。而所有企业无论规模大小，都需要重新审视今天对安全的定义，越来越多的企业将会设置首席信息安全官这一职位。企业需要从新的角度来确保自身及客户数据安全，所有数据在创建之初便需要获得安全保障，而并非在数据保存的最后一个环节，仅仅加强后者的安全措施已被证明于事无补。

6. 数据管理成为核心竞争力

数据管理成为核心竞争力，直接影响财务表现。当"数据资产是企业核心资产"的概念深入人心之后，企业对数据管理便有了更清晰的界定，将数据管理作为企业核心竞争力，持续发展，战略性规划与运用数据资产，成为企业数据管理的核心。数据管理效率与主营业务收入增长率、销售收入增长率显著正相关；此外，对于具有互联网思维的企业而言，数据管理效果将直接影响企业的财务表现。

7. 大数据+传统行业

一种新的技术在少数行业应用取得了好的效果，对其他行业就有强烈的示范效应。目前，大数据在大型互联网企业已经得到较好的应用，其他行业尤其是电信和金融行业的大数据也逐渐在多种应用场景取得效果。因此，有理由相信，大数据作为一种从数据中创造新价值的工具，将会在许多行业的企业得到应用，带来广泛的社会价值。大数据将帮助企业更好地理解与满足客户的现实和潜在需求，将在业务运营智能监控、精细化企业运营、客户生命周期管理、精细化营销、经营分析和战略分析等方面发挥作用。企业管理既有艺术也有科学，相信大数据将显著提升企业的科学管理水平，让更多拥抱大数据的企业实现智慧管理。

8. 数据生态系统复合化程度加强

大数据不只是一个单一的、巨大的计算机网络，更是一个由大量活动构件与多元参与者元素（包括终端设备提供商、基础设施提供商、网络服务提供商、网络接入服务提供商、数据服务提供商、数据服务使用者、触点服务零售商、数据服务零售商等）构成的生态系统。如今，这个数据生态系统的基本雏形已然形成，接下来的发展将趋向于系统内部角色的细分，也就是市场的细分；系统机制的调整，也就是商业模式的创新；系统结构的调整，也就是竞争环境的调整，从而使数据生态系统复合化程度逐渐加强。

二、政务大数据的概念与特征

（一）政务大数据的概念

从狭义上讲，政务大数据是指政府所拥有和管理的数据，包括政府开展工作产生和采集的数据，以及因管理需要而从政府部门以外采集的数据。从广义上讲，政务大数据是指政府掌握的数据在公共服务领域的应用实践，即政府将自身的业务数据和采集的外部数据进行汇集、整理，开展数据共享交换、数据开放、数据交易、业务协同等活动。

从数据类型来看，政务数据分为：政府才有权利采集的数据，如资源类、税收类、财政类等；政府才有可能汇总或获取的数据，如生产建设、农业类、工业类等；由政府发起产生的数据，如城市基建、交通基建、医院、教育师资等；政府履行监管职责所拥有的数据，如人口普查、金融监管、食品药品管理等；由政府提供服务所产生的消费和档案数据，如社保、水电、公安等。

从数据属性来看，政务数据又分为：自然信息类，包括地理、资源、气象、环境、水利等；城市建设类，包括交通设施、旅游景点、住宅建设等；城市管理统计监察类，包括工商、税收、人口、机构、企业、商品等；服务与民生消费类，包括水、电、燃气、通信、医疗、出行等。

目前，政务大数据在国内外已经有很多的应用案例和实践，但因为政务数据的采集、开放和跨领域应用还面临着许多问题，所以对政务大数据的应用还处于起步阶段。

资料阅读

政务数据与政府信息的关系

政府信息是指行政机关在履行行政管理职能过程中制作或者获取的，以一定形式记录、保存的信息。政务数据是指政府部门及法律、法规授权具有行政职能的组织（以下简称"政务部门"）在履行职责过程中制作或者获取的，以电子或者非电子形式记录、保存的文字、数字、图表、图像、音频、视频等，包括政务部门直接或通过第三方依法采集的、依法授权管理的和因履行职责需要依托政务信息系统形成的数据等。政务数据与政府信息有很强的相关性，政务数据进行简单的加工（如统计数据）就可以转换成政府信息在政府网站上公开。但两者也有不同，政务数据是没有经过任何加工与解读的原始记录，不具有明确的意义，通过系统挖掘与分析有巨大的价值。而政府在网站上发布的信息一般是经过加工处理的数据，主要是告知公众，方便公众查询和使用。因此，政府信息公开与政务数据开放有很大的不同，政府信息公开强调的是"公开"，公开的是能够看得懂的政府信息，如预决算信息、财政信息、"三公"经费等；政务数据开放强调的是"开放"，侧重于"数据集"特别是"原始数据"的彻底开放。前者更多针对的是满足社会的信息需求，打造公开透明的政府；后者更多针对的是提供政务原始数据，让政务数据实现更多的价值。

▶▶（二）政务大数据的特征

政务大数据除了具有大数据的特征外，本身还具有一些特有属性。

1. 政务大数据的核心是"政务",大数据是其表现形式和载体

从广义上讲,"政务"涵盖政府主导或参与开展的所有事务和社会活动。我国政府所倡导的政务是以社会服务为导向的,公民、法人和社会组织是重要的服务对象。将政府运转过程中所产生的数据收集起来就是政务大数据,这些数据属于基础数据;对基础数据进行一定的逻辑运算、分析处理所产生的数据,叫作成果数据;根据成果数据做出有助于政府运转和管理的决策等,则体现出政务大数据的作用。用一句话概括,政务大数据最重要的作用就是帮助政府治理,使各种政务决策更加科学、精准。

2. 政务大数据的基础是信息化

政务大数据是在政府信息化基础上发展起来的。政务大数据依托信息技术、通信技术、网络技术、办公自动化技术等,没有这些技术就产生不了海量的政府数据,没有信息化基础的政务大数据就成了无源之水、无本之木。政务大数据的价值、资产化及所谓的背后价值,归根到底是要创造经济和社会效益,要有利于政务工作的开展。

3. 政务大数据的重点是让政务数据智慧化

随着5G、云计算、大数据、人工智能、区块链等技术的不断发展,政务大数据也在向智慧化发展。加快政务数据智慧化,实现数字政府建设行稳致远,需要整合业务应用系统,统一政务云、政务大数据平台,完善"一网通办"类业务,推动政务服务走向普惠化、便捷化和优质化;借助AI能力加持,实现智能办事"一网协同",让政务服务有速度、有温度;建设覆盖面更广的政务外网,实现"一网统管"类业务,推进城市治理体系和治理能力现代化;全面推行各类政府购买服务,响应市场需求。

4. 政务大数据的价值是政务服务的集约化

政务服务的种类比较多,涉及不同的服务对象、不同的服务主体、不同的服务内容。政务服务的集约化体现在两个方面:一是数据聚合后使需要链接多个业务系统的政务服务被简化,可以直接从数据层面从源头实现业务的整合;二是数据聚合机制建立后,政务大数据的全面性、覆盖度和综合性得到显著改善,从而反作用于政务服务并有效提升其质量。与此同时,政务大数据使主动的政务服务成为可能,对改善公民、企业等主要服务对象的体验将有显著成效。

5. 政务大数据的未来是数据自治

政务大数据的建立依赖于自上而下的数据规划和自下而上的数据治理。数据规划是面向业务主题的,主题数据的规划对整体的数据治理有重要的指导意义。数据治理是面向元数据的,政务元数据及政务数据元的标准化、规范化是重要基础。就当前而言,数据规划与数据治理相结合,是政务大数据质量和价值的重要保障。未来,政务大数据一定能够实现自我治理,并能够实现对业务变化的自适应。

三、我国政务大数据的发展阶段

（一）第一阶段：政务电子化

该阶段的标志年是2000年，以办公自动化、专项业务应用和双门户（互联网门户、政务网统一信息/应用平台）作为建设内容的重点。本阶段以政务电子化、政府上网和政务服务一体化为主要特征。在政务电子化过程中出现了两个突出问题：内部办公打印纸"贵"（该打印的一样也没少）及网站年年考核评比、内容更新"老大难"。之后电子政务的发展逐渐聚焦于区域电子政务/行业电子政务，其标志年是2004年，主要围绕"两网、一站、四库、十二金"展开，在G2G的基础上，由内而外开始有了G2C和G2B，实现了初步的"连接"。

（二）第二阶段：政务网络化

该阶段的标志年是2008年，跨机构、跨部门协同（含指挥、调度），城市公共资源、基础设施数字化，实现综合治理。关键词是"整合""云化""协同""智慧""互联"。在政务领域提的是"智慧政务"，以数字城市、市民一卡通、应急指挥、一站式行政服务大厅、全程网上政务服务、网格化治理、数据中心为主要建设内容，从城市整体、全局的视角，综合运用物联网、虚拟化、云计算等信息技术，提供协同、高效、综合的政务服务能力，智慧城市具体到智慧政府上，本质上是以"互联网＋政务"为重要展现形式的，政务网络化是其主要特征。

（三）第三阶段：政务智慧化

该阶段的标志年为2012年，是以大数据、机器智能、区块链等技术应用为特征的新阶段。从数据视角来看，本阶段基本完成了政务大数据的数据积累、汇聚和数据加工、治理（标志年为2016年）。在政务信息化和智慧城市建设的基础上，政府越来越重视政务数据的综合治理、价值创造及基于政务数据的模式创新。

在这一阶段，政务大数据的发展呈现出以下明显的优势。

1. 资源更开放

大数据能推进政府信息资源进一步开放，政府信息开发利用效率倍增将提高电子政务和政府社会治理的效率。大数据的包容性将打破政府各部门间、政府与市民间的边界，信息孤岛现象大幅削减，数据共享成为可能，政府各部门协同办公效率和为民办事效率提高，同时大数据将极大地提升政府社会治理能力和公共服务能力。

2. 内部更协同

大数据能真正跨越政府内部协同的鸿沟，大大提高工作效率，降低政府运行成本。其一，政府内部协同除思想理念上的障碍外，技术上也存在一定障碍，随着大数据技术的发展，跨越系统、跨越平台、跨越数据结构的政府将在技术上使政府内部纵向、横向部门得以顺畅协同；其二，由于利用大数据技术，数据获取、处理及分析响应时间大幅减少，工作效率明显提高，同时降低了政府开支。

3. 互动更透明

大数据能促进政府和公众互动，让政务更透明，帮助政府进行社会管理和解决社会难题。大数据时代的电子政务是整合开放的平台，它建立了公众与政府间的沟通渠道，越来越多的国家和组织利用其开展民意调查，通过在线交互让公众成为政务流程的节点，让公众参与到政策制定与执行、效果评估与监督之中，使公众参政议政成为可能。

4. 决策更精准

大数据能提高政府决策的科学性和精准性，提高政府预测预警能力及应急响应能力。越来越多的政府摒弃经验和直觉，依赖电子政务的数据分析进行决策。现在大数据又超越了传统的数据分析方法，既能对纯数据进行分析挖掘，又能对言论、图表等进行深度挖掘和人工智能处理，给政府带来科学和精准的决策支持。

四、建设政务大数据的本质和意义

▶▶（一）建设政务大数据的本质

概括地说，建设政务大数据的本质是为人民服务。从广义上讲，政务涵盖政府主导或参与开展的所有事务和社会活动。我国政府所倡导的政务是以社会服务为导向的，公民、法人和社会组织是重要的服务对象。而政务大数据的核心是政务，所以政务大数据的运营是一种政务工作模式，其目标是要从根本上解决问题，而非为了智慧化而制造问题。对于政务大数据而言，最重要的不是运营数据，不是迭代算法，更不是打造应用场景，而是有益于民，是收获相关各方认可所带来的综合收益。整个进程从政务服务触手可及，到政务服务协同、高效和创新，最终让政务大数据"会说话"。

建设政务大数据是简政放权的需要。政府在推进简政放权的过程中遭遇各种难题，集中表现在：一是简政未尽，如地方政府在日常工作中要求出具奇葩证明的现象层出不穷；二是放权不力，由于某些现实原因，地方政府迟迟不愿放权或不敢放权。透过这些问题的表面来发掘其深层的原因，固然有一些部门滥用职权捞好处的成分，但很多时候，更深层次的原因是不同级别、不同地区，甚至同一地区同一级别不同政务部门之间的信息交流不顺畅，缺乏日常必要的数据沟通，导致政务部门之间出现信息孤岛，为了严肃起见或责任问题，不可避免地会要求出具各类复杂的证明，甚至在其他人眼中是较为奇葩的证明；或者是由于信息没有得到有效的共享，心里没底，不敢轻易放手放权。所以说，我国政府部门在简政放权过程中，必须以大数据建设为基础。

▶▶（二）建设政务大数据的意义

建设政务大数据对政府职能转变具有重要意义。政务大数据可在"一网通办""一网统管"的基础上，建设统筹利用、统一接入的数据共享大平台，逐步打通数据孤岛，使各地区、各部门形成合力，构建统一的数据资源共享体系和标准数据资产，通过大数据应用支撑数字政府建设。目前，多地区、多部门推广的电子证照应用就是通过归集高频证照形成电子证照库，纵向对接国家电子证照平台，实现数据共享及业务协同，横向对接各政务应用系统及基础信息库，实现互通互认。结合移动终端、app 应用改造，企业、群众办事只需通过电子亮证模块出示电子证照，系统即可自动查询到申请人名下其他相关电子证照，将其作为办事材料，实现"证照免交""一证通办"的高效服务。此外，大数据通过分析取得预测性、决策性信息的特点，可以缓解政府治理应用场景中的许多难点和痛点。通过分布式计算、大数据分析、数据可视化等技术支撑，将零散的、价值密度低的、非结构化的数据转化为规律性信息，可辅助政府监测预警和决策分析，提升政府监测的实效性和决策的科学性。

综上，政务大数据建设的意义具体表现在以下几个方面。

第一，促进政府服务精准化，助推民生服务更贴心。

在 21 世纪，公共服务在政府职能优化及政府再造中的地位越来越重要。在大数据技术尚未广泛应用时，民众与政府之间缺乏互动和信息反馈，政府服务也缺乏针对性。随着民众对个性化服务的需求不断增多，提供精准有效的政务服务成了政府部门改革的方向。

从现实工作来看，政府部门掌握着各种各样的数据，但由于政务数据涵盖范围广、结构多样、隶属关系复杂，所以政府部门对数据的应用还停留在浅层次，出现了机械填报、重复填报的问题。大数据技术为政务信息资源的共享提供了技术支持，可以加快实现政务信息从存储到交换的过程，将之前分散在各处的数据进行二次收集整理，同时通过数据互联互通、数据治理、主题库/专题库方面重要设施的建设，优化数据资产管理的数据运营能力，让政府业务更加智能化，以解决民众办事难的问题。大数据所具备的全面、精准的分析能力，能够更加准确地把握民众需求，提高政府服务的针对性，满足民众的个性化需求。在传统电子政务中，民众申请公开何种内容与政府会考虑公开何种内容之间存在一定的割裂。而有了大数据技术的参与将彻底改变民众与政府之间的关系，民众可以根据自己的意愿来查看相关民生话题，政府也可以更好地贴近民众，实现向服务型政府的转变。

例如，上海作为中国最大的经济中心城市，长期以来存在着交通拥堵、停车困难等问题。管理部门利用大数据，分析了该市不同区域的停车状况，制定出具有针对性的"潮汐式"停车管理办法，错开停车高峰，解决了令大多数市民头疼的问题。另外，通过将数据加入犯罪预测模型，可以帮助警方在如何影响犯罪率这一问题上得到更准确的结论，针对性地锁定犯罪易发点，维护公共安全；通过建设交通数字化应用系统，可以为民众提供实时路况信息和行车路况信息，为出租车司机提供优选路线；通过建立实名制的数据库，有利于政府对个人的信息反馈更加快捷和准确。

电子证照库、信用信息库等综合类数据库皆是行政效能提升的重要体现。上海"智慧城市建设"计划中最重要的一环是政府数据的开放，即推动大数据时代政务信息资源共享机制的建设。大数据技术能覆盖到任何形式的信息资源，政府部门若能对政府门户网站进行持续的维护和更新，保证信息来源的可靠性，政府的公信力就会大幅度提升。

第二，促进政府服务高效化，降低管理成本。

大数据的应用不但能加快政府部门的运转，还能节约用于管理的投资费用。具体体现在以下两个方面：第一，大数据的应用能够提高社会日常数据信息的利用率，进一步处理非结构化、半结构化数据，降低管理费用的投入；第二，大数据的应用能够加快政府改革治理方式及运营系统的步伐，也能降低管理费用的投入。

例如，大数据可以预防犯罪，根据指纹、掌纹、人脸图像、签名等一系列生物信息识别数据、归档数据、所有相关的图像记录及案件卷宗等信息，可帮助发现犯罪线索，发现犯罪热点地区，并提前预防犯罪的发生，预测罪犯假释或者缓刑期间的犯罪可能性，为法庭假释条款和审判提供参考。

第三，提升政府决策科学性，优化政府工作流程。

在建设政务大数据的过程中，从密切联系的、宏观的角度构建城市基础数据库，并对数据进行多维度分析与挖掘，有助于我们加深对城市的了解，进而更深入地认识隐藏在背后的规律，实现重点突破，为科学配置公共资源、避免舆论风险点、走出管理盲区提供有力的数据和事实支撑，最终避免"拍脑袋"决策。

大数据可以收集政府门户网站的数据，包括市民投诉、信息公开等内容，协助政府机关在制定政策法规时将考评和监督机制涵盖在管理制度范围内。专业化的大数据分析技术可以对事件进行危机预警，有助于提升政府公信力。在大数据的助力下，政务信息资源可以跨越地理空间造成的阻碍，快速准确地向相关部门流动，有助于提高政府决策的及时性。

利用大数据技术为政府决策提供支持，在涉及突发公共卫生事件、环境污染综合治理等方面起到预警作用，优化政府工作流程，提升政府决策水平。大数据可以基于城市的交通实时数据及公共媒体等途径来优化交通情况，如早晚高峰广播电台播出的交通实时数据会帮助私家车及出租车司机避开高峰路段。这些实现了跨部门、跨平台的数据分析，在很大程度上推动了公民服务、金融投资、教育就业、社会民生等各个方面的发展。

第四，助力城市经济发展与营商环境优化。

大数据不仅在政务服务、智慧城市领域具有广泛的应用价值，还在宏观经济分析、产业结构调整、数据惠民等方面发挥了巨大的作用。数据资源管理成为政府工作的一个重点。比如招商引资，通过大数据、人工智能等手段，招商大数据平台通过挖掘超过1亿个国内外市场主体全景动态数据库，并筛选出战略性新兴产业、文化产业、智能制造、生物医药等几百个招商专题库，针对每一个产业专题库，梳理出准确的产业招商图谱、产业投资地区和重点企业名单及画像信息。通过当地经济发展云图和需求分析，可以形成供给侧结构性改革的路线图和具体的产业调整的战略性方向。

大数据平台可以实现对接金税系统、金盾系统、公共卫生系统等相关政府部门的信息系统，从国家层面推进政务信息资源共享进程。推进政务公开，消除信息孤岛现象，让公民、企业参与到监督过程中。在实现基础的政务信息资源共享后，大数据可以满足跨部门的数据交换需求，可以实现网络安全、隐私保护、个人征信体系的互联互通。通过大数据的共享和交换技术，在公共服务、旅游、能源等领域构建产业体系，形成跨部门、跨区域的政务信息数据链。建成大数据、云计算、物联网等新兴信息产业体系，拓展数字资源的深度和广度。

五、政务大数据的典型应用

政务大数据在国内外已有很多的应用和实践，涉及国家管理和百姓生活的方方面面。对政务大数据作用的深层次挖掘随着数据精度的不断提高和信息量的不断扩大在持续进行着。

（一）在经济调节领域的应用

宏观调控主要包括分析研判、政策储备、政策落实、评估调整等环节。在这些环节，大数据都可以发挥重要作用。在经济形势分析研判方面，以国家统计局、中国人民银行、海关总署等部门发布的官方数据为主，通过对历史数据的研究比对，对经济形势做出预测，而预测正是大数据的核心价值。大数据带来的范围更广、速度更快、宏观与微观兼具的自动化分析，可以有效提高分析研判效率，为宏观调控的机制化打下科学基础。在经济政策储备方面，在宏观层面，可借助大数据手段梳理历史宏观调控政策，丰富现行政策储备案例库的内容，并对调控效果进行相关性分析，提高政策储备的比对率；在微观层面，政府在进行产业布局、结构调整、财政投入决策前，进行数据分析论证，有利于摒弃经验直觉和"长官意志"。

宏观经济指标体系是指综合分析和评价宏观经济系统所需的一系列变量的总和，包括综合指标、部门和地区指标，以及与外部系统相关的指标。近年来，国内外研究推出了多种基于大数据建模的数据指标。一是基于搜索数据的指标，如美联储通过搜索社交媒体预测"美国失业率"，通过搜索引擎数据建立"美国消费者信心指数"，谷歌通过开发"谷歌物价指数"反映通货膨胀。二是基于社交数据的指标，如美国华尔街投行、对冲基金、纽约证券交易所等均在使用社交网络股市情绪量化分析法，获得"股市情绪指数"。三是基于交易数据的指标，如百度中小企业景气指数、阿里巴巴网络零售价格指数（ISPI）、1号店快速消费品价格指数。四是基于位置数据的指标，如"交通指数""出租车空车指数"，北京市发展改革委与百度合作的基于位置数据测算京津冀一体化人口疏解情况。

（二）在市场监管领域的应用

不同政府部门负责不同市场行业的监管，"行政碎片化"造成"信息碎片化"。为此，要整合政府信息资源，打破信息孤岛，建立整体政府。以社会信用代码为唯一标识，关联不同政府部门掌握的同一市场主体的监管信息，实现对市场主体从"注册"到"注销"的全生命周期监管。以身份证号为唯一标识，关联不同政府部门掌握的同一个人的监管信息，实现对自然人从"摇篮"到"坟墓"的全生命周期监管。要通过数据比对、大数据分析，及时发现对政府部门进行弄虚作假、骗保骗补等行为。市场监管部门要健全社会信用体系，建立法人和自然人信用数据库，建设行业信用信息系统并接入全国统一信用信息平台。通过开展信用数据交换，对不法企业和不法人员开展信用联合惩戒，提高违法者的机会成本。及时在网上公示市场主体的违法犯罪行为，引导消费者选择遵纪守法的市场主体，避免上当受骗。

贵阳市深入探索"大数据+食品安全"监管新机制

贵阳市聚焦"大数据+食用农产品安全"，积极推进"传统监管"向"智慧监管"转型升级，搭建起"食用农产品进销货电子信息化平台""贵阳贵安猪肉制品生产企业质量追溯监管系统"等平台,从农户种植、养殖到收种出栏,实现"全链条""全系统"可追溯监管,逐步形成"技防"代替"人防"的智慧监管之势。在"大数据+食品加工安全"方面,贵阳市探索建设具有贵阳特色的食品安全智慧监管体系,将食品安全监管系统、校园阳光餐饮系统等的功能进行融合,利用大数据监测食品生产、包装、销售等环节的操作流程,完善食品安全溯源体系、风险预警、监管效能等体制机制,实现食品从生产到流通的事前、事中、事后监管。例如,在学校用餐配送企业后厨打造"互联网+明厨亮灶"智慧监管模式,将1 627所学校后厨监控系统全部接入贵阳市校园阳光餐饮智慧共治平台,上接贵州省校园食品安全智能分析预警一体化服务平台,下连各区(市、县)市场监管、教育部门平台,有效提升校园食品安全智慧监管水平。

(资料来源:贵阳市人民政府网站,2022-06-13,有改动)

▶▶(三)在社会治理领域的应用

基于大数据的社会治理主要通过以下几种模式实现:一是将已有数据通过一个开放的网络平台免费提供给需要的人。开放数据不但可以给市民直接提供服务,也可以为其他政府部门、科研机构及公益组织提供进一步整合和利用数据的机会。二是将原始数据加工成能解释、预测社会现象的精练数据,用于帮助决策者掌握更全面的信息或更有力的证据。三是通过公开数据发动群众参与,引导广大市民从整体和长期的角度进行理性思考与辩论。

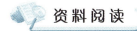
资料阅读

达日县利用大数据精准治理交通乱象

达日县公安局交警大队充分运用公安交通集成指挥平台及公安综合信息系统、治安卡口查缉系统,采用网上布控、预警拦截、精确打击的实战新模式,对嫌疑车辆的车牌号、车辆特征等在公安交通集成指挥平台中进行录入完成布控,待嫌疑车辆驶过卡口时系统自动预警,交警大队快速响应、立即拦截、精确打击,既提升了交警大队打击成效,又推进了交警勤务创新改革。通过"三个强化"手段,截至2022年4月16日,达日县公安局交警大队借助大数据应用,严厉打击以涉牌涉证为重点的各类违法行为813起,其中无证驾驶213起,逆向行驶16起,机动车违停335起,驾驶机动车违反交通信号灯通行188起,机动车未按规定进行安全技术检验34起,驾驶人未按规定使用安全带27起。

(资料来源:达日县公安局网站,2022-04-16,有改动)

（四）在公共服务领域的应用

总的来看，政府部门通过政务大数据提供公共服务的主要渠道包括行政服务中心、热线电话、自助服务终端机、网站、微博、微信、app 等。这些公共服务渠道有各自的优缺点，要统筹建设，发挥各自的优势，以满足不同群体的实际需求。

贵阳市发挥大数据优势提高政务服务效率

2022 年以来，贵阳市政务服务中心对标先进城市做法，按照"网上收件、网上受理、数据共享、自动比对、智能审批"的标准，组织开展"秒批秒办"事项梳理、流程优化和系统改造，积极推进"秒批秒办"工作。"秒批秒办"是通过优化流程、精简材料、数据共享、自动比对等方式，实现网上申请、自动审批、即时出具审查结果的全程智能化、自动化审批，是办事群众在行政审批全过程"零跑腿、零排队、不见面、全自动"的"互联网+政务服务"新模式。

市民提取住房公积金，可通过贵州省政务服务网贵阳站点或贵阳市住房公积金微信公众号提交相关材料，实现办事单位和职工线上渠道自助办理业务"秒批秒到账"；企业办理 1 500 千米及 7 天以内的旅游包车牌，可通过贵州省道路运输管理信息系统按要求提交备案资料后，系统获取申请信息，共享已存在数据，智能比对做出审批决定，即可自行打印包车牌……截至 2022 年 5 月，市级已实现"秒批"政务服务事项 20 项。

下一步，贵阳市政务服务中心将加快扩大"秒批秒办"事项范围，会同有关部门在医疗健康、教育、就业创业等领域上线更多"秒批秒办"业务，同时统筹全市开展"秒批秒办"事项梳理、流程优化工作，切实提升企业、群众的获得感和满意度。

（资料来源：《贵州日报》，2022-05-09，有改动）

（五）在应急管理和疫情防控领域的应用

应急管理是城市管理的重要组成部分，应急管理信息化是建设新型智慧城市的重要内容。大力开展应急管理信息化建设，以信息化推进应急管理现代化，可以减少人民生命和财产损失，保障城市安全，维护社会稳定，提升城市治理水平。如今，物联网、云计算、人工智能、5G、区块链等新一代信息技术纷纷应用到应急管理中。云计算技术使人们可以像用水、用电一样按需使用计算机资源。许多党政机关和企事业单位不再需要自行购置或开发软硬件设备，不再需要自行对软硬件设备进行运行维护，而只需要支付一定的服务费,这解决了长期困扰基层政府部门的"缺资金、缺技术、缺人才"问题,在一定程度上降低了基层政府部门的信息化门槛。基于人工智能技术的第三代事前预警系统以视频为报警源,利用视频结构化分析技术来监测、判断是否符合预定的报警条件,当检测到触发设定条件时启动报警,实现从原来的人工查找向自动推送,从以前的事后查找向事前预测、预防、预警的根本性转变。近几年,大数据在新冠肺炎疫情中的应用也颇多,着实提高了疫情防控效率。

青岛市城阳区建成战"疫"云平台

2020年2月10日,青岛市城阳区启用战"疫"云平台,构建起"人防+技防、管控+服务"四位一体的防控新模式。云平台通过采集社区居民、企业员工的基本信息,在后台形成基础数据库,重点关注人群可通过云平台每日上报体温、身体症状等动态信息,云平台根据这些信息进行分析研判。云平台分析出的疫情防控重点信息,通过微信三级联动体系及时推送给相关街道、部门、社区、企业第一时间进行处置,实现"区+街道+片区+社区+网格"五级数据共享。

(资料来源:《经济日报》,2020-02-10,有改动)

六、我国的政务大数据建设

(一)政务大数据建设内容

政务大数据建设内容包括政务数据资源、业务协同、公共服务三个关键要素,其中数据是核心、协同是关键、服务是重点。政务大数据建设内容主要包括以下几个方面。

1. 在线服务门户

将跨地区、跨部门的政务服务项目以资源目录的形式统一发布、展示,对申请人提交的政务服务申请进行预审核,包括与政务服务数据共享平台进行数据验证、身份比对等,发送至政务服务管理平台进行处理,最后再将受理结果等信息通过共享交换平台反馈给申请人。

2. 政务服务管理平台

实现将申请人提交的政务服务申请材料通过共享交换平台提交给业务办理系统,以便工作人员后续处理，同时还实现将业务办理系统办理过程和办结结果信息及时推送给在线服务门户，并实现全流程高效监管。

3. 业务办理系统

打通跨地区、跨层级业务部门的信息化壁垒，形成标准统一、逻辑统一的业务办理流程，通过共享交换平台获取相关审核信息后进行业务办理，将办理过程和办理结果信息推送至政务服务数据共享平台，并通知政务服务管理平台及在线服务门户公开。

4. 共享交换平台

实现数据获取和汇集，包括政务服务事项、电子证照等数据，以及来自在线服务门户的信息、政务服务管理平台的受理信息、业务办理系统的办理过程和办理结果信息，实现与人口、法人、电子证照等基础信息资源库的共享共用。

5. 统一大数据处理平台

实现数据的清洗、加工、处理，进行数据治理，实现政务信息资源及数据的全生命周期管理，并支撑国家基础信息资源库的建设、管理、运营维护等。

6. 大数据决策分析系统

针对基础类信息资源，包括公民的自然属性、社会属性、身份属性、行为属性等多维度用户画像信息分析，结合社会、经济、环境等各领域数据深度融合，帮助政府部门更好地监管和决策；针对政务业务办理过程中产生的业务类信息资源，大数据实施分析业务开展情况报告，及时更新业务质量，反馈绩效，使政府部门能更好地提供优质服务。

▶▶（二）我国政务大数据建设的现状

1. 政务大数据建设宏观政策环境不断优化

2015年7月，国务院发布《关于运用大数据加强对市场主体服务和监管的若干意见》提出，在该意见中明确指出在我国信息体系建设的过程中，以政府信息公开为基础，不断地加大数据公开的力度，充分运用大数据分析技术提高我国政府服务水平，加强对大数据信息公开的监管力度，有效维护我国市场经济的正常运营秩序，使我国的发展环境不断得到优化。

2015年9月发布的《促进大数据发展行动纲要》中提出应该积极地建立"用数据说话，用数据管理，以数据为核心"的创新型管理机制。

2016年2月，中共中央办公厅、国务院办公厅印发了《关于全面推进政务公开工作的意见》，提出要积极运用大数据、云计算、移动互联网等信息技术，提升政务公开信息化、集中化水平。

2016年9月，国务院发布《关于加快推进"互联网+政务服务"工作的指导意见》。意见强调，地方政府在推行数据共享的过程中，要不断地加强透明力度，最大程度利企便民，让企业和群众少跑腿、好办事、不添堵。

2018年6月，《进一步深化"互联网+政务服务"推进政务服务"一网、一门、一次"改革实施方案》由国务院办公厅印发。提出要推动企业和群众办事线上"一网通办""只进一扇门""最多跑一次"。该实施意见提出了整合构建全国一体化网上政务服务平台的要求，特别是提出要让"数据多跑路"。该方案提出的让"数据多跑路"让研究者以及决策者工作重点不仅仅放在如何优化流程提供服务上，而是要充分利用技术手段，利用好数据，让数据发挥大作用。

2. 地方政府积极探索政务大数据建设实践

我国广东省是最早将大数据应用于政府服务的地方政府，2012年，广东省政府为了满足地方发展的需要，制定了《广东省实施大数据战略工作方案》，明确提出要正式实施大数据战略，计划采用行政搜集及网络收取和自愿提供等方式来不断地拓宽收集数据的渠道；在广东省建立数据开放试点，使居民可以根据自己的需要通过政府部门的网站下载相应的数据，不断地提高政务公开的力度，完善网上办事大厅以及企业信用等网络系统中的相应功能；用三年左右的时间，在广东省全省范围内建设成立公民个人的专属网页。

政府网站已经设有专门的链接来汇总政务信息系统整合共享进展情况，以辽宁省政府为例。截止到2017年12月5日，已有11期工作情况通报，部门间信息合作已经渐入佳境。省教育厅、省司法厅、省财政厅等14个部门共清理了106个"僵尸"系统；省政府办公厅、省发展改革委、省教育厅、省司法厅等37个部门提交了1 700多条信息交换需求。另外设有专题"互联网+政务服务"，足见大数据时代各级政府正在努力调节部门间合作机制，通过信息交换平台来获取各部门所需信息从而提高政府治理能力。

2017年2月9日，江苏省发布了关于"加强全省大数据统筹建设应用"的议案。议案指出省政府希望能从省级层面统筹全省开展大数据建设及应用，来消除各部门各自为政、重复建设的现象。我国在政务信息资源共享方面已经取得了很大的成就，但还是有些问题阻碍了资源的传播造成了资源的浪费。沈阳市作为国家大数据综合试验区，自2016年11月起开启全面推行智慧城市的建设。通过规划一体两翼的发展格局来全面推动大数据产业的建设。国家发展和改革委员会发布沈阳市2017年大数据综合试验区实施细则，指出要推动大数据技术整合政务信息资源共享开放，完善现有信息数据资源库的建设，通过采集、汇总及筛选数据来构建大数据共享目录。

2017年11月22日，江西省政务服务管理办公室宣布进行本省第一批"一次不跑"政务服务事项，主要包括工商注册全程电子化、汇总征税核批等相关事项。吉林省首个企业自助办税平台也在辽源上线，徐州高新区行政审批提速项目过审仅用28天，杭州

196亿条数据共享、群众办事"最多跑一次"等可以显示出全国各级政府都在努力实现数据资源的共享。在这种机制的帮助下，政府部门可以很好地转变职能，向服务型政府跨进，并且有利于实现政府的公开透明化，让民众真正参与到政府监管的过程中营造和谐型社会。

目前，我国正在稳步推行电子证照库、人口综合库、法人信用库、信用信息库等基础数据库平台的建设，截止至2017年底，我国人口基础信息库已存储13.99亿的有效人口信息。国家的基础信息库已面向地方政务服务大厅提供信息共享服务，通过与国家数据共享平台的互联互通可以协助解决"审批难"等问题，同时也为中国信用体系建设起到推动作用。信用信息库的建立是推进监管机制改革的重大举措，通过事前事中事后的全面监管来形成协同监管的局面，通过构建跨地区及跨部门的惩戒机制来对市场进行管制。

▶▶（三）我国政务大数据建设的常见困难及对策

1. 政务大数据建设的常见困难

近几年，我国各地区、各部门政务信息化建设主要围绕"互联网+政务服务"主题如火如荼地开展。经过多年的建设，我国在取得丰硕成果的同时，也出现了与早期规划相距甚远等现实问题。

（1）信息孤岛问题

各级、各地政府部门在信息化建设过程中积累了大量成果，这些成果在政府部门之间纵向拉通和横向共用十分不畅，导致各部门的业务系统成为信息孤岛，无法发挥最大效能。目前，我国并没有统一规范的电子政务网络，大数据作为技术手段没有很好地整合及协调信息资源，政务信息系统和公共数据并未互连互通，导致了信息孤岛现象的产生。由于缺乏统一的标准，不同政府部门的数据结构、格式等存在差异，在整合信息的过程中势必会出现重复录入等问题。有多少个政府部门就意味着有多少个数据库，而这些数据库之间相互独立且不能自动进行数据互换。不同政府部门的信息不能有效共享，阻碍了服务型政府的发展进程。

（2）成本问题

大数据技术的实施和发展要求做到软硬件条件双管齐下。购置一台存储设备需要几百万乃至上千万元的财政预算，这就带来了使用大数据技术获得的经济效益能否抵销或超过政府部门购置硬件设备的财政支出的问题。除了几个试点地区外，多数政府部门并没有足够的财政预算来购置大型服务器及雇佣专门的团队来运营和维护大数据存储平台。除了硬件设备要求外，软件技术才是核心内容所在。目前，我国很多企业如阿里巴巴、华为、百度等皆提供云端存储、计算等服务，政府部门是选择外包给服务商还是自主开发和管理也是一个重要的问题。

（3）重复建设、盲目建设问题

大数据、云计算等新兴技术所蕴含的集约化理念的落地，在一定程度上缓解了政府部门的重复建设现象，减轻了财政预算压力，但重复建设大数据平台、云平台等又作为次生现象发生，这在某种程度上又导致了重复建设问题。有些政府部门在没有统一规划和技术标准的情况下，不遵循因地、因时、因事制宜发展电子政务的原则，不顾本部门组织结构调整和行政业务流程整合，仅仅为了政绩而在电子政务系统中盲目推行大数据技术。在很多情况下，政府部门还没有掌握相关技术，就不切实际地采购昂贵的信息设备。这种做法如果不及时叫停，势必产生重电子轻政务、重建设轻优化、重项目轻更新等一系列弊端，势必出现盲目建设现象，造成极大的资源浪费。

（4）安全隐患问题

政府在倡导数据开放的同时，也必须重视数据安全问题。如今，公民在隐私权方面自我保护意识已经明显增强，在面对社会机构的信息采集时，无论是在线上还是在线下都会提高警惕，甚至拒绝填报。但是，公民前往政府部门或登录政府部门网站办理相关业务，在面对政府部门的信息采集时，往往是弱势的一方，除了选择相信政府部门不会泄露信息外，没有更好的选择。政府能否保护好公民个人隐私信息关系到政府的公信力。政府掌握着大量个人、法人、政府部门等的信息，但政府部门在信息化建设和运营过程中，往往没有合理、合法、合规的规范来确保数据安全，从而导致数据泄露事件频繁发生。

（5）低价值密度问题

目前，各地政府部门对大数据的分析还停留在将大数据"小数据化"的层面，即将高价值的大数据压缩为结构化的小数据，通过描述性统计分析和多变量统计分析进行呈现，而没有用大数据分析方法（如更为复杂和智能的算法）对政务大数据进行分析。这同政府部门的大数据分析能力欠缺有关，也同领导干部的阅读习惯有关。数据挖掘、分析技术等的缺失，使对数据深入有效的分析难以实现，这也使政务大数据的真正价值得不到释放，十分丰富的数据被高度浓缩，并使一些数据背后隐含的信息被掩盖和忽视。

局部或小范围的数据融合产生的价值有限，最大限度挖掘数据可利用价值，需要更好地规划如何打通、汇集和融合数据，以系统性思维解决局部问题，提高信息资源利用率，辅助监管部门的管理和决策。

2. 政务大数据建设的对策

（1）建立完善的全国电子政务数据共享机制

政府部门采集大量的数据用于支持决策、开展研究、办理业务等，然而不健全的政务信息资源共享平台导致跨部门的信息共享不畅通，后果是有价值的信息在传递过程中流失。因此，必须建立一套完善的全国电子政务数据共享机制来解决信息孤岛问题，从而提高政府行政效率，提升政府公信力。数据共享开放的基础是对数据进行统筹，要降低各部门数据结论不同的现状，否则会损害政府公信力，降低民众满意度。通过"大数据、大平台"建设形成统筹协调机制，最大限度地保护各部门数据安全；通过编制政务信息资源目录及构建数据服务平台，为政府部门办公提供便利提高行政效率，也便于让民众更好地了解到政务信息；通过完善电子证照库，实现电子证照与纸质证照的同等法律效力，方便办事民众在异地完成相应申请，从根本上提高行政办事效率，真正实现民众少跑腿、少受罪。通过大数据技术实现身份证信息、婚姻情况等基础信息的联网查询，更能从根本上减少公民每一次申请需要重复填写的信息。

（2）加大运行和存储设备的投入力度

大数据的出现可以改变信息科层制所带来的弊端，借助大数据技术可以实现交通、教育、城市管理、社会管理、公共外交等领域的一系列变革。大数据技术的硬件投入涉及存储设备的购买、设备存放场地的租赁或自建等，而软件投入则涉及政务信息资源共享系统的购买或自建等。在这个过程中，各级政府部门必须通力合作完成各自数据库存储信息的对接工作，并配合大数据管理局等部门做好整合后数据的每日更新汇总工作。如果政府部门选择通过服务外包方式进行本级政务信息资源共享平台建设，还牵涉到软件的使用问题，必须配合专业的技术人员做好软件的日常运营及维护工作，做到每日汇总并发送到主管机构的信息数据平台中。在软件建设方面必须遵守国家信息资源共享目录的编排要求，以免在后期建设中出现麻烦。

（3）提升政府工作人员的信息共享意识及专业素养

加快人力资源建设是政务大数据建设迫在眉睫的任务。要强化政府工作人员的信息共享意识，提高政府工作人员运用信息资源的能力，组建一支技术性强的专业化管理团队来协助政府进行技术培训。从中央到地方的各级政府部门应设立相关大数据分管机构，培养专业的信息化部门领导。要建立全方位、多层次的人员培训体系，鼓励产学研相结合，通过高校与政府的共同努力，培养一批优秀的大数据技术人员。除了开展本部门的业务外，还要协同其他部门完成信息资源共享工作。政府部门（包括上下级之间与同级之间）有相互提供信息的义务，并且要承担相关的法律责任。根据政务信息资源目录要求，不按时更新数据或信息，违反相关规定的需按时整改否则上报国务院。

组建专业化的大数据团队有助于政府部门更好地提升对外服务水平。大数据可以预测社会需求，对事件的发生起到预警作用。基层公务员团队了解大数据概念后将会从基层改善我国政务共享的组织结构。

（4）完善政务信息系统的安全保护机制

涉及数据跨部门甚至跨境共享时，应按照国务院有关部门指定的安全标准进行事前评估，并设置评估项目、风险系数等指标来保障信息安全。同时，加快大数据安全标准的试点工作，确保安全标准的有效性。在试点过程中发现问题并解决问题，从而推动安全标准在全国范围内的传播。

自然灾害导致的数据丢失可以通过灾难备份技术找回，计算机软硬件问题导致的数据丢失则可以通过数据备份系统进行恢复。任何部门都要确保主管人员对信息资源进行日常维护及更新，确保信息资源传播的及时性和准确性。备份问题解决后，还要注意各部门的数据库登录问题，可以使用 CA 认证及其配套的安全系统来确保部门及个人可以在安全可控的环境下使用政务信息资源共享系统。

（5）引入市场竞争促进技术创新

政府可以通过市场化手段引入竞争主体，将可公开的、社会组织和企业能够完成的基础性工作，通过 PPP 模式进行服务外包，充分利用市场的力量参与大数据硬件基础和软件基础的建设，提高公共服务的水平和质量。同时，利用招投标等形式，增加市场竞争力，有助于促进社会企业提升自身技术创新力度和服务能力，以此降低政府技术研发成本。

在政府与政府之间、政府与企业之间、企业与公众之间建立合作关系，实现政府与社会大数据信息资源共享，实现数据价值最大化，为政府决策提供参考，促进地方经济发展。例如，政府部门如果从企业获取公众消费行为习惯分析数据，就可以有针对性地制定消费促进政策，促进社会消费品零售总额等经济指标的增长。而企业通过对政府分享的官方数据进行分析，可以发现商机，创造利润。

【本讲小结】

本讲主要介绍了大数据和政务大数据的相关内容。概述了大数据的概念及特征，并通过相关案例介绍了大数据的实践应用；分析了大数据的实际价值及未来发展趋势；讲述了政务大数据的概念及特征；分析了我国政务大数据的三个发展阶段及当前阶段所展现出的显著优势，以及建设政务大数据的本质和意义；简要介绍了政务大数据的典型应用；分析了我国政务大数据建设的内容、现状、常见困难及应对策略。

【课后练习】

1. 简述大数据的概念及特征。如何理解大数据的结构？
2. 大数据涉及哪些关键技术？未来将如何发展？
3. 什么是政务大数据？它与大数据的关系是什么？
4. 请谈谈政务数据与政府信息之间的区别和联系。
5. 简要概括我国政务大数据的发展历程。
6. 政务大数据建设对我国公民、政府、社会有什么意义？
7. 当前我国政务大数据建设主要面临哪些困难？又该如何解决？
8. 如何理解大数据对我国政府治理产生的影响？

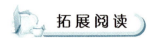

雅安市多举措夯实数据共享开放 助力打破"数据壁垒"

为了打破"数据壁垒",实现数据共享开放,四川省雅安市依托雅安市政务大数据管理平台,扎实开展数据共享开放工作,现已取得初步成效。

强化规则衔接、机制对接,筑牢共享开放基石。一是梳理数据,统一规范和标准。雅安市聚焦数据共享开放,由市政务服务和大数据局组织全市8个县(区)牵头部门梳理可共享开放的数据,按照数据脱敏原则、保密原则等统一标准进行数据归集。二是规范上传,完善数据开放。各县(区)牵头部门多次组织召开"线上+线下"专题培训,开展"一对一"上门服务,系统讲解数据上传要点和操作步骤,有效提升县(区)部门工作人员业务能力。三是动态更新,保障数据完整。按数据更新周期,每月、每季度、每年进行数据动态更新,保障数据完整性,提高数据可用率。

强化汇聚联通、共享共用,共享开放显成效。一是搭建数据管理渠道,完善接口对接工作。由各县(区)牵头部门梳理各部门有效数据,以接口方式接入政务大数据管理平台,实现部门间数据线上流转。二是科学利用数据共享开放,实现数据赋能赋效。从群众需求出发,汇聚民政、医保、卫生、人社、林业、农业等与生产生活息息相关的数据目录9552条。三是数据流转提效减负,共享开放成效初显。截至2022年8月10日,市住房公积金管理中心、市不动产登记中心、市生态环境局、市文化体育和旅游局、市医疗保障局、市经济和信息化局等17个市级部门的部分业务系统已通过接口方式接入雅安市政务大数据管理平台,初步打通了部门间的数据壁垒,基本形成了雅安市政务大数据基础体系,跨层级、跨地域、跨系统、跨部门、跨业务的协同管理和服务逐现雏形。

(资料来源:雅安市政务服务和大数据局,2022-08-10,有改动)

第十讲

电子政务绩效评估

【学习目标】

掌握电子政务绩效评估的概念和意义；了解电子政务绩效评估的内容，正确理解和把握电子政务绩效评估的原则和方法；了解电子政务绩效评估体系，包括政府内评估和政府外评估的不同类型与模式；了解我国电子政务绩效评估的现状，并能结合实践案例进行分析。

【关键术语】

绩效；绩效评估；电子政务绩效评估；层次分析法；德尔菲法；数据包络分析法；成本收益分析法；帕累托最优分析法；平衡计分卡法

2020年7—10月，国务院办公厅政府信息与政务公开办公室对各地区、各部门政府网站和政务新媒体及相关监管工作进行了检查。此次共检查政府网站328个，总体合格率91.8%。相比于此前检查，总体合格率有所下降。此次共检查政务新媒体728个，总体合格率91.9%。

相关数值降低并不意味着各地区、各部门政府网站运维质量降低，而是因为2019年出台的检查指标标准更高了。从逻辑上看，标准更高了，一些按原标准建设、"压及格线"的网站自然过不了关。然而，互联网发展并非停滞不前，随着时间的推移，政府网站和政务新媒体建设自当"越来越好"。有近8%不合格，值得深思。

新冠肺炎疫情来临后，互联网政务服务为群众排忧解难发挥着十分突出的"替代作用"，政府网站和政务新媒体便是"平台"。仅从数据上看，全国有近一半的人口是"政务服务用户"，试问其中受不合格政府网站和政务新媒体影响的有多少？

当前是体验经济时代，群众对政府网站和政务新媒体也抱有高标准的体验要求。细节上的体验不佳，会直接影响到整体服务体验。互联网是群众了解世界的窗口，政府网站和政务新媒体不合格，在群众眼中就是"服务态度不佳""服务质量不高"，直接影响政府在群众心中的形象。

"8%"看起来很小，却也是影响整体大局的"关键少数"。依照六度分隔理论，全国群众在无形的电波中构建出一张庞大的"关联网"。假设一个"好评"能带动5个人使用政府网站和政务新媒体，而一个"差评"则可能带动10个人排斥政府网站和政务新媒体。"8%"无疑是掣肘互联网政务服务推开的"短板"。

搞政府网站和政务新媒体建设不是"慢跑比赛"，总会存在"倒数几名"，不允许"及格万岁"的盲目乐观。要知道每一项"不合格"的背后，都涉及不少群众的切身利益。服务群众，即便不能所有人、所有部门"合格"，也应该力求100%满意。"8%"说明部分政府网站和政务新媒体的进步空间还很大。

不可否认，受制于物质和技术力量，一些单位在开展互联网政务服务方面明显乏力。我们也总能看到，一些单位的短视频官号四处"求关注"。搞好政府网站建设和政务新媒体运营的确很难，可根源性的难点并不在于缺人缺钱，而在于运营理念滞后、持续重视不足、创新热情不高。其中，"理念滞后"最为关键和突出。

"过不了网络关，就过不了时代关。"相信在未来很长一段时间，如何搞好互联网政务服务，都是各地的重点话题。而当下最需要做的还是及时更新理念，进一步了解网民需求，从"求关注"的老思维里走出来，用常态化的管理和极具创新色彩的互联网政务服务，提升群众使用体验。

（资料来源：中国电子政务网，2020 - 12 - 29，有改动）

案例思考：

1. 什么是电子政务绩效评估？
2. 为什么要进行电子政务绩效评估？

当前，我国在电子政务建设方面已取得巨大成就，但也存在不少问题。对特定地区或特定时期电子政务建设过程的表现及成效进行客观、公正、准确的综合评判，已成为电子政务建设过程中必不可少的环节。

一、电子政务绩效评估的概念与意义

▶▶（一）电子政务绩效评估的概念

从语言学的角度来看，绩效包含"绩"与"效"两层含义。"绩"主要指个人或组织期望的目标和职责要求，更倾向于客观和量化评价；"效"则指效率、效果、态度、品行、行为、方法、方式等，侧重对组织管理成熟度目标的主观测量。

学界对绩效的定义目前主要存在两种观点：一种认为绩效是一种结果，另一种认为绩效是一种行为。

这里将绩效定义为个人或组织实施某项行为所产生的效果和影响。这个定义涉及绩效相关的两个重要方面：一是产生绩效的主体可以是组织，也可以是个人；二是绩效所表现的是行为的结果和影响，而不是行为本身。把握好这两点对理解绩效所包含的内容、影响绩效的因素及测量绩效的方法具有重要意义。

电子政务绩效可从政府和电子政务这两个角度来理解。从政府角度来看，电子政务已介入政府的管理和服务之中，旧的政府绩效管理模式显然不能满足新的电子政务建设需要；从电子政务角度来看，电子政务要获得更长远的发展，必然要对电子政务应用后产生的效果进行评估。电子政务绩效主要是指电子政务活动所带来的绩效，包括电子政务的投入、产出、效果、影响等方面，它是政府绩效的重要组成部分。

电子政务绩效主要关注以下几个方面的内容。

一是用户满意度。建设电子政务的目的就是提高公共服务水平，因此公众的满意度、企业的满意度及相关机构业务合作过程中的满意度是关键。在加快推进电子政务建设的过程中，要通过电子政务的广泛应用，突破时间、空间、数量的限制，以增强政务信息公开和政府行为透明度为核心，提供多种技术平台促进社会对公共行政的参与和监督，增强公共产品和服务的供给能力，进而提高公众对政府的满意度。

二是成本和收益。在推进电子政务建设的过程中，必须衡量电子政务建设项目的效用，避免电子政务建设出现比规模、比设备等贪大求全的趋势，项目建设规模不断膨胀，边际成本远远大于边际收益的不良现象。

三是运作管理。这方面主要体现在政府网络系统建设过程中的渠道畅通及电子政务管理平台的适应性和扩展性。对于电子政务网络建设来说，信息流通不畅就意味着电子政务系统的效益无法实现，效率无法提高。电子政务平台为不同主体提供了可共用的基础设施，以及平台维护、升级管理、软件安装等附加支持性服务，这充分体现了电子政务系统的普适性与可扩展性。

四是社会效益。提高目标的可测量性是提高电子政务绩效的一个关键。然而，电子政务建设的目标之一是取得良好的社会效益，对于社会效益来说，其可测量性指标弱于财务指标、工程技术指标，因此要通过用户满意度调查、运行数据统计等间接计量社会效益，以保证指标的全面性。

综上所述，电子政务绩效评估就是运用科学的方法、标准和程序，对电子政务实施过程中政府在行政职能、业务流程、组织结构、公共服务、信息利用等方面的改进、创新和转变的成果和效果进行尽可能准确的评价，并在此基础上对电子政务绩效进行改善和提高。

电子政务绩效评估是对电子政务建设过程的评价，评价对象是一定时期内政府的各种改进、创新和转变及能力的提高，其目的是了解电子政务建设绩效的现状，并指导电子政务获得更高效的发展。根据电子政务系统的构成和特点，电子政务绩效评估既包括对前台的评价，也包括对后台的评价。对前台的评价主要是以政府网站为媒介，评价政府服务的有用性、可得性、交互性和响应性，进而评价政府的公共服务能力和公民、企业等利益相关者的满意度；对后台的评价主要是评价政府自身的运作能力，特别是政府通过对信息技术的充分应用，在职能、组织、流程、人力资源、公共服务等方面的改善，以及在效率、效能方面的提高。

▶▶（二）实施电子政务绩效评估的意义

政府绩效评估作为一种新的公共管理理念和实践，已经遍及世界各国，而电子政务作为政务活动的重要形式和政府管理的必然趋势，无疑也应当接受绩效评估。电子政务绩效评估具有政府绩效评估的所有积极意义和正面价值。

1. 电子政务绩效评估有利于切实改善政府绩效

电子政务是以信息技术优化管理创新，以绩效为导向的绩效再造工程。电子政务的绩效评估能够帮助政府及时发现电子政务建设中存在的问题与不足，有针对性地采取改革措施。通过改善现状，强化管理，可以推动政府更为合理、有效地利用信息技术和网络资源，从而直接提高行政效率。

电子政务绩效评估将公民作为重要的评估主体，这体现了"顾客导向"这一新公共管理的基本理念。公民作为电子政务的直接受众参与评估，可以最直观地体现评估的满意特征，了解公民对电子政务发展水平的满意度，以此为基础改善公共服务的质量和水平。同时，公民参与评估有利于按照公民的需求与意见来设计工作流程和工作方式，改变传统的政府本位主义，推行以公民为中心的电子政务。

2. 电子政务绩效评估有利于正确引导电子政务发展

电子政务绩效评估体系表面上是一个检验体系，事实上更是一个指导体系。一方面，有了这样的体系才能及时发现问题，利用先进的信息技术有针对性地解决现代电子政府运作过程中的效率、成本、服务、管理等方面的问题，为电子政务的进一步发展保驾护航；另一方面，通过建立科学的指标体系和确立合理的标准化指标，可以指出国与国之间、一国各级政府之间和不同政府部门之间电子政务建设水平的差距，从而汲取先进经验，修正自身不足，引领正确的方向。

合理设置电子政务绩效目标并配合相应的考核管理制度，可以使政府官员产生内在的改善激励，在深层次上解决一些现实问题。首先，电子政务绩效目标体系是一套建设电子政务的指导纲要，它可以消除决策者许多模糊的、错误的观念，加强其在电子政务建设过程中的领导力；其次，明确的电子政务绩效目标约束将成为优化政务流程的原动力，从而有效推动相关的制度建设，以结果为本优化政务流程；再次，明确的电子政务绩效目标可以增强成本意识，保护既有投资。在现实中，我们很容易估算出电子政务的投入，但是对其产出和取得的效益往往无法估量。电子政务绩效评估可以量化这种产出和效益，给出投入产出比，同时成本控制本身也是绩效的组成部分。

3. 电子政务绩效评估有利于有效抵御建设风险

在世界各国推进电子政务的进程中，无论是在信息基础设施较为发达的西方国家，还是在刚刚起步的发展中国家或转型国家，电子政务项目失败的案例比比皆是。通常信息化项目都存在高风险，相对于一般信息化项目（如企业信息化项目），电子政务项目的涉及面更广，关系更复杂，经验更少，不确定性更大，因此风险也更高。

在此情况下，应该发挥绩效评估在抵御电子政务建设风险、防范项目失败方面的重要作用：在宏观上做好与项目相关的产业发展规划，在微观上完善项目的可行性分析，提前审查影响项目绩效的要素；全程管理项目的关键环节，监控项目的流程绩效，做好全面质量管理；核查项目的结项汇报，审查项目的各项指标，总结经验教训，继续开展新一轮的项目。

4. 电子政务绩效评估有利于培养政府绩效文化

绩效文化是一种以评判政府治理水平和运作效率为核心的价值观，它能够规范、引导和调整政府的绩效管理行为，是政府管理创新与发展的推动力。绩效评估的推行必须伴随组织文化的相应变革。市场经济的发展和日趋浓厚的政府绩效评估氛围，在客观上促成了绩效文化的构建，使其在政府组织文化中日益占据重要地位。

电子政务的产生和发展本身即以提升政府绩效为导向。通过电子政务绩效评估的具体实施及对其内容、标准、程序、形式等的宣传，能够提高政府及其工作人员的绩效意识，使其在施政过程中更加注重"4E"（Economic、Efficiency、Effectiveness、Equity，即经济、效率、效益、公平）的实现。同时，有利于进一步提高行政活动中的服务理念和责任意识，将公民满意作为政府工作的使命和宗旨，树立公民取向亦即民本主义的绩效观。反过来，良好的绩效文化也可以促进电子政务绩效评估工作的长期化、规范化和制度化。

二、电子政务绩效评估的内容与原则

（一）电子政务绩效评估的内容

确定电子政务绩效评估的内容并将其细化，在电子政务绩效评估中是非常重要的环节，将直接影响电子政务绩效评估的结果和效果。在电子政务发展的不同阶段，电子政务绩效评估的内容侧重也应有所不同。就整体而言，电子政务绩效评估的内容主要涉及以下几个方面。

1. 电子政务基础设施

电子政务基础设施情况是衡量一个地区、一个部门开展电子政务活动基本条件的重要指标，不仅要考察电子政务基础设施的建设情况，更要评估其实际使用情况。

2. 电子政务信息资源

促进政府信息资源更有效地开发和利用是发展电子政务的重要目标，政府通过对政务信息资源开发和利用状况的调查，即可以在很大程度上对电子政务发展水平做出判断。

3. 社会接受程度

公众和政府公务人员对电子政务的了解、认可、接受及满意程度是反映电子政务有效性的关键指标，也是电子政务"以公众为中心"的发展理念的重要表现。

4. 政府电子化服务供给水平

政府提供电子化服务的广度与深度是衡量电子政务发展水平的重要标志，直接反映出政府在电子政务环境下通过互联网向公众提供政府服务的能力和状况。

5. 电子政务领导能力

电子政务领导能力主要包括政府在组织实施和应用电子政务方面所表现出来的领导能力、协调力度、决策水平及电子政务建设管理的有效性等。

6. 政府变革情况

政府变革情况主要考察政府在电子政务发展过程中所进行的政府流程重组、机构改革、职能调整等一系列反映政府深层次变革的进展情况。

中国 IT 治理研究中心提出，电子政务绩效评估的内容应根据电子政务绩效评估的不同类型而发生相应变化。电子政务绩效评估可以分为综合评估、项目评估、专项评估、发展水平评估等类型，不同的评估类型对应不同的评估内容，具体如表 10-1 所示。其中，综合性评估是比较完备的评估方式。

表 10-1 电子政务绩效评估的类型与内容

评估类型	评估内容
综合评估	对一个或多个政府部门电子政务服务与应用、资源整合与利用、管理与保障等方面的成绩和效果进行综合性的全面考核与评估
项目评估	电子政务项目建设绩效评估 电子政务项目运维绩效评估 电子政务项目实施绩效评估
专项评估	政府部门门户网站绩效评估 电子政务资金管理绩效评估 电子政务项目管理绩效评估 电子政务信息安全绩效评估
发展水平评估	国家或地区政务信息化建设与应用水平评估

(二) 电子政务绩效评估的原则

电子政务绩效评估必须遵循一定的原则，只有按照一定的评价标准对电子政务的基础设施、信息资源等进行全方位的衡量、考核和评价，才能保证评估结果的科学、有效且有针对性。具体来说，电子政务绩效评估应遵循以下原则。

1. 科学有效原则

这一原则主要体现在理论与实际相结合、采用科学有效的方法等方面。电子政务绩效评估的内容要有科学的规定，各个评估指标的概念要科学、确切，要有精确的内涵和外延，计算范围要明确，不能含糊其词、不能有不同的解释、不能各有所取。评估指标必须与绩效、效益的科学概念相一致。科学性原则还要求评估指标体系要能比较准确地反映在不同情况下所反映出来的不同特点。电子政务绩效评估要能反映出政府工作的特点和信息化工作的价值。电子政务的工作内容既不同于企业的工作内容，也不同于传统的政府工作内容。这些特点决定了对电子政务进行绩效评估的指标体系明显区别于对传统政府部门进行绩效评估的指标体系，也区别于一般的信息化评估指标体系。

2. 系统优化原则

对电子政务进行绩效评估是一个综合而又复杂的系统性问题，只有建立若干指标进行衡量，才能评估其全貌。这些指标必须相互联系、相互制约。系统优化原则要求评估指标体系要统筹兼顾各方面的关系，包括统筹电子政务在经济效益、社会效益、管理效益等方面的关系，统筹当前与长远的关系，统筹整体与局部的关系，统筹技术与经济的关系，统筹定性与定量的关系，等等。遵循系统优化原则就是要在设计评估指标体系时采用系统方法，如采用系统分解和层次分析法，将总指标分解成次级指标，再将次级指标分解成次次级指标，即常说的目标层、准则层、指标层，并组成树状结构的指标体系，使体系的各个要素（单项指标）及其结构（横向结构、层次结构）能满足系统优化的要求。也就是说，通过各项指标之间的有机联系方式和合理的数量关系，体现出对上述关系的统筹兼顾，达到评估指标体系的整体功能最优，从而客观、全面地评估电子政务的绩效。

3. 通用可比原则

电子政务绩效评估既涉及纵向比较，也涉及横向比较。因此，评估指标体系的设计必须做到在两个方面具有通用性和可比性：一是对同一单位不同时期进行纵向比较时，评估指标要具有通用性和可比性；二是对条件不同、任务不同的单位进行横向比较时，评估指标要根据各单位在实现电子政务过程中的共同点进行设计，同时采取调整权重的方法，适应不同性质、不同类型的单位。另外，评估指标应尽可能与国内、国际有关评估指标相一致，评估指标的定义尽可能采用国内、国际标准或公认的概念，评估的内容尽可能剔除不确定性因素和特定条件环境因素的影响。

4. 简洁实用原则

在保证评估结果客观、全面的基础上，应尽可能简化评估指标体系。计算方法和表述方法简便、明确、易操作，便于在计算机上进行统计分析。评估指标所需要的数据应易于采集，各种数据尽可能在现有的统计制度、会计制度中得到。各项评估指标及其相应的计算方法、各项数据，都要标准化、规范化。在评估过程中体现质量控制原则，依靠评估数据的可靠性、准确性和评估方法的正确实施来保证整个评估过程的质量。

5. 目标导向原则

电子政务绩效评估的目的不是单纯地评出优劣和名次，而是要引导和鼓励电子政务建设朝着正确的方向和目标发展。评估指标体系在设计过程中就要具有正确的目标导向作用。贯彻目标导向原则，需要明确电子政务绩效评估的目标，如一方面要重视成本和收益，另一方面也要重视公众满意度；一方面要把信息技术的应用推广作为目标，另一方面也要考虑到政府机构的安全性。此外，提高工作人员的信息技术水平也应得到足够的重视。

三、电子政务绩效评估的方法

在国外，电子政务绩效评估的常用方法主要有层次分析法、德尔菲法、数据包络分析法、成本收益分析法、帕累托最优分析法。

(一) 层次分析法

层次分析法（Analytic Hierarchy Process，简称 AHP）是美国著名运筹学家托马斯·L. 萨蒂（Thomas L. Saaty）于 20 世纪 70 年代提出的，对定性问题进行定量分析的一种简便、灵活而又实用的多准则决策方法。它的特点是把复杂问题中的各种因素划分为相互联系的有序层次，从而将复杂问题条理化，根据对一定客观现实的主观判断结构（主要是两两比较），把专家意见和分析者的客观判断结果直接而有效地结合起来，对每一层次元素两两比较的重要性进行定量描述，而后利用数学方法计算反映每一层次元素的相对重要性次序的权值，通过所有层次之间的总排序计算所有元素的相对权重并进行排序。该方法自 1982 年引入我国以来，以定性与定量相结合处理各种决策因素的特点及系统灵活简洁的优点，迅速地在我国能源系统分析、城市规划、经济管理、科研评价等社会经济各个领域得到广泛的重视和应用。

在电子政务绩效评估中采用层次分析法,首先是根据不同的电子政务评估对象,建立相应的层次结构模型,一般按照一级指标、二级指标、三级指标等设置指标层级;其次是对每一具体指标按照它在评估指标体系中的重要程度赋予相应的权重;最后是运用一定的数学及统计方法进行相应的检验,一般情况下是一致性检验。

(二)德尔菲法

德尔菲法(Delphi)又称专家意见征询法,是美国兰德公司在20世纪50年代创立的,采用匿名的方式广泛征求专家的意见,经过几轮函询和反馈修正,使专家的预测、评价逐步趋于一致,从而对评估对象做出定量与定性相结合的预测、评价的方法。该方法被广泛地应用于商业、军事、教育、卫生保健等领域。德尔菲法在医学中的应用,最早开始于对护理工作的研究,并且在使用过程中显示了它的优越性和适用性,受到了越来越多研究者的青睐。

德尔菲法作为一种主观、定性的方法,不仅可以用于预测领域,而且可以广泛应用于各种评价指标体系的建立和具体指标的确定过程。德尔菲法用于电子政务绩效评估,其过程比较烦琐,需要采用固定的程序,而其结果由于受专家主观因素的影响,也会存在一定的主观性。但是,采用该方法也具有能够对电子政务进行绩效评估和绩效预测方面的一定优势。

(三)数据包络分析法

数据包络分析法(Data Envelopment Analysis,简称DEA)是1978年美国著名运筹学家亚伯拉罕·查恩斯(Abraham Charnes)、威廉·W. 库珀(William W. Cooper)和爱德华·罗兹(Edward Rhodes)在相对效率评价概念的基础上发展起来的,用于评估具有多个输入和多个输出结构的同质决策单元的相对效率的数学规划方法。数据包络分析法可以看作一种统计分析的新方法,它是根据一组输入/输出的观察值来估计有效生产的。在经济学和计量经济学中,估计有效生产,通常使用回归分析法及其他的一些统计方法。这些方法估计出的生产函数并没有表现出实际的有效生产,得出的函数实际上是非有效的,因为这种估计是将有效决策单元与非有效决策单元混为一谈得出来的。

数据包络分析法适用于多输入多输出的线性问题求解,而电子政务绩效评估恰好符合这样的特征。运用该方法从投入产出角度解决电子政务绩效评估问题,能够全面反映一个国家(地区)各区域电子政务建设过程中的投入产出效率,并指导和促进未达到最优配置的政府部门调整投入产出比。另外,它在应用过程中不需要设定输入输出的生产函数,因此对电子政务绩效的评估更为客观。该方法被广泛应用于飞机航线评价、森林规划评价、教育机构效益评价、公共事业评价等领域。

（四）成本收益分析法

"成本收益分析"（Cost-Benefit Analysis，简称 CBA）的概念首次出现在 19 世纪法国经济学家朱尔斯·杜普伊特（Jules Dupuit）的著作中，被定义为"社会的改良"。1940 年，英国经济学家尼古拉斯·卡尔多（Nicholas Kaldor）和约翰·R. 希克斯（John R. Hicks）对前人的理论加以提炼，形成了成本收益分析的理论基础，即"卡尔多-希克斯准则"。也就是在这一时期，成本收益分析开始渗透到政府活动中。随着经济的发展，政府投资项目日益增多，人们开始重视投资，重视项目的经济效益和社会效益，这就需要找到一种能够比较成本与收益关系的分析方法。以此为契机，成本收益分析在实践方面得到了迅速发展，被世界各国广泛采用。

成本收益分析是通过比较项目的全部成本和收益来评估项目价值的一种方法。作为一种经济决策方法，它将成本费用分析法运用于政府部门的计划决策中，以寻求在投资决策上如何以最小的成本获得最大的收益，常用于评估需要量化社会效益的公共事业项目的价值。与一般的建设项目相比，电子政务建设项目具有高投资、高收益、高风险、运营周期长及投资不完全可逆的特点。有效降低投资风险，估测其经济效益是电子政务绩效管理不可缺少的重要环节。但使用该方法的难点在于如何用货币来量化政府网站建设的费用和获得的收益。国外有一些替代性的做法，如"收益值＝在线事务处理的百分比×总房租"，或者用"减少传递时间"来量化，即"收益值＝时薪×减少的事务处理时间×事务发生频率"，以及用其他一些类比商业网站广告收入、流量、在线项目、增值服务等的量化指标来评估。

（五）帕累托最优分析法

帕累托最优（Pareto Optimality），也称帕累托效率，是博弈论中的重要概念，并且在经济学、工程学和社会科学中有着广泛的应用。帕累托最优是指资源分配的一种状态，在不使任何人境况变坏的情况下，也不可能再使任何人的处境变好。

帕累托最优在公共管理中具有重要意义，在电子政务的建设和评估中有实际的应用价值。一般来说，达到帕累托最优时，会同时满足以下三个条件：一是交换最优；二是生产最优；三是产品混合最优。人们追求"帕累托最优"的过程，其实就是管理决策的过程。管理学所研究的管理活动，其目的是充分利用有限的人力、物力、财力，优化资源配置，争取实现以最小的成本创造最大的效率和效益。运用帕累托最优方法研究电子政务信息资源配置，对有效、合理、科学地利用信息资源，促使信息资源效用最大化，进而促进信息产业可持续发展具有非常重要的意义。

四、电子政务绩效评估指标体系

随着电子政务建设在全球范围内的大力推进,对它的绩效评估也引起世界各国政府和各机构的高度关注。时至今日,电子政务绩效评估名目繁多,既有政府内评估,也有政府外评估;既有全球性评估,也有地区性和国别性评估。政府内评估是由政府自身开展的评估,如联合国、欧盟、美国、加拿大、澳大利亚等都开展了对其电子政务建设的全面评估。政府外评估主要由第三方组织、咨询公司及学术机构进行。

(一) 政府内评估指标体系

1. 美国电子政务绩效评估指标体系

21世纪初,美国政府推出了包括与政务活动相关的五大类电子政务模型的联邦业务体系架构(Federal Enterprise Architecture,简称FEA),其中以建立标准化电子政务绩效评估体系的"绩效参考模型"最为重要。该模型是以对业务监管效果、用户应用效果、业务流程效果、人力投入效果、技术利用效果和其他投入效果为主的评估模式,并确定了25个优先建设项目,该模式已经成为真正意义上的绩效评估。2007年年初,美国白宫管理和预算办公室在之前25个优先建设项目趋于成熟稳定之后又重新设计了项目的绩效评估体系,新评估体系是以参与度、使用度和用户满意度三项指标为主的体系,侧重点从项目建设转移到项目的绩效和应用效果上。

在2013年发布的FEAF 2.0版中,FEA优化调整为六大参考模型:绩效参考模型(Performance Reference Model,简称PRM)、业务参考模型(Business Reference Model,简称BRM)、数据参考模型(Data Reference Model,简称DRM)、应用参考模型(Application Reference Model,简称ARM)、基础设施参考模型(Infrastructure Reference Model,简称IRM)、安全参考模型(Security Reference Model,简称SRM),如图10-1所示。其中,处于FEA顶层的PRM是实施FEA的最高指导原则,共包括3类评价目标、13个评价领域、62个评价分类。BRM、DRM、ARM、IRM和SRM分别从业务、数据和信息、系统和应用、信息基础设施、安全和隐私等方面提供规范化指引,使系统设计和实施采用一致方式,从而便于开展统一的绩效评价。

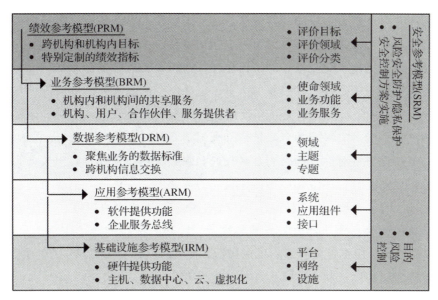

图 10-1　FEA 综合参考模型

2. 联合国电子政务绩效评估指标体系

联合国经济和社会事务部将定量分析与定性分析相结合，侧重对各国政府网站建设、信息基础设施和人力资源三个方面进行评估，显示电子政务发展的五个阶段（初始、增强、交互、在线处理、无缝连接）。具体而言，一是分析各国政府网站提供的内容和一般公众最经常使用的在线服务（卫生、教育、劳动就业、福利、财政）情况；二是对各国信息基础设施（加权复合变量）和人力资源能力进行复合变量统计分析，最后平均得出各国的电子政务发展指数（E-Government Development Index，简称 EGDI）。它所运用的两大类指标是电子政务准备度（整备度）和电子参与度。前者是复合指标，包括网站测评指数、信息基础设施指数和人力资源能力指数，后者主要衡量政府部门的 e-information（电子信息）、e-consultation（电子咨询）、e-decision（电子决策）等，评估政府网站向公民提供网上信息和服务等的数量和质量。

欧洲工商管理学院（INSEAD）的电子政务绩效评估研究从社会整体效益出发，以促进政府、公民、企业三方互动为目的，以使用状况、就绪状况、环境状况三部分构成的网络就绪指数（Networked Readiness Index，简称 NRI）作为分析框架，全面真实地对电子政务绩效问题进行审核和评估，为相关研究提供了新的视角和广阔思路。

▶▶（二）政府外评估指标体系

1. 埃森哲版

埃森哲咨询公司主要采用综合评估方式，用其独特的"重点测评"评分系统对主要国家（主要是发达国家）的电子政务进行评估。它的评估特点是侧重于客户服务，这是其咨询公司的背景及来自企业的经验使然。它列出了诸如客户关系、客户服务等一系列指标，即使用服务成熟度（包括服务宽度、服务深度）与传递成熟度（包括可识别性、客户建议性、组织结构、交互性、网络连通性）这两大类指标进行评估。

服务成熟度用于衡量政府在线服务水平，即对政府在线服务广度与深度进行综合衡量，包括三个层次：公布信息、交互和政务处理。客户关系管理（CRM）指标是衡量服务成熟度的一种手段。它采用5个衡量标准来确定CRM的作用，即政府网站的判断力、互动性、站点特性、针对性及网络的互联互通。服务成熟度指标和客户关系管理指标相结合构成总体成熟度。传递成熟度指传递机制的成熟度，具体体现为政府网站的构成和用户的满意度，如"一网式"的程度、根据顾客意向做设计的程度、顾客关系管理技术、网站链接的能力、额外增值服务的程度等，它分为相应的四个等级，即很低、低、较低和适中。最终，根据这两种成熟度的情况，将政府网站分为四种类型：创新领袖型、有理想的追随者、稳固成就的取得者和平台建设者。

2. 布朗大学版

布朗大学侧重于定量分析和评估，测评方法较为简单，所有样本数据均通过互联网获取，即通过20多项覆盖电子政务各个领域的标志性考查指标进行测量。它立足于电子政务应用状况进行全球对比分析，所考查的大多是各国政府网站的建设情况，测评内容包括：在线信息、服务传递和公众接入情况。测评的特征包括：国名（所属地区）、在线信息或刊物、在线数据库、音频剪辑、视频剪辑、支持多种语言、商业广告、保险基金、用户支付、残疾人接口、隐私政策、安全措施、在线服务、服务种类总量、数字签名、信用卡支付、电子邮箱地址、在线论坛、自动邮件提示更新信息、个性化站点界面、PDA接入、站点英文版等。

布朗大学电子政务评估中的绩效指标，从网站的五个特征进行选取和组织，权重也是平均分配。其定义的电子政府指数包括三个方面：一是政府网站的信息和服务的成熟度；二是对信息和通信技术（ICT）基础设施的数据分析，包括一个国家的计算机数量、互联网主机数量、上网人数及电话、移动电话、电视机普及率六大指数；三是对人力资本的数据分析，包括人力发展指数（是否倾向于接受并使用电子政府提供的服务）、信息获取指数（是否拥有技术手段获取相关的、及时的信息与服务）及城市人数占总人数的百分比。

3. 早稻田大学版

早稻田大学的电子政务评估有些特立独行，它批评"联合国的排名，显示出同社会优先开发项目的密切关系，并以政治文化的成熟度为标志，这超越了电子政府的范围"，而认为自己"以综合视点调查分析，进行了不同于其他机构——以网站、CRM等为对象调查排名的做法"。例如，它参照世界经济论坛等"世界竞争力排名"的评估手法，采用六大类26项指标衡量"理想的电子政府"，显示出重视"客观性指标"的特点

——几乎没有"用户"(民众)的满意度调查指标,共包括网络基础设施的完备度、在线服务、最适化管理、主页状况、CIO(首席信息官)导入情况、电子政府的战略、推进与振兴六个方面的一级指标。

4. 卡普兰-诺顿版

哈佛商学院罗伯特·S. 卡普兰(Robert S. Kaplan)教授和美国复兴全球战略集团创始人戴维·P. 诺顿(David P. Norton)在20世纪90年代创立的平衡计分卡方法也为电子政务绩效评估提供了一种全面的评估体系,我们简称为卡普兰-诺顿版的评估体系。它基于用户满意、信息化基础、公共效益和组织提升四个维度,为政府内部管理提供多层次的指标,从而实现政府管理与电子政务的有效结合,如图10-2所示。

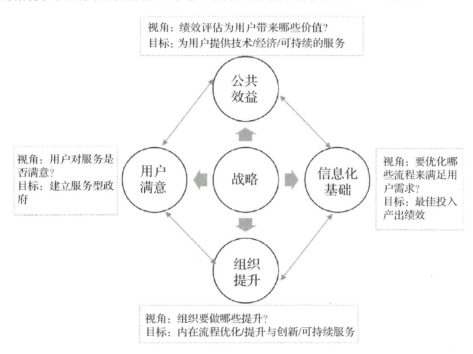

图10-2 电子政务绩效评估平衡计分卡

(1)用户满意维度

电子政务的用户包括企业、政府自身、社会团体、公众等。政府应以用户需求为导向,推进服务型政府建设,通过推动电子政务发展来改善公共服务的质量,以获取公众的满意与支持。因此,要把用户满意维度作为评估电子政务绩效的重点,通过服务质量(服务有效性、便捷性等指标)和业务水平(工作人员服务态度、业务水平等指标)提升来提高绩效。具体指标如表10-2所示。

表 10-2　用户满意维度指标

一级指标	二级指标	三级指标
用户满意	服务质量	服务有效性
		服务便捷性
	业务水平	工作人员服务态度
		工作人员业务水平

（2）信息化基础维度

信息化基础维度在电子政务绩效评估中反映的是为了满足用户的需求，政府应该规划何种业务流程来维护电子政务的良好运行。基于此项操作是为了提高政府内部流程的效率，强化其流畅性，因此在电子政务绩效评估中，信息化基础维度应该涉及对资金和基础设施的考量，包括这些资金和基础设施带来了怎样的便利，并且要充分反映资金投入和基础设施的影响。具体指标如表 10-3 所示。

表 10-3　信息化基础维度指标

一级指标	二级指标	三级指标
信息化基础	资金投入	投入总量
		投入结构
	基础设施	人均电脑拥有率
		部门网络覆盖率
		装备国产化水平
		政务信息资源数字化
		安全保障能力

（3）公共效益维度

政府的宗旨是为人民服务，在开展电子政务绩效评估过程中，应以是否符合用户物质和精神文化需求为导向，以建设高效、便民的服务型政府为目标，考虑电子政务的公共效益。具体指标如表 10-4 所示。

表 10-4　公共效益维度指标

一级指标	二级指标	三级指标
公共效益	信息公开	信息公开程度
		信息公开效果
	公众参与	公众参与途径
		公众参与效果

（4）组织提升维度

组织提升是指组织在不断发展的进程中培养的利于组织成员学习、上进的一种效益，同时也是充分培养领导层管理和领导能力的一种效益。这就要求政府在实施电子政务的过程中不仅仅要激励、引导员工进行工作，同时也要严格管理员工，安排其工作，并且适当地对员工进行业务培训，从多角度提高政府的工作效率。因此，通过平衡计分卡的设计主要考察组织的业务流程、组织管理和人员培训，从多方面推动电子政务的发展。具体指标如表10-5所示。

表10-5 组织提升维度指标

一级指标	二级指标	三级指标
组织提升	业务流程	业务流程信息化水平
		在线办理能力
		信息共享水平
		业务协同能力
	组织管理	组织与领导
		部门电子政务规划
		制度规范
	人员培训	培训机构与设施
		年人均培训次数

5. 其他版本

高德纳咨询公司（Gartner）则主要从事特定电子政务项目的有效性评估工作，这与其他研究机构对电子政务的关注点不同。其电子政务绩效评估系统主要从公务员水平、运营效率和政治奖励三项来评估电子政务项目的有效性，每一项所涵盖的内容都很多，且包含一系列具体参数。运用该系统进行评估时，需要根据系统确定评估对象，收集相关数据，根据相应的评分标准进行评分，并以最终得分反映被评价项目的特征、质量和水平。

2019年，Gartner在历年的"数字政府技术成熟度曲线"基础上，总结出一套"数字政府成熟度模型"，包括价值焦点、服务模式、平台、生态系统、领导力、技术焦点和关键指标七大维度，用以评估政府当前的数字化程度与能力缺陷，如图10-3所示。

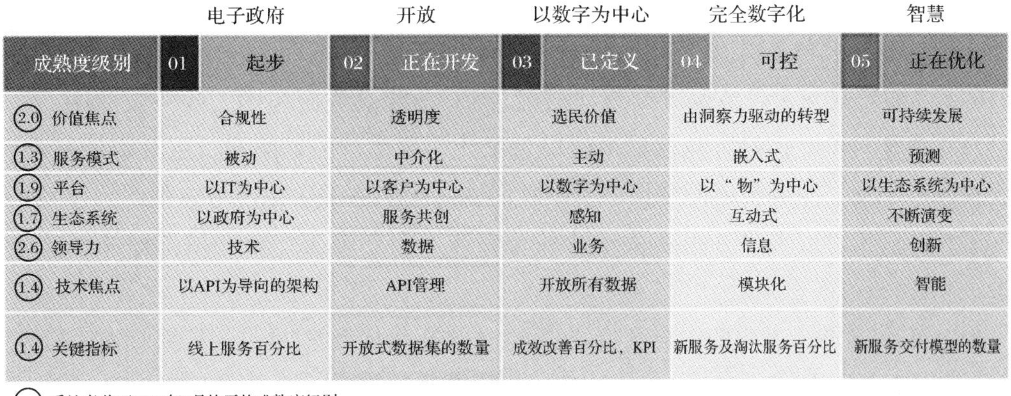

		电子政府	开放	以数字为中心	完全数字化	智慧
	成熟度级别	01 起步	02 正在开发	03 已定义	04 可控	05 正在优化
2.0	价值焦点	合规性	透明度	选民价值	由洞察力驱动的转型	可持续发展
1.3	服务模式	被动	中介化	主动	嵌入式	预测
1.9	平台	以IT为中心	以客户为中心	以数字为中心	以"物"为中心	以生态系统为中心
1.7	生态系统	以政府为中心	服务共创	感知	互动式	不断演变
2.6	领导力	技术	数据	业务	信息	创新
1.4	技术焦点	以API为导向的架构	API管理	开放所有数据	模块化	智能
1.4	关键指标	线上服务百分比	开放式数据集的数量	成效改善百分比，KPI	新服务及淘汰服务百分比	新服务交付模型的数量

○ 受访者截至2019年8月的平均成熟度级别

图10-3 数字政府成熟度模型

全球极具影响力的市场研究集团凯度（Kantar）旗下的特恩斯市场研究公司（TNS）长期致力于社会和政府研究，在市场信息咨询领域拥有重要的影响力。该公司曾连续三年发布全球电子政府绩效评估报告，形成了一套电子政务绩效评估指标和方法。

此外，还有美国罗格斯大学电子政务协会与韩国成均馆大学全球电子政务政策协会联合发布的电子政务绩效评估指标体系等。

五、我国电子政务绩效评估的现状

从 2002 年起，围绕电子政务绩效评估，我国一些第三方机构和不同层级的政府部门进行了有益的尝试，积累了不少实践经验。2002 年，互联网实验室（ChinaLabs）推出了我国第一份电子政务测评报告《电子政务战略测评》。中国最早的网络顾问公司之一广州时代财富科技公司（现广州市时代新科技有限公司）也在 2002 年 5 月 15 日发布了《中国电子政务研究报告》，指出我国的电子政务还处于比较低的水平，无论是信息的实用性和完整性还是实质性的电子政务功能都与公众的期望有很大的差距。2007 年 9 月 1 日，由国家发展改革委发布的《国家电子政务工程建设项目管理暂行办法》正式施行，其中规定对国家级电子政务项目都要进行验收与后评价。2009 年 4 月 22 日，工信部印发《政府网站发展评估核心指标体系（试行）》。这些规定成为电子政务绩效评估的基本依据或核心指标，是我国开展电子政务绩效评估的标志性文件。

2010 年以后，随着我国电子政务发展水平的不断提高，"互联网＋政务服务"、政府数据开放、政务新媒体、数字政府等细分领域涌现出越来越多涉及电子政务绩效评估的研究成果。例如，中央党校（国家行政学院）电子政务研究中心在 2014—2016 年连续三年发布《中国城市电子政务发展水平调查报告》，提出包括基础准备、线上服务、电子介入、新技术和新应用等在内的评价指标体系；清华大学公共管理学院发布的《2016 年中国互联网＋政务服务调查评估报告》，围绕政务服务网、政务服务中心、政府门户网站等对象，构建了包括事项清单目录化、服务功能网络化、服务资源标准化、便捷服务实用性、服务渠道便捷性五个维度的省市级服务平台建设与应用评价体系。其间，还有许多学者发表了一系列关于政务新媒体、数字政府绩效评估指标体系的研究成果。

2019 年，党的十九届四中全会提出"建立健全运用互联网、大数据、人工智能等技术手段进行行政管理的制度规则。推进数字政府建设……"，为政府数字化转型规定了方向。2020 年，清华大学数据治理研究中心发布《2020 数字政府发展指数报告》，从组织机构、制度体系、治理能力和治理效果四个维度构建数字政府发展指数，对中国 31 个省（自治区、直辖市）和 101 个城市的数字政府发展水平进行了评估和解读；同年，中国电子信息产业发展研究院（中国软件评测中心）对数字政府能力进行评估，并发布了《2020 年数字政府服务能力评估报告》，强调要提高政府美誉度、执行力和公信力。2021 年，复旦大学数字与移动治理实验室首次发布中国"掌上好办"指数和《中国省级移动政务服务报告》；中国电子信息产业发展研究院（中国软件评测中心）紧随其后发布《2021 年省级移动政务服务能力调查评估报告》，开展了移动政务服务评估指标体系的研究。

（一）第三方机构评估

国家层面开展的电子政务绩效评估主要以政府委托第三方机构的方式进行。自 2002 年起，中国信息化研究与促进网连续多年以专业第三方机构名义开展政府网站评估活动。该网以《中华人民共和国政府信息公开条例》为指导，以《关于深化政务公开加强政务服务的意见》《关于进一步加强政府网站管理工作的通知》《政府网站发展评估核心指标体系（试行）》等文件为参考，采用专业评测工具，依据网站设置的指标体系，对全国各级政府网站及政务机构微博的互联网综合影响力、管理服务、行政效能、创新发展等多个环节进行全面的分析和研究。2011 年，该网首次将全国政府及政务服务机构微博纳入评测范围，并继续以互联网综合影响力为依据，进一步把考核要点集中在利用信息化手段切实为人民服务、为老百姓办实事等环节上。

关于政府网站绩效评估，从 2002 年开始，中国软件测评中心连续发布《中国政府网站绩效评估报告》（从 2019 年开始由中国软件测评中心、赛迪研究院联合发布，2020 年《中国政府网站绩效评估报告》更名为《数字政府服务能力评估报告》），从网站的内容服务、功能服务、建设质量三个方面对政府网站进行评估。在连续两年开展数字政府服务能力评估的基础上，对 2021 年的评估指标做了较大幅度的调整，评估内容定位为数字政府综合服务能力，不仅关注数字政府政务服务能力、公共服务能力、数据服务能力，而且还关注政府在市场监管、社会治理、生态环境保护等领域数字化治理能力发展水平；同时，持续关注数字政府一体化服务建设，重点从用户角度出发，聚焦用户需求和体验；持续关注各地数据资源共享开放与开发利用建设，加强了对支撑数字政府综合服务能力提升的数据质量、数据共享、数据开放、数据应用等方面内容的评估；持续关注各地数字政府服务创新实践，对"优秀创新案例"一级指标内容进行了适当调整，以期能够获得更有针对性的案例素材。

 **资料阅读**

2021 年数字政府服务能力系列评估结果发布

2021 年 12 月 16 日,在由中国电子信息产业发展研究院指导、中国软件评测中心(工业和信息化部软件与集成电路促进中心)主办的"2021 年数字政府服务能力评估暨第二十届政府网站绩效评估结果发布会"上,中国电子信息产业发展研究院副总工安晖发布了 2021 年数字政府服务能力系列评估结果。

2021 年数字政府服务能力评估结果显示,我国数字政府建设经过萌芽期、探索期、发展期的建设实践,现已进入全面改革、深化提升阶段,数字政府建设成效明显。一是整体服务能力全面增强,数字政府建设成效明显。二是组织机制保障全面推进,统筹指导数字政府建设。截至 2021 年 11 月底,我国有 21 个省级地方成立了数字政府建设相关领导小组;23 个省级地方设立了政务数据统筹管理机构;24 个省级地方出台发布了数字政府建设相关规划、方案、行动计划等;部分地区开始探索政府首席数据官制度,统筹推进和指导数字政府建设。三是数据开放规模持续提升,典型场景应用不断丰富。截至 2021 年 11 月底,已有 19 个省和 19 个重点城市的数据开放平台上线运行;19 个省级平台共开放 19 万个数据集,8 万多个数据接口,67 亿多条数据量,数据规模不断扩大;多地利用大数据开展金融专区、"互联网+医疗健康"等场景应用,惠及广大企业和居民多场景应用。四是政务服务协同深化发展,便捷智能普惠服务效果显著,跨省通办、区域通办让企业和群众办事更加便利;"无感申报""反向办""政策精准送""免申即享"等主动式服务提升了政府服务的智能化、便捷化水平;智能搜索、智能问答等智能化服务使用户能够快速、准确找到信息服务;适老化改造帮助老年人跨越"数字鸿沟",八成以上政府网站已经开展了不同程度的适老化改造。五是社会治理数字化加速,应用场景不断丰富。

本次评估也发现几个需要重点关注的问题:一是数字政府制度标准体系有待进一步完善;二是数据安全、隐私保护措施仍需进一步加强;三是数据共享应用程度有待进一步提高。对此,中国软件评测中心提出四个方面的建议:一是出台国家层面的数字政府建设指南,指导我国数字政府总体建设;二是深化权威高效的国家数据统筹协调机制改革,形成扁平高效、上下贯通、整体联动、执行敏捷的组织体系,促进数字政府建设统筹规划、综合协调工作机制整体运转顺畅;三是推进数字政府标准规范体系建设,加快数字政府相关配套法律法规的"立改废释",组织制定基础设施建设标准、线上线下政务服务标准、数据资源管理标准、建设运维规范等相关标准规范;四是加强数字政府建设过程及效果的监督评价,定期开展数字政府建设成效评价评估,以评促建设,以评促发展。

(资料来源:中国科技网,2021-12-18,有改动)

（二）政府自身评估

地方层面开展的电子政务绩效评估较多以政府自身评估的方式进行。北京市从2000年开始开展政府网站评议活动，把业务系统和信息资源作为重要评估内容，每年重新确定评议的重点主题，如2003—2004年政府网站评议的主题为"评议政府网站，检查政务公开"，目的是推进"阳光政务"，提高"网上政府"的职能作用；2006年度政府网站评议工作的重点是进一步推进政务公开、深化在线服务和公众参与，同时提高网站管理水平和质量。2008年，北京市开展了针对信息资源开发和利用的专项评估。北京市政府网站绩效评估的突出特点是注重多方参与，成立了由市政府特约监察员、民主党派人士、信息领域专家等组成的专家评议组，还向社会公开招聘多名群众评议员，组成群众评议组参加打分评议。"首都之窗"主站点和参评各单位的网站同时开展"网民评议政府网站"活动，由网民进行在线评议。同时，北京市政府从2004年起开展电子政务绩效评估工作，并把电子政务绩效评估与政府部门绩效评估有机结合，增强了电子政务绩效评估工作的权威性和激励约束效应。

深圳市是全国首个"国家电子政务试点城市"，近年来在全国率先推出"秒批""秒报"等智能办事新模式，政务数字化发展既有速度又有质量。作为"最互联网"城市，深圳市数字经济的规模和质量更是领跑全国。深圳市还实施了"数字市民"计划，建立健全市民数字身份认证体系，推出区块链电子发票，率先试点数字货币，不断完善和拓展"数字市民"应用场景。

从整体上看，随着我国电子政务的蓬勃发展，电子政务绩效评估也取得了一定的成果。然而，由于我国电子政务建设起步较晚，电子政务绩效评估的发展还处于初级阶段，电子政务绩效评估制度还在探索之中，不管是理论研究还是实践探索都还不够成熟和完善。

一是电子政务绩效评估不够全面。从内容角度来看，现有的评估大多聚焦于政府门户网站评估，对政府信息资源的开发和利用、核心业务信息化水平、政务流程优化和再造程度、公众参与等方面的评估非常有限。从评估主体角度来看，绝大多数评估采取的是政府上级对下级或单位自评的方式，社会第三方评估和公众参与力度有限。从评估流程角度来看，基本上采取的是研制方案、下发通知、单位自评、绩效抽查和综合评估的方式，形式比较僵化和单一。

二是电子政务绩效评估体系不够完善，不能反映电子政务建设的实际需要。从评估指标角度来看，采用"有"或"无"这样一套两分法的简单指标体系，已无法准确反映当前电子政务在部门、地区、行业等方面的差异性，更无法导向电子政务最终要达到的目的与效果。从评估方法角度来看，仅采用简单的算术求和的方法做定量分析，导致了评估误差的增加。从评估程序角度来看，缺乏严格、规范的绩效评估程序。从评估结果角度来看，缺乏对电子政务效果的关注。

三是电子政务绩效评估制度保障不力。缺乏相应的制度保障和对评估管理机制的研究。绩效评估重在通过评估过程，激励、引导组织创新。我国目前的电子政务绩效评估尚未形成一套完整而有效的管理机制，缺乏相应的法规、制度做保障，这必然造成评估过程的混乱。此外，评估过程缺乏公众的直接参与，评估结果也不能真正起到激励、引导电子政务发展的目的，不利于电子政务发展模式的整体创新。

【本讲小结】

电子政务绩效评估是电子政务建设与发展过程中的重要组成部分。本讲首先介绍了电子政务绩效评估的概念和意义、电子政务绩效评估的内容与原则及电子政务绩效评估的方法；其次介绍了电子政务绩效评估指标体系，重点选取了几种具有代表性的电子政务绩效评估模式进行分析与阐述，包括政府内评估和政府外评估的不同模式；最后简要介绍了我国电子政务绩效评估的现状。

【课后练习】

1. 什么是电子政务绩效评估？开展电子政务绩效评估有何意义？
2. 电子政务绩效评估需要遵循哪些原则？主要方法有哪些？
3. 简述有代表性的政府内绩效评估指标体系。
4. 简述基于平衡计分卡的电子政务绩效评估指标体系的四个维度。
5. 如何看待我国的电子政务绩效评估？

拓展阅读

清华大学国家治理研究院、公共管理学院发布
《2021年中国政府网站绩效评估报告》

2021年12月30日，清华大学国家治理研究院、公共管理学院举办了"2021年数字政府清华论坛"，发布了《2021年中国政府网站绩效评估报告》。2021年的评估指标包括七个方面：信息公开、政策解读、在线服务、互动交流、展现标识、监督管理和传播应用；评估对象包括：53个部委网站（含国务院组成部门、国务院直属特设机构、直属机构、办事机构、部委管理的国家局，不含国务院直属事业单位），32个省级政府门户网站（含省、自治区、直辖市，新疆生产建设兵团），27个省会城市和5个计划单列市政府门户网站，301个地市级（省会城市除外）政府门户网站，261个直辖市和副省级城市所辖县（市、区）政府门户网站。

综合来看，2021年全国政府网站发展主要呈现出以下六个方面的特点：

特点一：全国各级政府网站绩效水平稳步提升。与2019年、2020年相比，2021年全国各级政府网站梯度分布呈现出"优秀"和"良好"梯度占比提升，而"中等"和"待改进"梯度占比下降的特征。其中，在省级政府网站中，"优秀"梯度占比从2019年的28%提升至2021年的37%，"中等"和"待改进"梯度占比从28%降至19%；在地市政府网站中，"优秀"和"良好"梯度占比从46%提升至52%，"待改进"梯度占比从18%降至13%；在县级政府网站中，"优秀"和"良好"梯度占比从33%提升至39%，"待改进"梯度占比从34%降至20%。

特点二：加快推进集约化，探索数据、应用和服务融通。在政府网站集约化试点工作的带动下，各地、各部门积极探索集约化新模式，按照统一标准体系、统一技术平台、统一安全防护、统一运维监管的要求，建设集约化平台、编制标准规范、构建信息资源库、提供一体化服务、强化安全保障，不断推进数据融通、服务融通、应用融通。例如，贵州省通过"1+5+N"的标准规范体系，解决了数据的汇聚、融通和应用问题，实现数据的"聚通用"。重庆市在"建""融""用""管""防"五个方面下功夫，推进全市政府网站集约化，取得显著成效。

特点三：充分利用人工智能等技术，探索政策精准个性服务。依托政府网站信息资源库，聚焦政策文件，实现政策文件的整合、汇聚和沉淀。海关总署及海南、深圳、佛山等地利用人工智能、自然语言处理、用户画像等技术，对政策文件进行深度加工，实现政策要点化、要点标签化、资源关联化，通过"政策直通车""政策找企业""智能化引导""个性化推送"等多样化服务形式，实现了政策服务的主动化、精准化、个性化。

特点四：强化统筹，推进"跨省通办"，提升服务质效。针对群众办事"多地跑""折返跑"等现象，2020年9月，国务院办公厅印发《关于加快推进政务服务"跨省通办"的指导意见》，提出140项全国高频政务服务"跨省通办"事项清单。2021年的评估发现，浙江、上海、四川、广东等省市创新制度机制，优化业务流程，强化业务协同，打破地域阻隔和部门壁垒，促进条块联通和上下联动，推进减时间、减环节、减材料、减跑动，推动了京津冀、长三角、泛珠区域、川渝、西南五省、东北三省等跨省通办，实现了异地办事"马上办、网上办、就近办、一地办"，不但提高了办事速度，还提升了服务温度。

特点五：整合互动渠道，完善机制，促进公众参与。北京、广州、安顺等地深入整合政府网站、政务新媒体、热点等互动渠道，实现"多端受理、统一处理、同步回复"。在此基础上，形成互动知识库，通过自然语言处理、知识图谱、人工智能等相关技术，对互动资源进行深度加工和开发利用，实现智能问答、智能推送、智能引导等，提升政府网站用户体验。例如，北京市等建立健全快速回复机制，实现政府网站和政务新媒体"简单问题1个工作日办结回复",取得良好实效。自2021年7月以来,北京市累计接收公众各类简单问题咨询9万余条,100%实现1个工作日办结回复,回复时效相较以往提升38%,群众满意度达到93.8%,民众获得感显著提升。

特点六:拓展传播移动化服务,打造"指尖政府"。随着移动互联网的快速发展,移动端日益成为公众获取信息的主要渠道,基于政府网站信息资源库,实现政府网站资源向移动端的扩展。国家税务总局、商务部及广东省、济南市等多个地区注重移动端建设和应用,将政策文件、办事服务、互动交流等拓展至移动端,在后台"业务统一、数据统一、管理统一"的基础上,实现前台"渠道多元化、应用差异化、形式多样化",扩大了传播范围,增加了传播深度,增强了传播效果。例如,围绕政策文件,积极运用生动活泼、通俗易懂的语言及图表图解、H5、短视频等公众喜闻乐见的形式推出宣传解读产品,提高了可用性、实用性和易用性。

(资料来源:清华大学公共管理学院网站,2021-12-31,有改动)

参 考 文 献

[1] 何毅亭. 中国电子政务发展报告（2019—2020）：数字战"疫"：释放数字政府新价值［M］. 北京：社会科学文献出版社，2020.

[2] 何毅亭. 中国电子政务发展报告（2018—2019）：数字中国战略下的政府管理创新［M］. 北京：社会科学文献出版社，2019.

[3] 李季，杜平. 中国电子政务发展报告（2015—2016）："互联网＋"时代的政府管理创新［M］. 北京：社会科学文献出版社，2016.

[4] 电子政务理事会. 中国电子政务年鉴（2013）［M］. 北京：社会科学文献出版社，2014.

[5] 电子政务理事会. 中国电子政务年鉴（2014）［M］. 北京：社会科学文献出版社，2015.

[6] 电子政务理事会. 中国电子政务年鉴（2015）［M］. 北京：社会科学文献出版社，2016.

[7] 杜平. 中国电子政务十年：2002—2012［M］. 北京：社会科学文献出版社，2012.

[8] 洪毅. 中国电子政务最佳实践案例集［M］. 北京：国家行政学院出版社，2012.

[9] 沈大风. 电子政务发展前沿（2014）［M］. 北京：中国经济出版社，2014.

[10] 李栗燕. 电子政务概论［M］. 武汉：华中科技大学出版社，2013.

[11] 原忠虎. 电子政务［M］. 北京：北京大学出版社，2011.

[12] 侯卫真. 电子政务［M］. 2版. 北京：电子工业出版社，2014.

[13] 吴爱明，何滨. 电子政务［M］. 北京：中国人民大学出版社，2013.

[14] 何振. 电子政务基础［M］. 长沙：湖南大学出版社，2014.

[15] 蔡立辉，于刚强. 电子政务［M］. 2版. 北京：清华大学出版社，2014.

[16] 赵国俊. 电子政务教程［M］. 3版. 北京：中国人民大学出版社，2015.

[17] 徐双敏. 电子政务概论［M］. 3版. 北京：科学出版社，2016.

[18] 徐晓林，杨锐. 电子政务［M］. 武汉：华中科技大学出版社，2009.

[19] 覃征. 电子政务概论[M]. 北京：清华大学出版社，2010.

[20] 王崧. 电子政务[M]. 重庆：西南师范大学出版社，2014.

[21] 金江军. 电子政务理论与方法[M]. 4版. 北京：中国人民大学出版社，2017.

[22] 王晋. 电子政务概论[M]. 北京：中国社会科学出版社，2014.

[23] 吕晓阳，谭共志. 电子政务理论与应用[M]. 北京：清华大学出版社，2010.

[24] 徐晓林，杨兰蓉. 电子政务[M]. 北京：高等教育出版社，2016.

[25] 颜海. 电子政务原理、建设与应用[M]. 武汉：武汉大学出版社，2010.

[26] 徐晓日. 电子政务概论[M]. 天津：天津大学出版社，2006.

[27] 黄璜. 理解电子政务：从理论到实践[M]. 北京：北京大学出版社，2011.

[28] 王铭. 电子政务[M]. 北京：中国档案出版社，2004.

[29] 杨诚，黄萍. 电子政务[M]. 成都：西南财经大学出版社，2009.

[30] 刘文富. 电子政务[M]. 北京：中国人民大学出版社，2009.

[31] 曾丽娟，唐晓英，张庆霞. 电子政务理论与实践[M]. 2版. 哈尔滨：东北林业大学出版社，2016.

[32] 徐双敏. 电子政务概论[M]. 武汉：武汉大学出版社，2009.

[33] 吴爱明，夏宏图. 电子政务概论[M]. 北京：首都经济贸易大学出版社，2008.

[34] 孙宇. 电子政务[M]. 北京：北京师范大学出版社，2011.

[35] 邓崧. 电子政务价值评估：基于政务流程和信息整合的研究视角[M]. 北京：人民出版社，2008.

[36] 詹舒波，李晓峰，袁晓华. WAP：移动互联网解决方案[M]. 北京：北京邮电大学出版社，2000.

[37] 李征坤. 互联网+政务服务：开启智慧型政府新时代[M]. 北京：中国铁道出版社，2017.

[38] 张敏聪. 电子政务与政府行政管理变革[J]. 决策借鉴，2002（4）：53-56.

[39] 蔡小慎，赵东霞. 试论电子政务环境下的政府管理模式[J]. 理论与改革，2002（5）：27-30.

[40] 徐志彪. 政府信息化建设探索（上）[J]. 信息化建设，2001（7）：25-31.

[41] 徐志彪. 政府信息化建设探索（下）[J]. 信息化建设，2001（8）：16-21.

[42] 王长林. 国内外移动政务研究进展及热点述评[J]. 管理学刊，2016，29

（2）：50-56.

［43］郑跃平，王海贤. 移动政务的现状、问题及对策［J］. 公共管理与政策评论，2019，8（2）：74-84.

［44］丁慧. 移动政务在政府公共服务中的应用研究［D］. 南京：南京邮电大学，2012.

［45］宁振宇. 服务型政府建设中移动政务的研究与应用［J］. 工业计量，2020，30（6）：81-84.

［46］陈龙. 当前移动电子政务的安全保密问题［J］. 保密科学技术，2017（5）：65-67.

［47］刘小楠. 移动电子政务及其在公共危机管理中的应用［D］. 昆明：云南大学，2013.

［48］党宠. 基于TAM模型的移动政务用户满意度问题研究［D］. 长春：长春工业大学，2020.

［49］倪炯. 移动电子政务在中国的应用研究［D］. 杭州：浙江大学，2004.

［50］王震. WAP 2.0能否推动移动互联网的发展［J］. 通讯世界，2003（7）：20-22，10.

［51］王芹. 基于拉斯韦尔模式的网络问政解读［J］. 电子政务，2012（5）：71-75.

［52］马梦纯. 社会管理创新背景下政务微博的应用研究：以北京市政务微博为例［D］. 北京：华北电力大学，2019.

［53］李沐霏. 我国政务微博服务质量评估与改进［D］. 厦门：厦门大学，2019.

［54］万博. 政务微博应对公共突发事件舆情研究［D］. 北京：中央民族大学，2019.

［55］刘智慧，张泉灵. 大数据技术研究综述［J］. 浙江大学学报（工学版），2014，48（6）：957-972.

［56］吕本富，陈健. 大数据预测研究及相关问题［J］. 科技促进发展，2014（1）：60-65.

［57］张兰廷. 大数据的社会价值与战略选择［D］. 北京：中共中央党校，2014.

［58］陶雪娇，胡晓峰，刘洋. 大数据研究综述［J］. 系统仿真学报，2013，25（S1）：142-146.

［59］童雪. 无缝隙政府理论视角下的政务大数据建设研究［D］. 南京：东南大学，2019.

［60］赵需要. 政府信息公开到政府数据开放的嬗变［J］. 情报理论与实践，2017，40（4）：1-9.

［61］胡小明. 从政府信息公开到政府数据开放［J］. 电子政务，2015（1）：67－72.

［62］郑海燕. 政务大数据管理平台的战略规划与设计研究［D］. 南京：南京邮电大学，2019.

［63］严圣明. 我国电子政务背景下公众参与的发展回顾与前瞻［J］. 长春大学学报，2013，23（3）：253－256，274.

［64］王芹，朱束滢. 对网络问政公众参与现状的调查研究：以苏州市为例［J］. 电子政务，2013（5）：58－63.

［65］张成福，唐钧. 电子政务绩效评估的模式研究［J］. 电子政务，2005（24）：38－44.

［66］张凯悦. 国内外电子政务绩效评估发展及借鉴［J］. 人才资源开发，2018（14）：32－33.

［67］刘西涛，宋海山，梁士轩. 基于平衡计分卡的电子政务绩效评估指标体系设计［J］. 齐齐哈尔大学学报（哲学社会科学版），2019（5）：60－63.

［68］王立华，覃正，韩刚. 电子政务绩效评估的研究述评［J］. 系统工程，2005（2）：9－13.

［69］郭洁敏. 世界主要电子政务评估指标比较：以联合国、埃森哲公司、布朗大学、早稻田大学相关评估为中心［J］. 信息化建设，2008（9）：19－22.